LA FIN D'UN MONDE

Chroniques politiques

collection tempus

Gérard Courtois

LA FIN D'UN MONDE

Chroniques politiques

PERRIN

Secrétaire générale de la collection :
Marguerite de Marcillac

12, avenue d'Italie
75013 Paris
Tél. : 01 44 16 09 00
Fax : 01 44 16 09 01

ISBN : 978-2-262-07933-8
Dépôt légal : mars 2019

Mise en pages : Nord Compo

tempus est une collection des éditions Perrin.

Fracture sociale, dépression démocratique

C'était il y a douze ans à peine. Cela paraît une éternité. Nicolas Sarkozy venait d'être élu président de la République. Audacieux et ambitieux, urticant mais percutant, il se faisait fort de sortir le pays de la langueur où l'avaient plongé les deux longs, trop longs règnes à ses yeux de François Mitterrand et Jacques Chirac. Il serait le président du pouvoir d'achat, doperait la croissance, moderniserait la France comme jamais depuis de Gaulle. Son duel avec Ségolène Royal, candidate socialiste également transgressive, avait passionné les Français que l'on disait désenchantés. La politique, semblait-il, retrouvait ses lettres de noblesse, sa capacité à redonner foi dans l'avenir.

Douze ans et deux élections présidentielles plus tard, c'est l'inverse qui s'est produit. Hormis l'édifice des institutions, le monde politique est sens dessus dessous, sa géographie bouleversée, son système disloqué. Pis, le lien entre les citoyens et les dirigeants s'est dangereusement distendu, pour ne pas dire rompu. De plus en plus violemment, de plus en plus rapidement, les emballements de campagne ont cédé la place à la déception, à la frustration, au rejet, bientôt à la détestation.

Sarkozy lui-même ne fit pas illusion longtemps. Ce fut affaire d'allure autant que d'action. Il se voulait un président énergique, moderne et sans complexe. Il se montra d'emblée épidermique, clinquant, parfois trivial. Quant au volontarisme affiché, il ne résista guère à l'épreuve de la réalité. Dès l'automne 2007, le premier ministre, François Fillon, se disait « à la tête d'un Etat en situation de faillite », miné par la dette et les déficits publics. En janvier 2008, interrogé sur la stagnation du pouvoir d'achat, le président répliquait sans détour : « Que voulez-vous que je fasse ? Les caisses sont vides ». Huit mois avant la crise financière et économique mondiale déclenchée par la faillite de la banque américaine Lhemann Brothers, la messe était dite.

François Hollande fit son miel de cet échec pour battre le sortant et remporter la présidentielle de 2012. La droite avait failli, la gauche s'imposait. Rituelle mais salutaire mécanique de l'alternance, pouvait-on encore croire. D'autant que le nouvel élu se présentait comme l'exact contraire de son prédécesseur. Laissant entendre que celui-ci ne l'était pas, il serait un « président normal ». Sarkozy avait promis monts et merveilles, il serait réaliste et sérieux. Quatre ans plus tard, victime d'une impopularité sans précédent et d'un incessant procès en illégitimité, il renonçait à briguer un second mandat.

Tout avait conduit à cette abdication républicaine. Le chômage, loin de refluer comme promis, battait sans cesse des records accablants. Le changement annoncé se soldait par un violent coup d'assommoir fiscal, puis par une politique d'aide aux entreprises aux antipodes des credo de la gauche. Hollande entendait restaurer une présidence exemplaire ? Sa vie privée se retrouva piteusement étalée sur la place publique. Enfin, lui qui avait si longtemps maîtrisé les turbulentes tribus socialistes, se montra impuissant face à la fronde dévastatrice d'une partie de son camp.

Vint enfin, en 2017, la « révolution » dont Emmanuel Macron se voulait le héros. Doté d'une audace sans limite doublée d'une chance insolente – encore fallait-il la saisir –, ce jeune homme de 39 ans, sans grande expérience, sans mandat ni fief électoraux, sans autre soutien que son mouvement En Marche ! créé hors sol tout juste un an auparavant, a tout balayé sur son passage. En deux temps et trois mouvements, il a mis au tapis les partis traditionnels, écarté l'Insoumis Jean-Luc Mélenchon, presque ridiculisé la présidente du Front national Marine Le Pen, bousculé les tabous avec un gouvernement associant gauche, droite et société civile, enfin conquis une majorité à sa dévotion à l'Assemblée nationale.

Coulé avec autorité dans le costume présidentiel, il s'est convaincu que cette éclatante victoire valait, peu ou prou, adhésion à son projet et permettrait de régénérer un système politique à bout de souffle. Un temps, rien n'a semblé lui résister, ni les oppositions tétanisées, ni les syndicats négligés, ni les élus locaux rudoyés, ni les citoyens sermonnés. Des réformes, réputées impossibles, étaient adoptées au pas de charge. Jusqu'à ce que d'un coup, à l'automne 2018, ce jeune chef dominateur jusqu'à l'arrogance et trop sûr de lui pour sentir le vent mauvais provoque une révolte sans équivalent depuis un demi-siècle. Comme autrefois le prix du pain, c'est celui de l'essence qui a servi de détonateur au mouvement des « gilets jaunes », ce petit peuple oublié des périphéries urbaines, vite épaulé et entraîné par des nervis d'ultra-droite, des anarchistes ou des casseurs trop heureux d'en découdre avec les institutions en général et la police en particulier. En l'espace de quelques samedis tournant à l'émeute à Paris et ailleurs, leur colère trop longtemps refoulée a déferlé tous azimuts. Contre les impôts trop lourds, contre le pouvoir d'achat en berne, contre les inégalités réelles ou supposées, contre le chômage et la précarité, contre les services publics en peau de chagrin, certes. Mais, plus encore, contre ces élites, ces élus et ces gouvernants dont ils se sentaient ignorés, incompris, voire méprisés. Emmanuel Macron avait attiré à lui toute la lumière, il cristallisa sur sa personne tous les ressentiments. Cette vindicte rageuse des sans-culotte contemporains ne se contenta pas d'appeler à sa destitution, de le conspuer, de l'injurier, elle alla jusqu'à décapiter son effigie. D'autres présidents avaient été vilipendés. Cette fois, c'est de haine qu'il était question.

Le feu couvait depuis longtemps. Dès 1995, Jacques Chirac avait su faire de la réduction de la « fracture sociale » le thème porteur de sa campagne victorieuse.

Il serait, proclamait-il, le président du peuple contre les élites. Une fois à l'Elysée, il n'en fit rien, pour ne pas dire le contraire. Pas dupes, les électeurs lui firent payer ce reniement en 1997 en le condamnant à cinq ans de cohabitation avec un gouvernement socialiste, après qu'il eut imprudemment dissout l'Assemblée nationale.

Le deuxième avertissement résonna comme un coup de tonnerre, le 21 avril 2002. Le premier tour de cette présidentielle fut celui de tous les refus : Jean-Marie Le Pen, le « diable de la République », qualifié, Lionel Jospin, premier ministre sortant, éliminé, Jacques Chirac, président en titre, encalminé sous la barre des 20 % de suffrages exprimés, les deux cogérants du pays depuis cinq ans (Jospin et Chirac) peinant, à eux deux, à convaincre plus du tiers des électeurs, sans compter la sécession inédite dans un tel scrutin de 30 % d'abstentionnistes ou de votes blancs. « J'ai entendu et compris votre appel pour que la République vive, pour que la nation se rassemble, pour que la politique change », déclara bravement Chirac au soir de sa réélection écrasante contre Le Pen. Pourtant, rien ne changea et la vie politique reprit son cours ordinaire, sans réponse au désarroi qui s'était exprimé.

Trois ans passèrent et, à nouveau, le peuple regimba de façon spectaculaire. Le 29 mai 2005, invité à approuver par référendum le projet de traité constitutionnel destiné à renforcer l'Union européenne, il répondit non à 55 %. Les partis de gouvernement, UMP et PS en tête, soutenaient ce texte. L'extrême droite et la gauche radicale le dénonçaient comme trop fédéral ou trop libéral et ils furent plus convaincants, notamment auprès des classes populaires que cette lointaine machinerie bruxelloise inquiétait. Mais au lendemain de son élection en 2007, Nicolas Sarkozy négocia avec ses partenaires le traité de Lisbonne qui reprenait les principales dispositions de la Constitution rejetée. Il le fit ratifier par le Parlement et se garda bien de le soumettre aux Français, dont beaucoup purent légitimement s'estimer floués.

Ces trois coups de semonce auraient pu, auraient dû sonner l'alarme. Depuis, on l'a vu, l'Histoire s'est accélérée. Sarkozy s'est représenté et a été battu. Hollande a été contraint de renoncer. Et, après dix-huit mois seulement, voilà Macron profondément ébranlé, peut-être même invalidé pour le reste de son mandat. Tout y a contribué, à commencer par la fracture économique et sociale. L'on semble parfois oublier que le monde a connu, pendant presque une décennie, sa plus grave crise économique depuis les années 1930. Quelques chiffres permettent d'en mesurer l'impact. Entre 2008 et 2016, l'économie française a quasiment stagné, avec une croissance annuelle moyenne de 0,7 %. Le nombre de chômeurs inscrits à Pôle emploi en catégorie A (ceux qui n'ont aucune activité) a bondi de 2 à 3,5 millions et, si l'on y ajoute les chômeurs ayant une activité réduite, il a pratiquement doublé, passant de 3 à 5,8 millions, dont la moitié sans emploi depuis plus d'un an. Pendant ces années, le revenu disponible des Français s'est érodé en moyenne d'environ 1 % par an, la majorité d'entre eux s'est appauvrie et près de 9 millions vivent sous le seuil de pauvreté (1 000 euros par mois). Parallèlement, sans parvenir à freiner l'explosion de la dette publique (66 % du Produit intérieur brut en 2008, 97 % e 2016), les gouvernements n'ont cessé d'alourdir le poids des impôts et des taxes, qui est passé 43 % à plus de 48 % du PIB – record d'Europe. Certes, les dispositifs de protection sociale ont permis d'atténuer, mieux que dans bien des pays, les effets les plus rudes de la dépression. De même, les années 2017 et à un moindre degré 2018 ont été plus encourageantes.

Il n'empêche : si la France reste la sixième puissance économique mondiale, de plus en plus de ses citoyens modestes redoutent de basculer dans le chômage, la précarité, le déclassement et ne parviennent pas à boucler leurs fins de mois, comme l'ont crié à cor et à cri les « gilets jaunes ». Quant aux classes moyennes, elles ne supportent pas davantage une pression fiscale sans cesse plus lourde. Beaucoup ont perdu l'espoir d'une vie meilleure pour eux ou leurs enfants, d'autant plus sûrement que de nouveaux défis, planétaires, ont surgi comme autant de menaces depuis dix ans : la mondialisation qui est le terrain de jeu naturel des uns quand elle est la hantise des autres, l'Europe qui tremble sur ses bases, l'émergence des géants de l'économie numérique plus puissants que bien des Etats, le terrorisme djihadiste qui a ensanglanté la France de Toulouse à Paris, de Nice à Strasbourg, les flux migratoires dont l'extrême droite fait un épouvantail, enfin le réchauffement climatique aux allures, lointaines mais lancinantes, de fin du monde.

Cette insécurité sociale, ce lourd sentiment d'injustice, cette crainte de l'avenir ont creusé inexorablement la fracture politique, démocratique même, qui sape la confiance des Français. Comment pouvait-il en être autrement dès lors que les gouvernants de tout poil, élus et représentants patentés du peuple, se montraient impuissants à relever effectivement les défis du temps présent. Toutes les enquêtes, depuis dix ans, concluent que les politiques menées par la droite, puis par la gauche, enfin par ce cocktail « et de droite et de gauche » dont Emmanuel Macron a voulu faire la potion magique, ne sont ni justes, ni efficaces. Implacable réquisitoire que confirme le baromètre annuel de la confiance politique établi par le Centre de recherche de Sciences Po : plus de huit Français sur dix considèrent que « les responsables politiques ne se préoccupent pas de ce que pensent les gens comme eux ». De même, de l'ordre des deux tiers estiment aujourd'hui que « la démocratie ne fonctionne pas très bien » en France, contre la moitié en 2009. Et quand on leur demande ce qu'ils éprouvent quand ils pensent à la politique, 37 % répondent de la méfiance et 32 % du dégoût, contre 9 % de l'intérêt et 5 % de l'espoir. A l'exception des maires, toutes les institutions politiques suscitent un discrédit vertigineux – président, gouvernement, parlement et, plus encore, ces médiateurs que devraient être les syndicats, les partis politiques ou les médias. L'affaissement de la participation électorale confirme cette défiance massive et désormais structurelle. Hormis la présidentielle, tous les scrutins sont touchés. Aux législatives, le taux d'abstention qui était de l'ordre de 30 % dans les années 1990 est monté à 40 % en 2007 et à plus de 50 % en 2017. Aux régionales et aux départementales, il dépasse 50 % depuis 2010. Aux européennes, il frôle désormais les 60 %. Même aux municipales, élections de proximité par excellence, la désaffection progresse régulièrement (39 % en 2014). Enfin d'incessants scandales financiers – les affaires de la Ville de Paris sanctionnées par la condamnation d'Alain Juppé en 2004 puis de l'ancien président Chirac en 2011, les comptes bancaires cachés à l'étranger du ministre socialiste du budget Jérôme Cahuzac, les poursuites toujours en cours contre Nicolas Sarkozy, François Fillon, Marine Le Pen, François Bayrou, Jean-Luc Mélechon, tous soupçonnés d'avoir contourné les règles de financement de leur parti ou de leurs campagnes électorales – ont créé un climat délétère et conduit les Français à présumer que les responsables politiques sont corrompus.

Condition essentielle sinon exclusive de la démocratie, la représentation politique traverse donc une crise profonde dont les « gilets jaunes » ont donné la mesure, non seulement en refusant tout crédit aux élus, aux partis ou aux syndicats, mais en récusant même quiconque, issu de leurs rangs, prétendait parler en leur nom. Le monde politique a bien tenté d'y apporter des remèdes. A l'origine, ceux-ci ont paru pertinents et utiles. A l'usage, ils se sont révélés également contre-productifs. Ce fut d'abord l'instauration du quinquennat présidentiel en lieu et place, depuis 2002, du majestueux septennat gaullien. Les arguments ne manquaient pas en faveur du mandat de cinq ans : il permettrait de donner plus souvent la parole aux citoyens afin qu'ils jugent l'action du président en exercice et lui renouvellent ou non leur confiance ; en outre, cette réforme mettrait en cohérence la durée des mandats du président et des députés et pour que cela soit encore plus clair le premier ministre de l'époque, Lionel Jospin, décida d'organiser les législatives dans la foulée de la présidentielle. On voit aujourd'hui le résultat. Plus que jamais, le pouvoir découle de l'élection présidentielle, dont les législatives ne sont plus que l'ombre portée. Indiscutable chef de la majorité, le président est devenu responsable de tout à tout moment, tandis que le premier ministre est relégué au rang de « collaborateur », selon le mot cruel mais réaliste de Nicolas Sarkozy. Autrefois, Matignon pouvait protéger l'Elysée et, en cas de crise, son titulaire servir de paratonnerre voire de fusible. Désormais, c'est le président qui subit toutes les tensions, dans une relation électrique et sans filtre avec le pays. En outre, cette présidentialisation s'est accompagnée d'une personnalisation toujours plus insistante du pouvoir. Dans un univers médiatique dominé par l'information en continu et les réseaux sociaux, où le moindre geste, le moindre mot, la moindre image peuvent déclencher d'extravagantes ondes de choc et des polémiques effervescentes et racoleuses, c'est un risque qu'ont assumé – à leurs dépens le plus souvent – Nicolas Sarkozy et Emmanuel Macron, tandis que François Hollande, en tentant de l'esquiver, y a perdu une part de sa crédibilité.

Un deuxième remède fut l'invention des élections primaires, destinées à désigner les candidats des principaux partis à la présidentielle. Cette procédure indéniablement démocratique était censée revivifier les partis. De fait, ils en avaient bien besoin. Si leurs réseaux d'élus résistaient peu ou prou à l'usure, leurs bataillons de plus en plus maigres et fugaces de militants n'étaient plus, depuis longtemps, des interfaces efficaces entre la France d'en bas et celle d'en haut. Les partis eux-mêmes avaient cessé d'être de fertiles laboratoires d'idées. Malgré les chocs de 2002 et 2005, le PS continua à concocter des synthèses alambiquées pour mieux esquiver les questions qui fâchent, en particulier celle de l'adaptation à la mondialisation et à la révolution numérique. Quant à la droite, le séisme de 2002 la poussa certes à se rassembler au sein de l'UMP, avec l'ambition d'effacer les querelles d'un autre âge entre héritiers du gaullisme, centristes et libéraux. Nicolas Sarkozy sut en faire un efficace instrument de conquête du pouvoir, mais son échec plongea ce parti dans des guerres de chefs aussi fratricides que stérilisantes.

Aux uns et aux autres, les primaires ouvertes à tous leurs sympathisants devaient redonner de l'élan. L'expérience réussit aux socialistes en 2011 : François Hollande l'emporta nettement et fit de ce succès une solide rampe de lancement pour sa campagne présidentielle. Au point de convaincre la droite, rebaptisée Les Républicains, de faire de même en 2016. Mais la victoire inattendue de François Fillon désigna le candidat le plus clivant, héraut d'une droite revancharde et radicale, bien en peine de rassembler au-delà de ce noyau dur – avant même que sa mise en cause judiciaire ne plombe sa campagne et la transforme en chemin de croix. Le même travers mena dans l'ornière la primaire socialiste de janvier 2017. En la personne de Benoît Hamon, fut élu le champion le plus habile à exprimer les impatiences des « frondeurs » du quinquennat Hollande, mais le moins capable de réunir son camp et de prétendre à l'Elysée.

On connaît la suite : éliminés dès le premier tour de la présidentielle, le PS est aujourd'hui à l'agonie et Les Républicains en dépression lourde. Ils ont cédé la place à trois mouvements d'un type nouveau, entièrement portés et incarnés par un leader charismatique et impérieux – Emmanuel Macron pour La République en marche, Jean-Luc Mélenchon pour La France insoumise, Marine Le Pen pour le Rassemblement national (ex-FN). Chacun à sa manière, la séduction pour le premier, l'imprécation pour les deux autres, a compris que son atout décisif était précisément de ne s'autoriser que de lui-même et de s'émanciper d'un système partisan obsolète en s'adressant directement au peuple : Macron parce qu'il avait observé, de l'intérieur, l'usure de ce vieux monde impotent et paralysant, Mélenchon parce qu'il avait brûlé ses vaisseaux socialistes dès 2008 et poursuivait son rêve bolivarien, Le Pen parce que, comme son père, elle avait fait son fonds de commerce de la dénonciation de « l'UMPS » pour mieux affirmer sa singularité. Tous les trois avaient l'ambition d'abolir le clivage droite-gauche qui, depuis des lustres, structurait la vie politique, ses rythmes, ses codes, ses choix, ses fidélités. Il est vrai que cet affrontement idéologique vieux de plus d'un siècle (et encore renforcé par la Ve République et ses modes de scrutin), entre le parti de l'ordre et celui du mouvement, entre progressistes et conservateurs avait fini par ne plus refléter les tensions qui travaillent et taraudent la société française. De puissants clivages, en effet, sont venus brouiller les cartes et profondément diviser les principaux partis : l'Europe, indispensable horizon des uns mais bouc émissaire des autres ; les fractures territoriales qui opposent les citadins de métropoles conquérantes aux ruraux ou rurbains de zones en déshérence ; d'implacables discriminations éducatives entre sur-diplômés convertis à la mobilité et sous-qualifiés condamnés à la précarité ; de violentes querelles culturelles, enfin, autour des questions religieuses, migratoires, environnementales ou sociétales.

Bref, la poutre maîtresse du monde politique était vermoulue. Elle s'est effondrée. Pour Emmanuel Macron, qui n'y a pas peu contribué, cette table rase était la condition indispensable pour que le pays retrouve le goût de l'avenir, se transforme en profondeur, engage la « révolution démocratique » et avance vers la « République contractuelle » qu'il appelait de ses vœux. Encore fallait-il rebâtir un autre système et l'on en est loin. A l'Elysée, au gouvernement, au Parlement ou dans le parti présidentiel, les nouvelles équipes qui ont pris le pouvoir en 2017 se voulaient affranchies des pesanteurs anciennes, efficaces et conquérantes. Elles se sont montrées par trop novices, technocratiques et ignorantes des fragilités françaises. Trop peu politiques, en un mot. Elles voulaient bousculer le pays pour mieux le moderniser. Par excès d'assurance et défaut d'expérience, elles l'ont braqué comme rarement. La France, politique autant que sociale, est un puzzle éparpillé dont personne ne semble en mesure de retrouver le dessin ni de tracer le dessein. C'est la responsabilité des gouvernants, au premier rang desquels le chef de l'Etat, d'y parvenir. Et c'est urgent, avant que le régime lui-même ne soit plus violemment ébranlé.

Depuis une dizaine d'années, quelque 600 chroniques hebdomadaires, dans les colonnes du *Monde*, ont eu pour vocation de retracer et décrypter la vie politique française, ses mouvements de plaques tectoniques, ses bouleversements sourds ou soudains, ses lignes de faille, les personnalités qui l'ont façonnée, leurs ambitions et leurs échecs. Cet exercice d'histoire immédiate fut aussi exigeant que captivant. Une centaine de ces textes, ici sélectionnés, tentent d'en garder l'essentiel : l'effacement d'un monde ancien, un monde nouveau qui tarde à naître, un monde actuel énigmatique, éruptif après avoir été disruptif, mais dont on ne se résout pas à admettre qu'il puisse être inquiétant.

21 décembre 2007

« Plus belle la vie », à l'Élysée

Il y a deux mois à peine, le studio Sarkozy tournait le dernier épisode de « *Desperate Housewifes* à l'Elysée ». Comme dans tout feuilleton télévisé, il y a un moment, cruel, où il faut bien faire disparaître l'un des personnages pour relancer le scénario. En l'occurrence, ce fut Cécilia, l'héroïne, qui en fit les frais. Avec ses humeurs, ses coups de cœur et ses états d'âme, elle occupait l'écran depuis des années ; elle en est sortie du jour au lendemain.

Après quelques semaines de tâtonnements et de bouts d'essai, le même studio vient de lancer une nouvelle série, « Plus belle la vie à l'Elysée ». Le décor est le même, le personnage principal aussi puisqu'il s'agit du président de la République. Mais à son côté, Carla a remplacé Cécilia. Ensemble, ils sont allés passer un week-end de rêve à Disneyland. Hier, ils promenaient leur idylle dans les jardins centenaires du château de Versailles ; demain, peut-être, sur les rives millénaires de l'Egypte. Pour l'instant, tout va bien. La suite au prochain épisode…

L'on pourrait, comme le fait d'ailleurs la presse étrangère, continuer à ironiser longtemps sur la saga clinquante mise en scène par Nicolas Sarkozy depuis le 6 mai, de la soirée d'élection au Fouquet's jusqu'aux vacances de nouveau riche aux Etats-Unis, depuis la retraite inaugurale sur le yacht de Vincent Bolloré jusqu'à l'augmentation de salaire de 170 % exigée du Parlement, depuis l'entrée triomphante dans le palais présidentiel avec femme et enfants, jusqu'au divorce au sommet annoncé voilà deux mois.

Sans oublier le coup d'éclat permanent, selon la jolie formule de François Hollande : libération des infirmières bulgares ou de l'équipage de l'Arche de Zoé, meeting matinal avec les cheminots en colère ou virile empoignade avec les marins-pêcheurs. Et quelques épisodes moins glorieux comme les palinodies russes ou les humiliations libyennes[1].

Avec un indéniable sens du spectacle, le chef de l'Etat a donc multiplié les épisodes et les rebondissements, utilisé les ressorts classiques du pouvoir, de l'argent et du sexe et s'est réservé le rôle du héros au grand cœur.

Le seul problème est que nous ne sommes pas dans une série télévisée. Pas davantage dans l'univers

---

1. Très sévère sur l'évolution du régime russe durant sa campagne, Nicolas Sarkozy change de ton lors de son premier voyage à Moscou. Le 9 octobre 2007, il qualifie le président russe, Vladimir Poutine, de « personne très intelligente et lucide », avec qui des « convergences » sont envisageables.

Du 11 au 15 décembre, le chef de l'Etat libyen, Mouammar Kadhafi, est reçu en grande pompe à Paris. Il plante sa tente sur la pelouse de l'Hôtel Marigny, parade dans la capitale et fait la leçon aux officiels français.

artificiel du show-biz ou dans celui de pacotille de la Star'Ac. Mais bien dans la réalité, au sommet de la République française, à la tête de la sixième puissance mondiale. Or en quelques mois, Nicolas Sarkozy a transformé la fonction présidentielle plus sûrement que tous ses prédécesseurs et toutes les révisions constitutionnelles depuis près d'un demi-siècle. Il en a fait exploser l'image, la pratique et les valeurs.

L'image (comme le verbe d'ailleurs) se voulait rare, distancée, le plus souvent solennelle, parfois hautaine, voire hiératique. Toujours pénétrée de la différence et de la distinction présidentielles, nimbée des mystères du pouvoir. Elle est devenue permanente, démonstrative, mobile, décoincée, « nature » en quelque sorte, transparente jusqu'à la trivialité, familière jusqu'à la vulgarité, dans une proximité ostensible et volontiers surjouée avec le commun des citoyens.

Dans l'exercice du pouvoir également, tout concourt à abolir les distances : voilà un président qui gouverne comme un chef d'entreprise, sans craindre de rabaisser ses ministres au rang de collaborateurs ou d'exécutants. Qui ne fait plus mine d'arbitrer mais décide et tranche de tout et sur tout. Qui ne s'abrite plus derrière son équipe mais au contraire s'engage et s'expose jusqu'à l'exhibition. Qui manie enfin l'émotion, la compassion et l'empathie sans craindre d'y perdre sa dignité.

Quant aux valeurs, elles ont été blackboulées. A commencer par la modestie ou l'austérité républicaines dont le général de Gaulle avait imposé la discipline et dont ses successeurs ne s'étaient écartés, peu ou prou, que comme embarrassés et en catimini.

Rien de tel chez Nicolas Sarkozy, qui n'entend se priver d'aucun des avantages offerts par la fonction et les assume avec d'autant plus d'appétit qu'il les vit comme les signes extérieurs de sa réussite.

De même, la frontière protectrice entre vie publique et vie privée a été effacée sans hésitation au profit de cet extravagant mélange des genres où joies et peines présidentielles sont livrées en pâture au bon peuple. Au point d'apparaître, au fil des épisodes, comme d'opportunes manœuvres de diversion : ce fut le cas avec le divorce présidentiel annoncé le 18 octobre, le jour où commençait la grève dans les transports en commun ; et à nouveau avec la mise en scène de sa liaison avec Carla Bruni au lendemain du calamiteux séjour à Paris du président libyen.

On ajoutera enfin, au risque de paraître dangereusement guindé, que le choix par le chef de l'Etat de Disneyland pour afficher sa nouvelle « *love affair* » frise la provocation. Comme une manière de lancer à tous les donneurs de leçons parisiens : au diable les lourdeurs compassées de la culture française et vive les paradis populaires du décor hollywoodien ! Au diable Victor Hugo et vive Mickey !

Tout cela, bien sûr, au nom d'une modernité, d'une efficacité et d'une sincérité affranchies des codes et rites désuets du pouvoir. Reste à évaluer si ce feuilleton présidentiel conduit à l'effacement du politique et si ce « style Sarko » désacralise la fonction au point de l'abaisser. A première vue, la réponse est non. Le président de la République a mis la même énergie à agir qu'à se montrer. Il a fait preuve de la même détermination à appliquer son programme et à réformer la France qu'à faire le beau. Sans gêne dans sa vie privée, il ne l'a pas été davantage pour bousculer les principes, les règles – les tabous, dirait-il – qui façonnent la France depuis des décennies.

Mais c'est au prix d'une redoutable inversion des valeurs. Transformer les citoyens en spectateurs du « Sarko Show » les dispense d'autant mieux d'être acteurs de la vie publique. Réduire la fonction de représentation du pays à l'incarnation de sa propre réussite pourrait bien dissoudre ce qui reste de bien commun et collectif au profit d'un individualisme démonstratif et triomphant. Gouverner par l'image et l'émotion, de façon épidermique, laisse d'autant moins de place à la rationalité et la pédagogie de l'action. Bref, remplacer la démocratie par la télécratie n'est pas sans risque. Pour le président lui-même, condamné à en faire toujours plus. Pour le pays, transformé en jouet magnifique d'un enfant-roi.

10 mars 2008

Sarkozy ou la mue présidentielle

Cet homme est une énigme. D'autant plus indéchiffrable qu'il affiche depuis longtemps la transparence et la sincérité comme deux de ses vertus cardinales. En janvier 2007 – une éternité –, Nicolas Sarkozy avait réussi son entrée en campagne en martelant, devant les milliers de militants venus le soutenir porte de Versailles, qu'il avait « changé », que les épreuves politiques et personnelles l'avaient transformé, qu'il n'était plus cet ambitieux pressé, péremptoire et brutal que chacun avait vu gravir quatre à quatre les marches du pouvoir, mais, déjà, cet homme nouveau, inspiré par la gravité de la fonction présidentielle à laquelle il aspirait.

Indéniablement, il avait convaincu. Sa brillante élection, le 6 mai, devait beaucoup, certes, au professionnalisme de sa campagne, à ses talents de communicateur et à des intuitions justes des attentes des Français. Mais il avait surtout distancé sa concurrente socialiste sur un point essentiel : il était, lui, préparé à la charge et prêt à l'exercer immédiatement, avec énergie et détermination, sans hésitations ni bourdes.

Dix mois plus tard, cette image s'est démantibulée, et son crédit s'est effondré, comme en témoignent tous les sondages depuis quatre mois. Pis, le président de la République se voit reprocher, y compris dans son camp, tous les défauts dont il affublait, hier, Ségolène Royal : impulsif, narcissique, brouillon dans ses annonces, approximatif dans leur mise en œuvre, comme flottant dans son costume présidentiel, bref, déroutant, voire inquiétant.

Les principaux épisodes de ce stupéfiant retournement sont connus. Personnels, avec cette irrépressible propension à mettre en scène sa vie privée, ce goût du luxe trop voyant ou cette façon d'électriser les rapports avec le premier venu. Politiques, avec une frénésie d'initiatives et de réformes tournant peu à peu à l'overdose. Economiques, avec ce « président du pouvoir d'achat », contraint d'avouer aux Français, non sans désinvolture, en janvier, que « les caisses sont vides ». Diplomatiques, avec la réception à grand spectacle du Libyen Khadafi, les fréquentes maladresses européennes ou la croisade trop vite oubliée pour la défense des droits de l'homme, en Russie, en Chine ou en Arabie Saoudite. Sans oublier, enfin, cette insistance étrange à rallumer des guerres de religion que l'on préférerait éteintes.

S'il ne s'agissait que d'emballements de débutant, les dégâts pourraient être réparés en mettant dans l'exercice du pouvoir davantage de « sobriété », de « cohérence » et de « concertation », pour reprendre les remèdes recommandés récemment par Edouard

Balladur dans ces colonnes. Mais le mal dont souffre le chef de l'Etat est probablement plus profond : au-delà de ces épisodes symptomatiques, c'est bien sa conception de la fonction présidentielle qui est en jeu.

Car Nicolas Sarkozy ne s'est pas contenté, depuis des années, de préparer soigneusement la conquête du pouvoir. Il en a également repensé l'exercice à l'ère du quinquennat et de la démocratie d'opinion. En lien direct avec le pays qui l'a élu, le président, a-t-il théorisé, doit assumer sa responsabilité politique en première ligne. Il ne peut plus se réfugier dans les ambivalences de la position d'arbitre, instaurée par le fondateur de la Ve République et usée jusqu'à la corde par ses successeurs ; il ne doit plus s'abriter derrière le premier ministre en cas de turbulences ou de coup dur, comme si souvent depuis un demi-siècle.

En d'autres termes, Nicolas Sarkozy entendait bien « désacraliser » la fonction pour mieux la moderniser. Et il avait raison – n'en déplaise à quelques gardiens du temple – tant elle avait fini par apparaître empesée, lointaine et inefficace. A un détail près, qui fait aujourd'hui toute la différence : dépouiller le président de ce qui lui restait d'oripeaux monarchiques, le « désacraliser », n'avait de sens que s'il s'agissait de le laïciser. Or le chef de l'Etat a si bien tordu le bâton dans l'autre sens pendant les premiers mois de son mandat qu'il a, en réalité, banalisé, trivialisé et privatisé sa fonction. Et qu'il l'a, du coup, instantanément indexée sur sa propre personnalité, ses travers et ses foucades. Sans même la protection traditionnelle de la distance, de la solennité et de la durée.

Quoi qu'il lui en coûte, sans doute, il vient de l'admettre dans le long entretien qu'il a accordé au *Figaro* le 6 mars : « On porte toujours sa propre part de responsabilité. J'aime l'engagement, j'aime prendre mes responsabilités, je suis quelqu'un qui ne triche pas, alors cela peut surprendre, voire déranger parfois. Pour autant, le rôle du chef de l'État, c'est de garder une certaine distance par rapport au quotidien. Il n'a pas le droit de céder à l'agitation. (...) Mon devoir est d'envisager les choses dans la durée, avec du recul, du sang froid. » Et d'ajouter : « Qui serais-je si je ne reconnaissais pas mes erreurs ? On en commet, j'en ai commis. »

On croirait presque, dans cette amende honorable, entendre à nouveau le « j'ai changé » de janvier 2007. Mais Nicolas Sarkozy aura beaucoup plus de mal, cette fois-ci, à en convaincre les Français, tant il a incarné jusqu'à présent, et jusqu'à la caricature, une présidence trépidante, tapageuse et, à l'évidence, beaucoup plus exaltée qu'exaltante. Il n'a pourtant pas le choix, et il le sait : ne pas changer de ton, de style et de méthode – fût-ce contre sa nature – pourrait conduire les Français à passer de leur mauvaise humeur actuelle à une grogne beaucoup plus vindicative et imprévisible.

Pour réussir cette mue présidentielle et espérer reconquérir la confiance indispensable à l'action, le résident de l'Élysée dispose d'un atout essentiel : une fois avalée la purge annoncée des élections municipales et cantonales, il restera maître du jeu tant que l'opposition de gauche, parti socialiste en tête, ne sera pas sortie de l'antisarkozysme primaire qui lui tient lieu de viatique depuis un an.

Mais il aurait tort de s'en réjouir trop vite. C'est en effet le singulier paradoxe du moment : l'impuissance de la gauche, son absence de leader et de projet convaincants, bref, l'absence de contre-pouvoir sérieux ont probablement encouragé Nicolas Sarkozy à céder à sa pente naturelle – et à se fourvoyer. Il est donc le premier à avoir besoin d'une opposition combative pour se convaincre plus sûrement de sortir des chemins de traverse où il s'est engagé tout seul. Le premier, mais pas le seul. Pour la bonne santé de la démocratie aussi, il y a urgence.

15 novembre 2008

Les intellectuels jugent le PS

C'est peu dire que le Parti socialiste est déboussolé. Et du coup, selon les cas, muet, hésitant ou inaudible. Les exemples ? Ils abondent. En l'espace d'un mois, quatre débats majeurs auraient dû permettre au premier parti de l'opposition, fort de ses quelque 320 parlementaires[1], de faire entendre sa différence, ses analyses, ses propositions : la création du revenu de solidarité active, la poursuite de l'engagement militaire français en Afghanistan, le plan de soutien aux banques face à la crise financière, enfin la loi de mise en œuvre du Grenelle de l'environnement. Qu'ont fait les parlementaires socialistes ? Ils ont approuvé le Grenelle de l'environnement. Mais dans les trois autres débats, ils se sont tout simplement abstenus. Incapables de trancher, de sortir du ni oui ni non, ils se sont réfugiés aux abonnés absents.

Encore les socialistes ont-ils pour l'immédiat l'excuse – relative – d'être englués dans la préparation d'un

1. 204 députés et 116 sénateurs.

congrès incertain, où la bataille pour la succession de François Hollande[2] obnubile chacun et occulte les débats de fond. Mais leur malaise actuel est plus profond et beaucoup plus ancien.

Voilà un PS tétanisé depuis dix-huit mois par les initiatives incessantes de Nicolas Sarkozy. Un PS profondément divisé par la présidentielle de 2007, réticent à soutenir une candidate, Ségolène Royal, qui s'était précisément imposée en bousculant la doctrine socialiste sur des sujets aussi sensibles que le travail, la sécurité ou la nation. Un PS fracturé par le référendum européen de 2005, alors même que François Mitterrand avait fait de la construction de l'Europe, deux décennies plus tôt, l'horizon du projet socialiste. Un PS, enfin, évincé du second tour de la présidentielle de 2002, faute que son candidat, Lionel Jospin, ait su proposer aux Français un avenir sinon radieux, du moins convaincant.

Bref, un PS à côté de la plaque depuis des lustres et qui ne parvient plus à reformuler une vision, à définir un projet solide, donc à proposer une alternative crédible à la droite. Comme si ce parti avait peu à peu baissé les bras, cessé de réfléchir, au point d'apparaître en panne d'idées et d'imagination. Le premier commandement de sa nouvelle déclaration de principes, adoptée en juin, est pourtant clair : « Aller vers l'idéal, comprendre le réel ». Or c'est bien cette intelligence du

2. François Hollande a succédé à Lionel Jospin comme premier secrétaire du PS en novembre 1997. Reconduit lors des congrès de 2000, 2003 et 2006, il a annoncé, à l'été 2007, qu'il ne serait pas candidat à sa succession.

réel, des mutations de la société française, des transformations de l'Europe, des changements accélérés du capitalisme mondial, qui semble lui faire défaut.

Du côté des intellectuels auprès de qui il pourrait se ressourcer, le diagnostic est largement partagé. « Le PS est en panne d'idées parce qu'il est en panne d'une compréhension du monde », estime ainsi Pierre Rosanvallon, professeur au Collège de France et animateur de La République des idées. Et il ajoute : « Ce n'est pas la société qui est indifférente, au contraire. En revanche le lien s'est rompu entre le monde des idées et la gauche. A droite, Nicolas Sarkozy a su redonner un langage et une culture politique à son camp, il a métabolisé vingt ans de réflexions sur le nouveau capitalisme et ses effets sur la société. La gauche n'a pas fait la traduction progressiste de cette évolution. » Même écho chez le sociologue Michel Wieviorka : « Cela fait longtemps que le PS n'a pas voulu se réoxygéner. Ce parti n'a pas vu que la société et le monde changeaient et qu'il lui fallait donc repenser le changement. »

Marcel Gauchet, historien, philosophe et rédacteur en chef de la revue *Le Débat* est plus pessimiste encore : « Nous sommes dans un moment de creux historique très grave. Le gauche conserve des positions très fortes sur le plan des valeurs de notre société, mais elle a perdu la main sur la perspective de l'avenir ; elle est devenue un parti complètement défensif contre les méfaits d'un monde dont elle a perdu le secret. Elle est donc le parti des perdants », assénait-il le 7 septembre, devant l'université d'été des Gracques, ces trublions socialo-centristes.

Quant à Yann Moullier-Boutang, économiste et directeur de la revue de gauche critique et culturelle *Multitudes*, il est sans pitié : « Il n'y a pas de politique intellectuelle au PS, pas de débat créatif. Le contenu même du mot socialisme est d'un flou total. La conséquence est évidente : faute d'un affrontement sur les idées, on assiste à un affrontement hystérique sur les personnes. » Ce que Jacques Attali, qui fut longtemps une des têtes chercheuses de François Mitterrand, traduit sans détours : « Les responsables socialistes ne sont pas en situation d'entendre des idées neuves ; la seule chose qui les intéresse, ce sont des idées pour prendre le parti ». Fermez le ban !

S'il est plus charitable, le constat n'est pas fondamentalement différent dans les rangs socialistes, notamment chez ceux qui ont vocation à y animer le débat intellectuel. Gilles Finchelstein, un proche de Dominique Strauss-Kahn, est directeur général de la Fondation Jean-Jaurès, dont la mission est d'être le lieu de la rénovation de la pensée socialiste. Que dit-il ? « Traditionnellement, quand le PS perdait une élection, il en tirait la conclusion qu'il n'avait pas été assez à gauche. Après la défaite de 2007, il a lui-même considéré qu'il avait perdu parce qu'il s'était éloigné du réel. Et parce que sa vision du monde, ses mots et ses concepts parlaient davantage aux socialistes qu'au pays. » Olivier Ferrand, l'énergique animateur de la nouvelle fondation Terra Nova, qui se veut complémentaire de la précédente, est plus brutal encore : « On voit la troisième révolution capitaliste ; on ne voit rien de la troisième révolution socialiste ! » Désabusé, Laurent Bouvet, professeur de sciences politiques et rédacteur en chef de la *Revue socialiste* à la fin des années 1990, estime pour sa part que le PS « a perdu ce qui faisait sa force dans les années 1970 : une efficacité électorale construite sur une compréhension de la société française. Il ne s'en sortira pas sans un réinvestissement du champ doctrinal ».

Les vieux routiers de la Rue de Solférino, eux-mêmes, ne cherchent pas à masquer leur embarras. Henri Weber, député européen et secrétaire national à la formation, rappelle les innombrables rencontres avec chercheurs et intellectuels qu'il a lui-même organisées. Pour autant, admet-il, « sur les quatre grandes fonctions d'un grand parti politique, il ne remplit vraiment que la première, la fonction électorale de sélection des candidats. En revanche il assume assez mal la fonction programmatique et surtout les fonctions intellectuelle et idéologique qui permettent de porter un grand récit, une représentation de la société et d'un avenir possible et souhaitable. Or on sait bien que les batailles se gagnent ou se perdent d'abord dans les têtes. Sur ce terrain, le parti ne travaille plus assez sérieusement, il ne fonctionne plus comme un intellectuel collectif ». Pour qu'un parti travaille, lâche ce proche de Laurent Fabius, « il faut un patron ».

Plus diplomate et plus proche de l'actuelle direction, Alain Bergounioux, historien de la social-démocratie et secrétaire national aux études, assure que le PS n'a manqué ni d'idées, ni d'expertise. Pour preuve, il exhume ce gros numéro de la *Revue socialiste* de décembre 2004, qui croisait effectivement de façon enrichissante les analyses de bon nombre de responsables socialistes et celles de multiples chercheurs, des économistes René Passet ou Gösta Epsing Andersen aux sociologues Eric Maurin ou François de Singly, en passant par les politologues Andrew Moravcsik ou Florence Haegel, sans oublier Marcel Gauchet. Tout ce travail, souligne-t-il à regret, a été flanqué par terre par la querelle européenne, puis par les empoignades de la campagne présidentielle. Mais il ajoute aussi, lucidement : « Les intellectuels ont le sentiment d'avoir été écoutés, mais pas entendus. Ils se sont heurtés à une certaine indifférence d'une bonne partie de la direction. »

Ce que confirment bon nombre de chercheurs sollicités par le PS, souvent déçus ou frustrés. Et ce qu'explique bien l'historien Michel Winock. Entre intellectuels et socialistes, rappelle-t-il, « le désamour est ancien. Il remonte à l'après-guerre, quand l'aura et l'ascendant du Parti communiste a amené nombre d'écrivains, de savants, d'universitaires, d'artistes, à devenir membres du PCF ou compagnons de route. La guerre froide a ensuite poussé la SFIO à des alliances avec le centre et la droite et achevé de discréditer les socialistes aux yeux des partisans de la radicalité anticapitaliste et antiaméricaine. Mais le pire fut sans doute le cycle de la guerre d'Algérie qui a encore approfondi le fossé. » Certes, François Mitterrand sut ensuite attirer à lui quelques grands noms, mais « le divorce n'a jamais été vraiment surmonté », estime Michel Winock.

Cette atonie intellectuelle du PS est-elle la faute de la direction, au premier rang de laquelle son premier secrétaire depuis dix ans, François Hollande, dont chacun reconnaît qu'il est un esprit brillant, mais plus soucieux de communication immédiate que de réflexion au long cours ? Beaucoup le suggèrent. Mais si l'argument est commode, il reste limité. Car il existe, à l'évidence, d'autres freins puissants. « Dans les années 1980-1990, l'expertise a asséché le travail intellectuel », note, avec d'autres, Laurent Bouvet. Inévitable ou presque dans un parti qui a gouverné le pays pendant quinze ans et s'est habitué à mobiliser les esprits les plus agiles pour obtenir des solutions clefs en main à toute question. Mais sérieusement handicapant quand il s'agit de repenser le sens de l'action. « Sur des questions essentielles, comme le travail, les 35 heures, ou les indicateurs de richesse, le primat des experts, et en particulier des économistes qui font la leçon à tout le monde, a bridé et biaisé la réflexion des socialistes », analyse la sociologue Dominique Méda. En effet, « le PS a tellement voulu paraître raisonnable à leurs yeux qu'il en a oublié ou presque des impératifs catégoriques pour la gauche, comme l'égalité ou la redistribution ».

L'élu local est l'autre tête de turc fréquemment invoquée. « Le travail intellectuel n'irrigue pas le PS parce que l'appareil de Solférino d'une part, les grands seigneurs régionaux et locaux d'autre part ne veulent pas du pouvoir politique national et ne se donnent pas les moyens de le reconquérir », tranche brutalement le politologue et ancien député européen Olivier Duhamel. Le paradoxe semble complet au moment où les socialistes collectionnent les victoires municipales, départementales et régionales et font la démonstration, sur le terrain, de leur capacité, précisément, à « comprendre le réel ».

A ce détail près que les succès locaux soulignent une forme d'inquiétude à sortir des préaux des villages français pour comprendre les mutations du village planétaire. Ce qu'Olivier Mongin, le directeur de la revue *Esprit*, traduit en d'autres termes : « Faute d'une conception claire de la mondialisation, le local est vécu comme une protection contre la mondialisation. » Bref, contrairement aux victoires municipales de 1977, qui avaient été un tremplin pour la conquête du pouvoir national, les vagues roses locales de ces dernières années traduiraient plutôt une forme de repli. Y compris intellectuel. Et nombre de chercheurs notent, pour le déplorer, le caractère profondément hexagonal – voire « terriblement provincial », selon Yann Moullier-Boutang – de socialistes, très peu curieux de ce qui se passe à l'étranger, ne serait-ce qu'en Europe.

Ce sont donc les structures mêmes du PS, sa sociologie, son anthropologie, qui sont en cause. Michel Rocard le disait récemment, sans détour : « Qui sont-ils, les socialistes français ? Pour un tiers des conseillers municipaux, pour un autre tiers des gens qui veulent devenir conseillers municipaux et pour un troisième tiers des curieux de passage qui s'en vont vite parce qu'ils s'ennuient ferme aux réunions de section » (*Le Monde 2* du 8 novembre)...

Gilles Finchelstein le formule autrement, mais n'est pas plus encourageant : « Au PS, la figure de l'intellectuel a été remplacée par celle du technocrate, celle de l'internationaliste par l'élu local et celle de la société civile par celle de l'apparatchik. Ce n'est pas très propice au débat d'idées, surtout dans une période de mutations accélérées. » A quoi Jérôme Vidal, directeur de la *Revue internationale des livres et des idées* et auteur d'un petit livre vigoureux, *La Fabrique de l'impuissance*, dans lequel il analyse le « trou noir » dans lequel la gauche engloutit son énergie, ajoute une autre dimension : « On ne peut même pas reprocher au PS d'être un parti électoraliste, puisqu'il s'est coupé de son électorat. » Et de rappeler, sur la base des enquêtes de Frédéric Sawicki, professeur à Lille-II, qu'après avoir oublié le monde ouvrier, le PS s'est éloigné du noyau dur de ses fidèles, enseignants et fonctionnaires.

Arrivés à ce point, malheureusement pour eux, les socialistes ne sont pas au bout de leur peine. Pour beaucoup d'intellectuels en effet, c'est le cœur même du réacteur intellectuel du PS qui est grippé : ce parti ne parvient pas, voire ne souhaite pas, surmonter les contradictions idéologiques qui entravent son action et rendent ses choix confus. Pour des raisons politiques, tout d'abord. Zaki Laïdi, directeur de recherches à Sciences Po, est cinglant sur ce point : « Le PS est un parti gazeux, sans armature idéologique forte, ni base sociale marquée ni socle militant puissant. Une vraie mise au clair de son identité pourrait menacer son unité et lui être fatale. Car clarifier ses positions, c'est se dévoiler et risquer de s'affaiblir. Les dirigeants socialistes n'ont donc aucune envie d'aller au fond des choses : ils savent trop bien qu'ils pourraient y perdre la couche d'ozone qui les protège de l'extrême gauche. »

Beaucoup partagent cette analyse. Ainsi Olivier Mongin : « Les politiques ont-ils vraiment intérêt à s'approprier ce qui se pense, surtout quand ça fait mal, sur des questions aussi décisives que le nouveau capitalisme, l'avenir des banlieues ou la réforme universitaire. Les socialistes ont pris l'habitude de créer de faux consensus pour éviter de s'entre-tuer. » Le sénateur Jean-Luc Mélenchon le confirme en expert, puisqu'il vient de claquer la porte du PS : « Il n'y a que des risques à exposer des idées, car c'est se latéraliser, donc être inapte à toute fonction centrale. »

Gérard Grunberg, directeur scientifique de Science Po, va plus loin : « Il y a en réalité beaucoup d'intellectuels prêts à travailler pour le PS. Mais les dirigeants socialistes n'ont pas envie de les entendre car ils pourraient poser des questions désagréables ou pointer des contradictions gênantes. » L'exemple de la déclaration de principes, adoptée à l'unanimité par les socialistes au mois de juin, est à cet égard éloquent. Ce texte est censé mettre à jour la carte d'identité du parti : les dernières traces de romantisme révolutionnaire sont effacées, l'orientation réformiste clairement affirmée, il n'est plus question de combattre le capitalisme, mais de l'humaniser.

Hélas ! trois mois plus tard, la crise financière a brutalement déstabilisé ce bel édifice. Pris à contre-pied, presque doublés sur leur gauche, au moins dans la rhétorique, par Nicolas Sarkozy, interpellés sans ménagement par Olivier Besancenot, voilà les socialistes tirés à hue et à dia, à l'évidence tentés de gauchir à nouveau leur discours. En réalité, poursuit Gérard Grunberg, les socialistes « ne sont pas prêts à inventer un nouveau modèle parce qu'ils n'ont pas vraiment rompu avec l'ancien. Leur rapport avec le capitalisme n'est toujours pas clairement fixé et la tentation anticapitaliste reste vive ».

Ce sont donc bien les ambiguïtés, les ambivalences au cœur même de son identité qui embarrassent le PS. Pour l'économiste Daniel Cohen, qui préside depuis peu le conseil scientifique de la Fondation Jean-Jaurès, les choses devraient être simples : « Il faudrait reprendre tous les sujets qui fâchent – les 35 heures, l'organisation du travail, l'université, les retraites, etc. –, mettre les choses à plat, chercher les meilleurs compromis et trancher. » Dans la réalité, il admet que c'est un peu plus compliqué. Non seulement parce que les rivalités internes « paralysent tout », mais aussi parce que le PS est « comme l'âne de Buridan : il ne sait plus ce qu'il doit faire, flatter les élites ou le peuple ? Il ne sait pas davantage comment surmonter le grand écart entre le cadre de l'Etat-providence redistributeur et l'hétérogénéité croissante de la société ». La question centrale, conclut Daniel Cohen, est de savoir « quelle production de biens publics est nécessaire pour que le capitalisme contemporain ne soit pas un facteur de ruptures conflictuelles ? Cela suppose que la gauche fasse le ménage dans son propre camp ».

Dominique Reynié, professeur de sciences politiques et responsable de la Fondation pour l'innovation politique, pointe un autre blocage du même ordre. « Au lieu d'assumer leur vocation naturelle de penser l'innovation et l'initiative sociales pour mieux s'émanciper de l'Etat, les socialistes se sont au contraire aliénés à la figure de l'Etat, protecteur et redistributeur, qui était le terrain naturel de la droite colbertiste. » A ses yeux, il n'est donc pas surprenant que la crise de la pensée de la gauche soit directement indexée sur la crise de l'Etat. Il ajoute : « Cette inscription du PS dans le cadre de l'Etat national l'a fait penser contre-nature, quitter son terrain de l'internationalisme et rater de façon stupéfiante le thème de l'altermondialisme dont il aurait dû, naturellement, s'emparer à la fin des années 1990 et après lequel il court depuis. »

L'on est évidemment encore moins tendre du côté de la gauche critique. Les socialistes, estime Jérôme Vidal, sont en pleine « imposture » : d'un côté, ils défendent le discours de l'adaptation du modèle social-démocrate et du retour au plein-emploi, de l'autre côté, « ils cherchent des bricolages permettant de gérer socialement le plein-emploi précaire, mais sans le dire ». Cette contradiction n'a pas fait exploser le PS ? Pour la bonne raison qu'en face, « la gauche de la gauche s'est contentée de dénoncer le libéralisme des socialistes, sans chercher à refonder une critique sociale neuve ». « C'est très confortable pour tout le monde, conclut-il : la gauche de la gauche dénonce les reniements socialistes, le PS dénonce l'irréalisme de Besancenot. »

Pour sortir de ces impasses, trois attitudes s'offrent aux socialistes. La première est assez bien incarnée par Jean-Luc Mélenchon : « Le problème du PS n'est pas de se mettre au travail, mais dans la lutte, de redevenir le protagoniste d'un nouveau rapport social. Le réel est plus fort que les textes les plus brillants. »

La deuxième est celle de la clarification intellectuelle. « Quand et comment le PS se convaincra-t-il qu'il ne gagnera pas dans l'évitement du débat ? », s'interroge Gilles Finchelstein, espérant que les « aiguillons » Besancenot, Bayrou ou Sarkozy l'aideront à le comprendre. A quoi Laurent Bouvet ajoute : « Il faut construire l'électorat de son projet et non pas l'inverse, comme le fait le PS depuis des années. »

La troisième est de s'en remettre à la thérapie du pouvoir. « Paradoxalement, c'est au pouvoir que le PS arrive à se réformer », note Frédéric Martel, sociologue et ancien collaborateur de Martine Aubry. Et il ajoute cette citation du philosophe américain Harold Rosenberg : « L'homme politique est un intellectuel qui ne pense pas. » On ne saurait mieux dire des socialistes.

24 février 2009

Président hors sol

Nicolas Sarkozy a beau faire de la politique comme il respire, en toutes saisons, sur tous les terrains et devant les publics les plus divers, du marin pêcheur en révolte au patron de banque en colère, de Bagdad à Gandrange, c'est peu dire qu'il n'a pas le pied paysan.

Voilà quelques jours, il semblait se demander ce qu'il faisait dans cette ferme du Maine-et-Loire qu'il avait décidé de visiter pour complimenter l'agriculture et les agriculteurs français. Samedi encore, il a consacré deux petites heures à l'inauguration à Paris du Salon de l'agriculture, comme on sacrifie à un rituel imposé. Sans doute avait-il en tête le fameux « casse toi, pauv'con » qu'il avait lâché, l'an dernier au même endroit, à un quidam grincheux qui refusait de lui serrer la main. Il eut beau admettre, par la suite, qu'il aurait mieux fait de s'abstenir, la réplique est restée gravée. Le style, c'est l'homme.

Sans doute aussi, ne pouvait-il s'empêcher de songer à l'inévitable comparaison avec son prédécesseur, ce « roi fainéant » avec lequel il entend rompre en tout, mais qui, sur ce terrain, reste le champion incontesté. Dans les allées de la porte de Versailles, Chirac prenait son temps avec gourmandise, quand Sarkozy masque difficilement son sentiment de le perdre. Le premier engouffrait les produits des terroirs quand le second picore une lichette de tomme et une gorgée de lait aromatisé. Le premier n'avait pas son pareil pour cajoler la charolaise ou la blonde d'Aquitaine, quand le second s'acquitte de cet exercice comme s'il participait à sa première surprise-partie.

Il est vrai qu'on a changé de siècle, de millénaire même. Tous les présidents de la Ve République avaient labouré en profondeur les vieilles terres moussues de la France rurale. De Gaulle n'avait pas besoin de se forcer, qui était né à une époque où près des trois quarts des Français vivaient de l'agriculture, quand ils ne sont plus que 3 %. Pompidou savait jouer de sa voix de maquignon du Cantal pour faire oublier son passé de banquier d'affaire. Giscard l'auvergnat pouvait jouer les *gentlemen farmers*. Mitterrand, lui, savait parler aux arbres, c'est dire ! Quant à Chirac, il put déclarer un jour de 1999 : « L'homme vit avec la terre. Nous sommes tous des paysans ! », sans craindre l'écho passablement pétainiste de cette « terre qui ne ment pas ».

Longtemps maire de Neuilly, plus familier des salons du Fouquet's que de la « France profonde » des moissons et des saisons, plus « bling bling » qu'Angelus, Nicolas Sarkozy a le mérite de ne pas chercher à faire semblant : il est notre premier président qui a poussé hors sol, sans ces racines terriennes jusque-là vitales, seulement nourri par les lumières de l'Elysée et les oligoéléments du marketing. Et qui, loin des pâturages et des labourages, tente d'inculquer au pays une nouvelle devise : performance et concurrence sont les deux mamelles de la France.

23 juin 2009

Socialistes ou lemmings ?

La légende veut que les lemmings, ces petits mammifères des régions boréales, se suicident collectivement en se jetant du haut d'une falaise lors de leurs migrations. L'histoire récente témoigne que les socialistes français, espèce plus connue de nos régions tempérées, observent le même genre de comportement après leurs défaites électorales.

En 1993, au lendemain d'une déroute aux législatives et trois ans après le terrible congrès de Rennes qui avait vu les héritiers directs de François Mitterrand s'entre-déchirer, Michel Rocard avait trouvé le remède miracle : un « big bang », seul capable de refonder le PS. Un an plus tard, il était renvoyé à ses études d'astrophysique après un échec cinglant aux européennes. Les socialistes semblent, aujourd'hui, tentés par le même genre d'expérimentation hasardeuse. Au lendemain de la déculottée qu'ils viennent de subir aux européennes et six mois après le calamiteux congrès de Reims, qui a vu les petites nièces de Mitterrand s'écharper tristement, ils ont découvert une nouvelle potion magique : les primaires. Une procédure ouverte, intelligente et mobilisatrice – rien de moins ! – qui permettra de désigner le candidat socialiste, voire celui de toute la gauche, à la prochaine élection présidentielle.

Dans le plaidoyer qu'il vient de remettre à Martine Aubry, le bouillonnant Arnaud Montebourg propose donc une procédure savamment agencée avec l'aide d'Olivier Ferrand, président de la Fondation Terra Nova : décision dans les prochains mois pour codifier à froid la règle du jeu et pas moins de quatre ou cinq scrutins entre février et juillet 2011 pour hisser sur le pavois le champion capable de terrasser Nicolas Sarkozy en 2012. Les primaires seront, assure-t-il, une « machine à rassembler » le peuple de gauche – majoritaire dans le pays –, à « surmonter les divisions » qui minent le camp progressiste, enfin à trouver remède à la crise de « leadership » dont souffre le PS. La gauche italienne l'a bien fait en 2006 avec Romano Prodi, et les démocrates américains avec Barack Obama l'an dernier. Pourquoi les socialistes français seraient-ils moins audacieux ?

Bien sûr, à peine déclenché, ce nouveau big bang a eu immédiatement tendance à aggraver la « foire d'empoigne » que ses promoteurs entendent éviter : Manuel Valls, Pierre Moscovici, Bertrand Delanoë ont, dans l'instant, formulé la question qui les taraude : « pourquoi pas moi ? » Et la liste des prétendants va s'allonger rapidement, tant les ambitions de Ségolène Royal, François Hollande, Laurent Fabius, Dominique Strauss-Kahn et bien d'autres paraissent intactes. Bien sûr, aussi, chacun pressent que l'ouverture de ces primaires à tous les « sympathisants socialistes », voire à tous les « sympathisants de gauche », renverra l'adhérent et le militant socialistes dûment encartés au chapitre des espèces en voie de disparition. Et, avec eux, le « vieux » PS. A moins que ce soit précisément l'objectif. Dans ce cas, espérons – pour eux – qu'ils ne sont pas atteints du syndrome des lemmings.

30 juin 2009

De la politique comme produit

Même dans les cadres les plus corsetés – en l'occurrence l'apparat républicain du Congrès à Versailles –, même dans les discours qu'on imagine les mieux préparés, peaufinés, bichonnés – en l'espèce celui du président de la République devant le Parlement le 22 juin[1] –, il arrive qu'un mot vive sa vie, sorte des rails, résonne de façon singulière et impose son diapason à l'ensemble. Comme la clé fixe la tonalité d'un morceau de musique.

Le 22 juin, ce mot-clé a surgi au terme de la longue tirade de Nicolas Sarkozy à la gloire de « notre modèle républicain », de ses valeurs fondamentales, de son aspiration « à mettre l'économie au service de l'homme, et non l'inverse », bref à la gloire de ce modèle hier décrié et auquel la crise redonne ses lettres de noblesse. Joli numéro, ronflant et bien

---

1. La révision constitutionnelle du 23 juillet 2008 permet désormais au président de la République de convoquer le Parlement en Congrès pour s'adresser directement à lui par une déclaration.

troussé, braconnant une fois de plus avec autant d'aplomb que de talent sur les terres idéologiques de la gauche. Jusqu'à cette chute : « La crise a remis le modèle français à la mode. »

A la mode ! Quel formidable aveu. Après la saison libérale de 2007, quand rien n'était plus tendance que de se débarrasser de ce modèle ringard, ni plus urgent que de le glisser dans un conteneur de la Croix-Rouge pour aider les pauvres à passer l'hiver, voici donc le prêt-à-porter républicain. Sa ligne « pacte social » sied tellement mieux en temps de crise ! Au-delà de ces opportunismes vestimentaires, tout est dit, ou plutôt l'essentiel : les idées retenues au « décrochez-moi ça », les doctrines enfilées par commodité et la politique conçue comme un produit.

La belle affaire ! diront les blasés. N'a-t-on pas connu un Jacques Chirac travailliste à la française, puis reaganien pur sucre avant de poser en républicain à l'ancienne ? Ou un François Mitterrand de gauche et de rupture, puis libéral branché, enfin conservateur bon teint ? Mais l'on en était encore au stade artisanal : les intéressés faisaient mine d'y croire, de s'inventer des cohérences, de plaider des continuités. La « modernité » de Nicolas Sarkozy fait qu'il ne s'embarrasse plus de ces tartufferies : quand la conjoncture, un marketing sophistiqué et la conquête de parts de marché l'y conduisent, il ferme une ligne de doctrine et propose un nouveau modèle, « vintage » ou original, c'est selon.

La mode commande la mobilité et assez de bagout pour convaincre le consommateur. Il ne manque ni de l'une ni de l'autre. Pour la faire et l'imposer, il faut anticiper, précéder les attentes du moment, deviner les couleurs des prochaines saisons. C'est déjà fait : la collection Sarkozy d'automne sera bleu horizon, tendance grand emprunt et union nationale ; celle de printemps devrait être plus olé-olé et un poil populiste, avec la réforme des collectivités locales et la volonté affichée de réduire le nombre des élus locaux[2]. Pour 2012, c'est un peu tôt. D'ici là, on pourra toujours faire les soldes.

---

2. La réforme des collectivités locales, confirmée par M. Sarkozy devant le Congrès, se traduira par plusieurs lois, dont celle de novembre 2010 créant le conseiller territorial, commun à la région et au département. Cette innovation sera supprimée en 2012.

20 octobre 2009

Bonneteau politique

La vie politique française obéit-elle désormais aux mêmes règles folles que le monde financier, excitée ou affolée par la moindre affaire, saisie par l'« exubérance irrationnelle » des polémiques comme Wall Street le fut par celle des marchés, déconnectée du monde réel comme les géants mondiaux de la banque le furent de l'« économie réelle » ? Cela y ressemble, en tout cas.

Depuis la fin de l'été, déjà, il y avait de la nervosité dans l'air : de la taxe carbone à la controverse sur La Poste, de la réforme des collectivités locales au projet de RSA pour les jeunes, chaque dossier hérissait le poil de la France « d'en bas », du peuple de gauche ou de la droite profonde, selon les cas. Mais l'on pouvait mettre ces turbulences sur le compte d'une rentrée trop impatiente, d'un agenda trop chargé, d'une pédagogie insuffisante.

Depuis trois semaines, il se passe tout autre chose, comme un emballement incontrôlé et incontrôlable. De l'affaire Polanski à l'affaire Clearstream, du tumulte

Mitterrand à celui provoqué par les ambitions de Jean Sarkozy, le débat public rebondit de « bulle » en « bulle », improbables et imprévues, plus effervescentes et volatiles les unes que les autres, échauffant les esprits, agitant les consciences, polarisant l'attention générale, quand elles ne l'exaspèrent pas. Le porte-parole du gouvernement, Luc Chatel, a évoqué un « climat malsain ». C'est plutôt une étrange impression d'irréalité qui s'est installée.

Car, pendant que l'on fait l'exégèse de la mauvaise vie de Roman Polanski, les députés votent le projet de loi ouvrant à la concurrence les jeux d'argent sur Internet. Pendant que l'on scrute les tristes frasques de Frédéric Mitterrand[1], les mêmes parlementaires adoptent à bas bruit l'ordonnance qui autorise le redécoupage électoral préparé par le gouvernement.

Pendant que l'on soupèse les mérites éventuels du fils du président, la ministre de la justice fait passer en force, au Sénat, le projet de loi organique qui réforme le Conseil supérieur de la magistrature et prévoit que les magistrats y seront, à l'avenir, minoritaires lorsqu'il faudra statuer sur les nominations… Sans parler de ces quelques « bricoles » éclipsées ou passées au second plan, comme les 450 000 chômeurs supplémentaires en 2009 ou la détresse des agriculteurs français.

---

1. Ministre de la culture depuis juin 2009, Frédéric Mitterrand prend la défense du cinéaste Roman Polanski, poursuivi pour une ancienne affaire d'agression sexuelle sur mineure. Une violente polémique s'ensuit à propos du livre de M. Mitterrand, *La mauvaise vie* (2005) dans lequel il raconte ses expériences de tourisme sexuel avec de jeunes garçons.

Un amateur de complot y trouverait facilement matière à nourrir ses soupçons. A tort. En réalité, le pouvoir est pris à son propre jeu : à occuper la galerie du matin au soir, à sortir une réforme de son chapeau tous les trois matins, à organiser son action comme un feuilleton télévisé, à brouiller les cartes politiques comme un joueur de bonneteau, il a fini par énerver le pays en le privant d'une vue claire et un tant soit peu partagée des problèmes et de leur hiérarchie. Tout se passe comme si l'opinion lui renvoyait cette fébrilité à la figure, transformant la moindre étincelle en incendie. Pour le meilleur ou pour le pire.

10 novembre 2009

Prestidigitation nationale

Branle-bas général, le grand débat sur l'identité nationale est ouvert ! Branle-bas dans les 100 préfectures et les 340 sous-préfectures de France, de Navarre et d'outre-mer, sommées par l'adjudant-chef Besson de lui envoyer leur feuille de route d'ici au 16 novembre, avec consigne de mobiliser les « forces vives de la nation » pour « réaffirmer les valeurs républicaines et la fierté d'être français ». Branle-bas dans les déjeuners dominicaux, les cafés du commerce et sur le Web, bien sûr. Déjà l'on entend le roulement de tambour des grands mots, le cliquetis des grandes dates, des grands hommes et des grands symboles. Chacun, déjà, fourbit références et citations, Renan contre Barrès, Bainville contre Braudel, ou l'inverse.

Et dire que ce tintamarre va durer trois mois ! Par avance, on en frémit d'ennui. Non qu'il y ait, derrière ce fatras prévisible – à l'image des dizaines de questions lancées à la cantonade par le site officiel créé pour l'occasion –, de sérieuses interrogations et de vigoureuses disputes. Mais parce que ce « grand débat » national est engagé de manière si biaisée et manœuvrière qu'il ne peut rien en sortir de solide et de vivifiant. Mauvais esprit ? Qui plus est de « mauvais Français » ? Dans ce cas, l'on n'est pas seul. N'est-ce pas un membre du gouvernement, Martin Hirsch en l'occurrence, qui a lâché, dans un stupéfiant moment de franchise, qu'il s'agit bien d'une « opération 100 % politique » ?

On ne saurait mieux dire. L'accessoire, chacun l'a immédiatement compris, est la préparation des élections régionales de mars prochain, la volonté affichée de braconner à nouveau sur ce qui reste des terres du Front national et l'assurance sarcastique d'embarrasser une gauche partagée entre le silence et les cris d'orfraie. L'essentiel pourtant n'est pas là.

A force de tourner casaque en permanence, à force d'utiliser les valeurs comme de vulgaires figures de rhétorique, à force de multiplier les acrobaties idéologiques et de brouiller les cartes politiques, le pouvoir actuel a fini par égarer les Français en général et ceux de droite en particulier. Pourfendeur, en 2007, d'un « modèle français » paralysant, le voilà qui en vante avec emphase les mérites protecteurs. Chantre, il y a peu, d'un libéralisme « sans complexe » et tout terrain pour soigner le pays de ses vieilles arthroses, le voilà qui fait mine désormais de dénoncer le capitalisme financier sans foi ni loi. Sans oublier la défense du mérite contre la rente, le credo de l'Etat « impartial », la fin de la « Françafrique ». La liste est longue des changements de cap, qui sont autant d'aveux d'impuissance, « bouclier fiscal » excepté.

La France est donc ce qui reste quand on a tout essayé. Nous y sommes. Après tous les numéros réalisés depuis deux ans, il n'est pas sûr que les Français se laissent prendre à ce nouveau tour de prestidigitation. Gageons qu'ils sont plutôt demandeurs d'un solide contrat social.

17 novembre 2009

Du romanesque en politique

C'était le 10 juin 2007. François Hollande, premier secrétaire du PS, et Ségolène Royal, ex-candidate socialiste à la présidentielle, venaient de se succéder au même pupitre, rue de Solférino, pour commenter les résultats du premier tour des élections législatives. Leur séparation n'était pas encore publique mais, malgré leurs efforts pour ne pas mélanger les genres, les aléas de leur vie privée avaient fini par peser sourdement sur les choix et les initiatives du PS en campagne. Ce 10 juin, donc, devant cette stéréo baroque, Manuel Valls avait déploré, sèchement, que « la vie politique tourne autour de la vie d'un couple ».

Trente mois plus tard, il n'est pas certain que le souhait du député et maire d'Evry soit exaucé. Beaucoup d'eau, pourtant, a coulé sous les ponts socialistes. L'ancien premier secrétaire du PS a passé la main, sans gloire, à Martine Aubry au terme du calamiteux congrès de Reims, il y a un an. L'ancienne candidate a manqué de quelques voix, âprement contestées, lui succéder à la tête du parti.

Impérieuse ou capricieuse, elle a, depuis, découragé bien des dévouements et fait le vide autour d'elle, habitée par la conviction que son dialogue singulier avec les Français pouvait la dispenser de consolider ses soutiens. Jusqu'à s'imposer, comme le week-end passé à Dijon, dans une réunion de son propre (ex-)courant où elle n'était pas invitée[1]... Lui, pendant ce temps, a tourné la page de onze longues années de direction du PS, commencé à combler le vide qu'elles avaient creusé autour de lui, dressé les « inventaires » des forces et handicaps de ce parti, pris le temps de réfléchir aux points faibles de l'actuel président – la démocratie et la fiscalité –, pour mieux « se préparer ».

Tout, semble-t-il, les sépare. Intuitive, narcissique, fonceuse, volontiers cassante, la présidente de la région Poitou-Charentes est plus imprévisible que jamais. Rationnel, unitaire, prudent, sans négliger d'être incisif, le président du conseil général de Corrèze est plus méthodique que jamais. Comme Nicolas Sarkozy, elle électrise le moindre débat, au risque du court-circuit. Lui, au contraire, s'emploie sur le fond et la forme à se distinguer en tout du chef de l'Etat.

Plus que d'autres, cependant, tous deux sont animés par la certitude très ancienne – longtemps partagée, désormais concurrente – d'être appelés à jouer

---

1. Le 14 novembre 2009, alors que sa présence n'avait pas été jugée souhaitable, Ségolène Royal s'impose sans ménagement dans une rencontre organisée à Dijon par Vincent Peillon, son allié lors du congrès de Reims de novembre 2008. « Je suis dans ma famille, je n'ai pas besoin d'être invitée », lance-t-elle.

les premiers rôles, si possible le premier, et par une détermination à toute épreuve ; deux ressorts essentiels pour s'engager sérieusement dans l'aventure présidentielle.

Bien sûr, nous en sommes loin. D'autres lèveront le doigt qui ne manquent pas d'atouts. Les sondages, déjà, aiguisent ambitions et spéculations. Mais un « match » Ségolène Royal-François Hollande lors de l'élection primaire chargée de désigner le ou la candidat(e) socialiste de 2012 n'est ni impossible, ni même improbable. Le romanesque serait garanti. Le résultat, c'est une autre affaire !

24 novembre 2009

Pas de cyprès au Panthéon

Le cimetière de Lourmarin est chaud comme pierre de restanque en été. Intime, complice, amical. Même les cigales y semblent apaisées. Albert Camus y repose depuis bientôt cinquante ans, à l'ombre d'un cyprès centenaire. A ses pieds, deux buissons de lavande. Les fidèles, les lecteurs, ses amis déposent, en guise de conversation, des petits cailloux sur une dalle discrète qui n'est pas de marbre clinquant mais de ce calcaire de Provence, grenu et couturé de petits coquillages fossiles oubliés par la mer dans une vie antérieure. Comme Tipasa, sur l'autre rive de la Méditerranée, le cimetière de Lourmarin est « habité par les dieux, et les dieux parlent dans le soleil et l'odeur des absinthes, le ciel bleu écru et la lumière à gros bouillon dans les amas de pierre ». Alentour, ces « collines provençales où l'homme peut se délivrer avec douceur de lui-même ».

A Lourmarin, il avait trouvé son port et sa dernière demeure. Les lumières, les odeurs, les silences et jusqu'au goût du vin y résonnaient comme ceux d'Alger, Oran ou Djemila, libres parfums d'enfance et de jeunesse. A Lourmarin, Camus est chez lui. Il serait étranger à Paris qu'il n'aimait pas, étranger dans ce mausolée républicain, ses frontons, ses colonnades et ses coupoles, ses fresques académiques et ses marbres glacés, ses « grands hommes » dans la pénombre de la « patrie reconnaissante », étranger dans ce « grand temple déserté par les dieux » où Nicolas Sarkozy s'est mis en tête de le panthéoniser[1].

C'est son droit, sans doute, sous réserve de l'accord des héritiers. Ou plutôt son privilège présidentiel, depuis que de Gaulle y a fait entrer Jean Moulin. Admettons, de même, qu'il y a pire héros national que Camus. Il y côtoierait Voltaire et Rousseau, Hugo, Zola, Malraux et Dumas, pour ce qui est des écrivains. Lui, le juste, y serait associé aux Justes que Jacques Chirac y avait honorés collectivement en 2007. Il y symboliserait, peut-être, l'Union de la Méditerranée chère au chef de l'Etat[2].

Nobles motifs, en apparence, mais qui n'effacent rien du reste : l'instrumentalisation récurrente de l'Histoire, l'utilisation de la figure de Camus – ou tout

1. Nicolas Sarkozy confirme, le 19 novembre, son souhait de faire entrer Albert Camus au Panthéon, à l'occasion du cinquantenaire de la mort accidentelle de l'écrivain en janvier 1960. Il renoncera à ce projet.

2. Créée le 13 juillet 2008 lors du sommet de Paris qui réunit, à l'initiative de Nicolas Sarkozy, les 27 pays de l'Union européenne et 16 pays du Sud et de l'Est de la Méditerranée, l'Union pour la Méditerranée est une organisation internationale destinée à favoriser la coopération et le développement de la région euroméditerranéenne.

autant celle de Marc Bloch – au plus vif d'un débat biaisé sur l'identité nationale, bref comme une captation d'héritage. L'auteur de L'Etranger et de La Peste appartient à tout le monde, dira-t-on. Gageons pourtant que celui qui considérait les hommes politiques comme « des hommes sans idéal et sans grandeur », celui qui notait dans ses Carnets : « Chaque fois que j'entends un discours politique, je suis effrayé de n'entendre rien qui rende un son humain ; ce sont toujours les mêmes mots qui disent les mêmes mensonges », celui enfin qui ne se reconnut que deux patries (l'Algérie et l'Europe) et n'accorda à la France ce statut qu'aux heures les plus sombres de la Résistance, gageons que cet homme-là, indocile, ce révolté aurait jugé absurde d'être ainsi récupéré. Les morts, décidément, ne sont jamais en paix, même à Lourmarin.

1er janvier 2010

Bonne année 2010, Monsieur le président !

Les années se suivent et ne se ressemblent pas. L'an dernier, à pareille époque, Nicolas Sarkozy paraissait en position de force. La crise économique et financière mondiale avait évidemment chamboulé tous les paramètres de son action, de ses projets et de son calendrier. Mais il l'avait affrontée avec une détermination et une capacité d'adaptation indéniables, mis en valeur par la présidence de l'Union européenne assumée durant le semestre précédent. L'opinion lui reconnaissait d'avoir – enfin – endossé pleinement le costume présidentiel : il abordait 2009 avec des cotes de confiance encore négatives, mais en nette amélioration. « Peut-il être battu en 2012 ? », s'interrogeaient alors les gazettes.

Douze mois plus tard, le changement de paysage et de climat est saisissant, tant le président de la République paraît à la peine. Bien sûr, il ne manque pas une occasion de le souligner : « La France s'en sort mieux que les autres » dans la tourmente économique, les explosions sociales, redoutées il y a un an, ne se sont pas produites, et son parti, l'UMP, loin de souffrir de la crise, a remporté les élections européennes de juin.

Il n'empêche. Depuis la rentrée de septembre, tout va de travers et le président lui-même semble avoir perdu la main. La décision spectaculaire du Conseil constitutionnel, qui vient de retoquer la taxe carbone, ne fait que mettre la touche finale à cet automne pourri. Cela avait d'ailleurs commencé, en septembre, avec ladite taxe dont le projet avait provoqué de sérieuses turbulences, non seulement au sein de la majorité (autant que de l'opposition), mais aussi entre le chef de l'Etat et son premier ministre.

Ensuite, les couacs, les polémiques et les erreurs d'appréciation n'ont plus cessé : depuis le lapsus sur les « coupables » du procès Clearstream jusqu'au tollé provoqué par la candidature de son fils Jean à la présidence de l'Etablissement public de la Défense, sans oublier le récit, pour le moins enjolivé, sur sa page Facebook, de sa présence à Berlin le 9 novembre 1989[1] ; depuis la fronde des élus locaux, et en particulier de deux anciens premiers ministres (Alain Juppé et Jean-Pierre Raffarin) contre la réforme des collectivités et de la fiscalité locale, jusqu'à l'empoisonnante affaire des sondages de l'Elysée épinglés par la Cour des comptes ; depuis

1. Sur sa page Facebook, le 8 novembre 2009, Nicolas Sarkozy raconte avec force détails ses « souvenirs de la chute du mur de Berlin », le 9 novembre 1989. Enquête faite, il s'avérera que celui qui était alors secrétaire général adjoint du RPR ne s'est rendu à Berlin que le 16 novembre 1989.

les gaffes du ministre de la culture à propos de Roman Polanski, jusqu'aux indisciplines répétées de la secrétaire d'Etat Rama Yade ou aux provocations incessantes du président du groupe UMP à l'Assemblée nationale, Jean-François Copé.

Tout a contribué à réinstaller l'image d'un président impatient et brouillon, imprudent ou fanfaron. Il s'était fixé, en 2007, une obligation de résultat ; si son énergie et son volontarisme ne sont pas contestés, c'est son efficacité et la cohérence de la politique menée qui sont désormais mises en doute. Les Français ne s'y sont pas trompés. Nicolas Sarkozy termine l'année à un niveau d'impopularité ou de défiance dangereusement élevé, de 63 %, selon l'IFOP et la Sofres ; si l'on excepte les personnes âgées de plus de 65 ans, deux Français sur trois ne lui font pas confiance ou n'approuvent pas son action.

Ce n'est évidemment pas la meilleure façon d'aborder le premier semestre 2010 et son équation à trois inconnues. La première est celle des élections régionales de mars : face à des socialistes qui défendent leurs fiefs et ont retrouvé quelque assurance, à des écologistes conquérants et à un Front national qui n'a pas dit son dernier mot, elles s'annoncent difficiles[2].

La deuxième est celle de la réforme des retraites, annoncée pour le printemps : compte tenu de l'inquiétude profonde des Français sur l'avenir de la protection sociale, elle nécessitera énormément de

2. Au 1er tour, le 14 mars 2010, la droite parlementaire enregistre un sérieux revers (27 % des voix). Le 21 mars, elle ne conserve qu'une seule région, l'Alsace, en France métropolitaine.

doigté et de pédagogie pour ne pas cristalliser tous les mécontentements. La troisième est la sortie de crise : non seulement la reprise de la croissance s'annonce poussive, selon les dernières prévisions de l'Insee, mais aucun scénario ne prévoit, pour l'heure, une décrue du chômage qui est redevenu et de très loin, le sujet d'appréhension majeur des Français.

Soucieux de se redonner des marges de manœuvres, le chef de l'Etat voulait mettre à profit les trois derniers mois pour réaliser deux « ouvertures » politiques dont il attendait beaucoup. D'un côté, il entendait démontrer, dans le prolongement du Grenelle de l'environnement de 2007, qu'il était le meilleur écologiste de France. L'instauration de la taxe carbone en 2010 et un succès de la récente conférence de l'ONU sur le climat devaient étayer la démonstration. Le Conseil constitutionnel s'est chargé de retoquer, sans ménagement, la taxe et, en dépit de ses efforts, il n'y a pas eu de miracle à Copenhague.

L'autre ouverture était en direction des électeurs du Front national, qui l'avaient rejoint en 2007, et qu'il entendait arrimer solidement à la majorité. Mais celle-là aussi a fait long feu. Mal emmanché dans la forme et très contestable sur le fond, le grand débat sur l'identité nationale menace de se retourner contre son initiateur.

Le chef de l'Etat n'aura donc pas trop de la longue et rituelle séquence des vœux de début d'année pour recadrer sa méthode, retrouver une impulsion solide et définir un projet cohérent et convaincant. C'est tout ce qu'on peut lui souhaiter.

12 janvier 2010

Génération Jospin-Séguin

L'un venait d'achever sa vie. L'autre venait dresser l'inventaire de la sienne. Le hasard a voulu, jeudi 7 janvier au matin, que Lionel Jospin ait été l'un des tout premiers à réagir au décès de Philippe Séguin : il présentait, à la radio, son dernier livre (*Lionel raconte Jospin*) quand la nouvelle est tombée. « Nous devons le regretter », a-t-il commenté d'une de ces formules corsetées dont il a le secret.

Engagements, parcours, styles : tout semble séparer les deux hommes. Le jeune gaulliste Séguin rejoint le cabinet de Georges Pompidou à l'Elysée au moment où le jeune socialiste Jospin entre dans le cercle des collaborateurs directs de François Mitterrand, chef de l'opposition. En 1981, le premier est, à l'Assemblée nationale, l'un des plus talentueux bretteurs de la droite contre les socialistes triomphants, dont le second dirige le parti. Quels que soient ses mérites, Philippe Séguin ne fut jamais ministre que deux ans (entre 1986 et 1988), quand Lionel Jospin gouverna le pays pendant cinq ans, entre 1997 et 2002.

En 1992, le premier s'imposa comme le héraut du non à l'Europe de Maastricht ; le second fut l'homme du non au non. Quand l'un, enfin, pouvait se montrer aussi flamboyant qu'imprévisible, l'autre poursuivait sa route avec sérieux et détermination.

Tout, pourtant, dessine de singulières résonances entre le ténor de la droite et le cacique de la gauche. Comme si la page se tournait d'une génération politique. Une génération d'enfants de « hussards noirs » (la mère de l'un, le père de l'autre) sélectionnés par la République pour leurs talents, façonnés par le service public et l'ENA de la grande époque. Une génération dont les premières révoltes furent contre la guerre d'Algérie, et les engagements initiaux à l'UNEF (même si Séguin, de quelques années le cadet, faisait le coup de poing à la fac d'Aix-en-Provence quand Jospin s'apprêtait à partir pour les Aurès).

Les similitudes ne s'arrêtent pas là. Ni l'un ni l'autre n'ont eu l'échine souple. Ils se sont charpentés dans la passion de l'histoire, la confrontation des idées, la défense d'ambitions collectives plus que personnelles. Pour Séguin, le gaullisme était une forme de résistance aux vieilles démangeaisons d'une droite réactionnaire ou pétainiste. Pour Jospin, le socialisme a été et doit rester le plus solide antidote à la vieille tentation centriste d'une gauche qui aurait renoncé à ses idéaux. Pour l'un et l'autre, la politique n'allait pas sans éthique ni principes.

Il n'est pas jusqu'à leurs destins inachevés qui ne les rapprochent. Séguin, qui en avait l'étoffe sinon l'audace, n'a jamais osé sauter le pas d'une candidature à l'élection présidentielle. Jospin, qui en a eu l'occasion, n'a pas su la saisir. « J'éprouvais un sentiment de gâchis », note-t-il sobrement dans son livre à propos de son échec du 21 avril 2002. Sans doute Philippe Séguin a-t-il pu penser la même chose lorsqu'il s'est retiré de la vie politique, au même moment.

26 janvier 2010

Machisme machinal

Sonnez trompettes et résonnez hautbois : depuis deux siècles et même un peu plus, la France est la patrie des droits de l'homme et du citoyen. C'est inscrit, en quelque sorte, sur sa carte d'identité nationale. Pour les droits de la femme et de la citoyenne, en revanche, c'est une autre histoire.

Sans doute, l'article premier de la Constitution proclame-t-il fièrement, depuis les réformes de 1999 et 2008, que « la loi favorise l'égal accès des femmes et des hommes aux mandats électoraux et fonctions électives, ainsi qu'aux responsabilités professionnelles et sociales ». Mais il y a loin de la coupe aux lèvres. Ainsi, le 20 janvier, à l'initiative de l'UMP, les député(e)s examinaient une proposition de loi « relative à la représentation équilibrée des femmes et des hommes au sein des conseils d'administration et de surveillance » des entreprises. Légitime ambition, ont déclaré, la main sur le cœur, tous les orateurs et oratrices. Et pour cause : les femmes représentent aujourd'hui près de 40 % des cadres des entreprises, mais n'occupent que 8 % des sièges des conseils d'administration ou de surveillance des 500 plus grandes sociétés françaises.

Décidée à mettre fin à cette situation « à la fois anachronique et injustifiable », la présidente de la délégation aux droits des femmes, Marie-Jo Zimmermann, a donc proposé d'instaurer, en six ans, un quota de 40 % de femmes dans les conseils d'administration des sociétés cotées et des entreprises publiques. La Norvège l'a fait, avec succès, ces dernières années ; pourquoi pas nous ? Ce n'est pas le lieu, ici, d'évaluer ce dispositif. Mais de constater la formidable permanence des résistances à l'idée que les femmes puissent disputer aux hommes pouvoir et responsabilités. Car l'on a entendu, ce 20 janvier, resservis à l'identique, tous les arguments invoqués il y a dix ans pour récuser la parité dans le monde politique : faisons confiance aux évolutions naturelles ! Ne plombons pas davantage la « compétitivité des entreprises » ! Est-on bien sûr que le vivier de femmes compétentes est suffisant ? N'est-il pas choquant, presque humiliant, que le choix des dirigeant(e)s soit affaire de sexe plutôt que de talent ? Etc. Si ce machisme machinal n'était aussi affligeant, il pourrait relever du comique de répétition.

Il est vrai que dix années d'application de la loi sur la parité en politique sont loin d'être franchement encourageantes. Quand elle est incontournable (pour les scrutins de liste), la loi est efficace et personne ne semble s'en plaindre : 46 % des Français siégeant au Parlement européen sont des femmes. En revanche, dans les scrutins uninominaux en vigueur pour l'Assemblée (18 % de femmes) ou les conseils généraux (12 %), les grands partis préfèrent la contourner et payer les amendes prévues : 4 millions d'euros pour l'UMP, 1 million pour le PS. Difficile, dans ces conditions, de faire la leçon aux chefs d'entreprise.

9 mars 2010

L'indispensable « M. Nobody »

Durer et endurer, tel est le sort du premier ministre dans le système politique français depuis un demi-siècle. Pas plus que ses prédécesseurs, François Fillon n'y a échappé. Plus que beaucoup d'autres même, il a enduré. Effacé par un président omniprésent et impérieux, qualifié par des conseillers élyséens moqueurs de « Mister Nobody », un temps négligé ou presque par les ministres les plus ambitieux, l'homme de Matignon a un peu renâclé, et beaucoup encaissé.

Stoïque, patient, loyal jusqu'au bout des ongles, il a su attendre, tant bien que mal, le moment où il deviendrait indispensable. Nous y sommes. Depuis quelques mois, il supplée Nicolas Sarkozy autant que nécessaire, calme un congrès des maires de France en ébullition, referme dignement un débat foireux sur l'identité nationale, va saluer les soldats français en Afghanistan ou resserrer les liens avec la Syrie ou la Jordanie, corrige sobrement les perspectives fantaisistes évoquées par le président sur la baisse du chômage.

Depuis quelques semaines, plébiscité par les candidats aux régionales, il sillonne la France : Le Mans, Metz, Caen, Nîmes, Dijon la semaine dernière, Clermont-Ferrand, Nantes, Beauvais cette semaine. Depuis quelques jours, enfin, par une de ces bulles médiatiques dont la politique est désormais coutumière, le voilà propulsé au rang de « présidentiable ».

Savoureuse revanche, sans doute. Mais François Fillon a trop de bouteille – lui qui fut élu à 27 ans député de la Sarthe, au premier tour, en pleine « vague rose » de juin 1981 – pour en laisser rien paraître. Car il ne l'ignore évidemment pas : l'étrange tandem qu'il forme avec Nicolas Sarkozy est désormais entré dans une zone périlleuse. Pour une raison aussi simple que cruelle : chaque mérite qui lui est attribué dessine en creux une faiblesse du président. Loue-t-on son calme, dans la majorité ou l'opinion ? C'est pour mieux regretter la nervosité du chef de l'Etat. Vante-t-on la solidité de l'un, et sa bonne mine ? C'est pour mieux souligner les fragilités supposées de l'autre, et ses traits tirés. Apprécie-t-on le « parler vrai » laconique de l'un, sinon par contraste avec l'incontinence verbale de l'autre ? Salue-t-on la persévérance et la « sincérité » de Matignon sans pointer, du même coup, les inconstances de l'Elysée ? Et si l'on remarque tant la popularité du premier ministre, ce n'est pas qu'elle soit bonne, loin de là, mais parce qu'elle est, depuis deux ans, meilleure que celle du président.

Reste à savoir combien de temps Nicolas Sarkozy supportera ce petit jeu des comparaisons avec celui qu'il qualifiait en 2007 de « collaborateur ». M. Fillon a souffert d'être ignoré, borduré, brocardé. Au moins ne faisait-il d'ombre à personne ! Il peut craindre, aujourd'hui, d'être reconnu, salué, presque encensé. Il sait que d'autres, avant lui, ont été remerciés d'être devenus trop utiles.

15 juin 2010

18 juin, geste gaullienne, agonie communiste

A chacun son 18 juin. Pour Nicolas Sarkozy, ce sera à Londres, soixante-dix ans après l'appel à « la résistance française » lancé par le général de Gaulle depuis la capitale britannique où il était arrivé la veille, aux heures les plus sombres de la défaite de 1940. On peut faire confiance au président de la République : sur l'air du « rien n'est perdu pour la France », il saura être inspiré, solennel, gaullien en quelque sorte. Et faire valoir sa part de l'héritage.

Pour Pierre Laurent, ce sera au CNIT de la Défense, où se réunit à partir de vendredi le 35e congrès du Parti communiste français. Drôle d'idée, au demeurant, d'avoir choisi précisément cette date : sauf à imaginer une incroyable inadvertance des responsables de la Place du Colonel-Fabien, ils ne pouvaient trouver meilleur moyen de voir les trompettes londoniennes éclipser leurs travaux et l'élection de leur nouveau secrétaire national. Comme s'ils préféraient ne pas exposer en pleine lumière le stade avancé de déréliction où se trouve leur parti.

Pierre Laurent donc, puisque c'est lui le successeur désigné de Maurice Thorez, Georges Marchais, Robert Hue et Marie-George Buffet, n'a guère d'espoir de sortir dès demain du quasi-anonymat qui est le sien. Du moins en dehors des rangs du PCF, où personne ne peut ignorer que cet homme de 52 ans, qui a fait toute sa carrière comme journaliste puis directeur de la rédaction de *L'Humanité*, n'est autre que l'un des deux fils de Paul Laurent, solide apparatchik du parti, membre de son bureau politique pendant vingt-cinq ans, tout au long de l'« ère Marchais ».

18 juin de la geste gaullienne, 18 juin de l'agonie communiste. Le rapprochement n'est pas si incongru qu'il paraît. Car pendant une trentaine d'années, jusqu'à la fin des années 1960, « la relation entre de Gaulle et le PCF structura le champ magnétique de la vie politique française », note justement l'historien Marc Lazar (*Le Communisme, une passion française*, Perrin). C'était le temps où ces deux forces, seules, revendiquaient le monopole de la figuration de la nation française. Le temps où Malraux, alors ministre de la culture du Général, pouvait s'exclamer avec emphase : « Entre les communistes et nous [les gaullistes], il n'y a rien ! »

Epoque révolue. De Gaulle peut encore servir le temps d'une commémoration ; ou provoquer le courroux de quelques professeurs de lettres, scandalisés que le tome III de ses *Mémoires de guerre* ait été inscrit au programme des élèves de terminale. Pour le Parti communiste, c'est pire encore : il paraît sorti du radar, en panne d'électeurs, de base sociale, d'identité, de stratégie.

L'époque est très lointaine, presque une éternité, où il pouvait revendiquer le rang de premier parti de France, rassemblant 28,2 % des suffrages et envoyant 183 députés à la Chambre : c'était aux législatives de 1946. A la présidentielle de 1969, encore, Jacques Duclos manquait d'un rien, avec 21,3 % des voix, la qualification pour le second tour. Depuis, le PCF a été de déconfiture (15,3 % en 1981, 8,6 % en 1995) en effondrement : Robert Hue ne recueille plus que 3,3 % des suffrages en 2002 et Marie-George Buffet 1,9 % en 2007. En nombre de voix, la saignée est encore plus terrible : avec un très mauvais score, Marchais était soutenu, en 1981, par près de 4,5 millions d'électeurs ; en 2007, il ne s'en trouvait plus que 707 000 pour voter Buffet.

Les derniers scrutins (européennes de 2009 et régionales de 2010) n'ont permis qu'en partie de cacher la misère. Sous la bannière du Front de gauche, associés à l'ex-socialiste Jean-Luc Mélenchon, pétaradant imprécateur, et aux dissidents trotskistes chevronnés qui ont refusé l'aventure solitaire du Nouveau Parti anticapitaliste de Besancenot, les communistes ont retrouvé un étiage de l'ordre de 6 %.

Mais, au lendemain des régionales, Pierre Laurent était bien obligé de déplorer la baisse de moitié ou presque du nombre des conseillers régionaux communistes (95 élus, contre 178 en 2004). Et il ajoutait, non sans lucidité : « Tout montre que le défi de la construction d'une alternative reste entier. Les forces de gauche ne parviennent pas, pour le moment, à mobiliser l'électorat populaire. »

Constat accablant, pour le « parti de la classe ouvrière » et des « banlieues rouges » d'autrefois. Cruel aveu pour un parti qui ne revendique plus, officiellement, que 134 000 adhérents, mais dont beaucoup estiment que ce chiffre est sans rapport avec la réalité.

Cette Berezina n'émeut plus personne. Pas même les quelque deux cents cadres du parti qui viennent de le quitter sans larmes, souvent après des décennies de fidélité et d'implantation militante. Des députés Patrick Braouezec, Jacqueline Fraysse ou François Asensi à l'historien Roger Martelli ou au philosophe Lucien Sève, en passant par plusieurs maires d'Ile-de-France (Nanterre, Sevran, Chevilly-Larue...) ou par l'influent Pierre Mansat, adjoint au maire de Paris, tous disent la même chose : l'impuissance du parti à s'ouvrir à de nouvelles formes de lutte et d'engagement, son incapacité à réinventer un modèle de référence après la disparition de l'URSS il y a vingt ans, son obsession ultime et sclérosante à préserver coûte que coûte son appareil.

Bref, déplorent-ils tous : ce parti n'a plus de stratégie. Un jour il se résout à n'être plus qu'une force d'appoint des socialistes pour sauver la poignée de sièges de parlementaires et de fiefs locaux qu'il détient encore ; le lendemain il prend ses distances avec le PS et tente de prolonger l'expérience antilibérale du Front de gauche.

Quant à la présidentielle de 2012, soit il prend le risque de présenter un candidat et de réaliser un score encore plus calamiteux que Mme Buffet, soit il accepte les offres de services insistantes de Jean-Luc Mélenchon et s'expose alors à se faire plumer ses derniers électeurs. Le 18 juin, Pierre Laurent pourra toujours méditer la fameuse question de Lénine : Que faire ? Mais il devra trouver rapidement une réponse s'il ne veut pas rester, dans une histoire longue bientôt d'un siècle, comme l'ultime fossoyeur du PCF.

22 juin 2010

Montesquieu, reviens, ils sont devenus fous !

Les promesses de campagne sont comme le sparadrap du capitaine Haddock, impossibles à décoller de la mémoire. L'on ne songe pas à ces multiples engagements que tout candidat sérieux distribue généreusement ; il sera toujours possible – de bonne ou mauvaise foi – de soutenir que la crise n'a pas permis de les honorer.

Non. L'on pense à ces serments solennels qu'aucun changement de conjoncture ne saurait invalider. « Je veux être le président qui va remettre la morale au cœur de la politique. Je veux une démocratie irréprochable. Si l'Etat veut être respecté, il doit être respectable. » C'est à quoi s'engageait Nicolas Sarkozy, le 14 janvier 2007, dans le discours fondateur de sa candidature. Et à quoi assiste-t-on depuis quelques semaines ? A un concours de petits arrangements, de prébendes et de cynisme.

Un jour, c'est une ancienne ministre mécontente, Christine Boutin, que l'on ramène à plus d'aménité en lui confiant une mission de la plus haute importance, rémunérée 9 500 euros nets par mois, avant que l'indignation générale ne la contraigne, à contrecœur, à y renoncer. Le lendemain, c'est la secrétaire d'Etat aux sports, Rama Yade, qui fait la leçon à l'équipe de France de football, trop luxueusement logée en Afrique du Sud à ses yeux, avant que la révélation du prix encore plus élevé de sa propre chambre d'hôtel ne lui coupe le sifflet.

Puis l'on apprend que le secrétariat d'Etat au Grand Paris a réglé une facture de 12 000 euros de cigares pour dix mois. Grand amateur de havanes, le titulaire de la charge, Christian Blanc, mégote, c'est le cas de le dire, s'engage à rembourser le quart de la somme, mais pour le reste se dit victime d'un règlement de comptes et met en cause son ancien chef de cabinet, lequel porte plainte pour diffamation. Ambiance. Et l'on pourrait continuer cette chronique lamentable, du permis de construire très « amical » obtenu pour sa villa provençale par le secrétaire d'Etat à la coopération, Alain Joyandet, jusqu'aux logements de fonction aimablement « prêtés » à leur famille par Fadela Amara, secrétaire d'Etat à la ville, ou Christian Estrosi, ministre de l'industrie.

Sans oublier enfin ces six ministres et non des moindres qui cumulaient jusqu'à présent sans sourciller leur salaire et leur retraite de parlementaire ; c'est parfaitement légal, certes, mais compliqué à faire avaler aux Français au moment où le gouvernement annonce que chacun devra se serrer la ceinture pour réduire la dette publique et présente une réforme des retraites dont chacun a compris qu'elle ne sera pas à son avantage.

Le plus stupéfiant est que – en dépit des appels à l'« exemplarité » lancés par le premier ministre –, les intéressés n'ont pas l'air de mesurer les ravages que provoque leur conduite dans l'esprit public. Tel cacique de la majorité ne peut s'empêcher de comparer son salaire à ceux, beaucoup plus confortables, de ses « camarades de promotion » qui ont réussi dans le privé ; il est vrai que le chef de l'Etat lui-même ne se prive pas de souligner que les grands patrons gagnent « dix fois plus » que lui, en dépit de la vigoureuse augmentation de salaire qu'il avait exigée en 2007 et obtenue du Parlement.

« Arrêtez les concours de vertus, c'était bien pire avant », soutient tel autre en privé. C'est exact. Depuis 1995 (gouvernement Balladur), la loi interdit le financement des partis politiques et des campagnes électorales par les entreprises et organise un financement public à peu près transparent.

Depuis 2002 (gouvernement Jospin), ont été supprimés les « fonds spéciaux », cette cagnotte rondelette (plus de 60 millions d'euros en 2001) distribuée en toute opacité à l'Elysée et aux ministres. Depuis 2007 enfin, à l'initiative de son actuel résident, les finances de l'Elysée sont contrôlées par la Cour des comptes. Les avantages personnels que plusieurs de ses éminences s'efforcent de tirer de la République n'en sont que plus déplorables.

Attention à la « démagogie » et au « poujadisme » ! tentent enfin de contre-attaquer Michèle Alliot-Marie ou François Baroin. Facile, trop facile quand l'Etat, ou quelques-uns de ses gouvernants, ne se comporte pas de façon « respectable », pour reprendre le mot de M. Sarkozy.

Ont-ils déjà oublié les niveaux d'abstention record qui ont marqué les deux derniers scrutins – européen (60 %) et régional (54 %) – et donné la mesure du désabusement démocratique ? N'ont-ils pas pris connaissance du « baromètre de la confiance » réalisé en décembre 2009 par TNS-Sofres, selon lequel 78 % des personnes interrogées – un record depuis trente ans –, jugent que les responsables politiques « ne se préoccupent pas » des gens comme eux ? N'ont-ils pas entendu le cri d'alarme récent du médiateur de la République devant cette société française où « le chacun pour soi a remplacé l'envie de vivre ensemble » et où « un fossé s'est creusé entre le citoyen et l'Etat » ? C'est à craindre.

Tout est dit pourtant sur ce chapitre, depuis deux siècles et demi, par un certain Montesquieu. Et dans quelle langue ! « Il ne faut pas beaucoup de probité pour qu'un gouvernement monarchique ou un gouvernement despotique se maintienne ou se soutienne. La force des lois dans l'un, le bras du prince toujours levé dans l'autre, règlent ou contiennent tout. Mais, dans un Etat populaire, il faut un ressort de plus, qui est la VERTU. »

Et l'auteur de *De l'esprit des lois*, dans ce chapitre intitulé « Du principe de la démocratie », ajoute : « Autrefois le bien des particuliers faisait le trésor public ; mais pour lors le trésor public devient le patrimoine des particuliers. La république est une dépouille ; et sa force n'est plus que le pouvoir de quelques citoyens et la licence de tous. » A bon entendeur, salut !

24 août 2010

Nicolas Sarkozy, Tartarin à l'Elysée

Est-ce l'effet de ses vacances provençales ? Ou la lecture assidue, qui sait, de Pagnol ou d'Alphonse Daudet ? Impossible de trancher, mais le résultat est là : le président de la République a passé son été entre galéjades et tartarinades. Les premières, pour qui l'aurait oublié, sont des « histoires exagérées destinées à mystifier », précise le Petit Robert ; les secondes évoquent, sans garantie de l'Académie, les histoires à dormir debout de l'impérissable chasseur de lions de Tarascon.

Voilà donc notre président et ses porte-fusils, mâchoires serrées, mentons haut levés et bustes avantageux, repartis en guerre depuis un mois – en « guerre nationale », même – contre tout ce que la France compte de mauvais Français, « racailles » de banlieue, « voyous » des cités, « crapules » des quartiers sensibles ; mais aussi de demi-Français d'« origine étrangère » qui feraient bien de raser les murs s'ils ne veulent pas être déchus de leur nationalité ; ou même de pas français du tout, mais néanmoins européens comme les Roms, renvoyés par charters dans leurs pays d'origine.

Après un mois de ce tintamarre, on aimerait pouvoir leur dire, avec une chance d'être entendu : « Arrêtez ce cirque, inutile d'en rajouter, vous allez finir par vous discréditer à force de surjouer les fiers-à-bras. » On aimerait pouvoir les convaincre que personne n'est dupe des petits et grands calculs échafaudés au cœur de l'été : tenter d'éteindre par un violent contre-feu l'incendie déclenché, en juin, par les multiples incivilités de membres du gouvernement et, plus encore, par l'affaire Bettencourt-Woerth ; sauver, au passage, le ministre chargé de la délicate réforme des retraites ; tétaniser la gauche, supposée frileuse sur le sujet et, de fait, bien silencieuse ; enfin reconquérir la droite la plus musclée, singulièrement désabusée depuis trois ans.

Hélas ! rien n'y fait. Au contraire. On sait depuis des années que le moteur sarkozyste fonctionne avec des explosifs comme carburant : la provocation, la rupture, la transgression, l'attaque pour mieux se défendre, la levée des tabous, ou supposés tels.

Or la stratégie de la tension désormais engagée par le pouvoir – et qui risque fort de servir de trame principale aux vingt mois qui nous séparent de la prochaine élection présidentielle – pousse le moteur jusqu'à la surchauffe et ce système de gouvernement jusqu'à la caricature. Car rien ne résiste à cet emballement : ni le sens des mots, ni les évidences de la réalité, ni l'Etat de droit.

Prenez le peuple, par exemple. On le croyait un et indivisible, composé de l'ensemble des citoyens de la République, soumis aux mêmes lois et titulaires des mêmes droits. Erreur, à l'évidence. Le peuple, le vrai, celui au nom duquel Nicolas Sarkozy et ses haut-parleurs prétendent agir, ce peuple des braves gens, comme on disait autrefois, exclut non seulement les « mauvais citoyens », qui ne méritent que la sanction, selon le ministre de l'intérieur, mais aussi ce « petit milieu médiatico-politique parisien », qui ne mérite, lui, que sarcasmes et mépris.

Que les caciques du pouvoir soient les principaux acteurs de ce « petit milieu » coupé de « la réalité de la société française » ne semble plus les effleurer. Que les connivences et les complicités mises à nu par l'affaire Bettencourt entre ces deux quartiers ultrasensibles que sont Neuilly-Auteuil-Passy d'un côté et le Faubourg Saint-Honoré de l'autre aient écœuré plus d'un « bon citoyen » ne semble pas les troubler davantage. Enfin ils occultent avec énergie l'évidence que ce peuple, « leur » peuple, a compris depuis belle lurette à quoi s'en tenir : depuis le début de l'année 2008, élections après élections, sondage après sondage, ce sont précisément les catégories populaires, ouvriers et employés, premières victimes de la crise autant sinon plus que de l'insécurité, qui sont les plus sévères sur l'action du président et du gouvernement. Cherchez l'erreur !

Ce déni de réalité est devenu comme la marque de fabrique de l'actuel pouvoir. Il en est ainsi de la charge constante contre la stupidité ou la malveillance des commentateurs, de ceux qui parlent, critiquent et pérorent quand le pouvoir, lui, « agit ».

Trois remarques à ce sujet. Depuis son élection, il n'a échappé à personne que le plus grand bavard de la République est son président. Il a tant et si bien usé et abusé de son droit de parole et fait la leçon à la terre entière sans obtenir les résultats claironnés – notamment en matière de sécurité – que la parole publique est plus démonétisée que jamais. Chacun a compris, et le peuple n'a pas été le dernier, que pour Nicolas Sarkozy le discours, trop souvent, tient lieu d'action.

Au-delà de la très grosse ficelle consistant à rejeter dans le camp des conservateurs tous les commentateurs critiques, il y a quelque chose d'inquiétant dans l'anathème en vogue contre les « bien-pensants ». Est-ce leur conservatisme suggéré qui irrite, ou le simple fait qu'ils s'emploient à comprendre et faire comprendre la politique menée depuis trois ans ? Bref, qu'ils exercent un droit de regard sans lequel il n'y a pas de démocratie vivante.

Pire, quand l'*Independant* britannique fustige les « amalgames au mieux délibérés, au pire malhonnêtes » pratiqués par le président français, quand le *New York Times* s'inquiète de le voir « attiser dangereusement les sentiments hostiles aux immigrés pour satisfaire ses objectifs politiques de court terme », quand la *Süddeutsche Zeitung* estime que « Nicolas Sarkozy multiplie les gesticulations, croyant démontrer sa force alors qu'il révèle ainsi sa faiblesse », quand *La Vanguardia* catalane se demande si « la France est un pays raciste », quand enfin le pape lui-même s'en mêle pour rappeler à qui de droit les règles élémentaires de la charité chrétienne, c'est le crédit du chef de l'Etat et, au-delà, l'image du pays qui en prennent un sacré coup. De cela, aussi, le chef de l'Etat semble ne pas se sentir comptable. La certitude d'avoir raison envers et contre tous n'est jamais la meilleure conseillère.

21 septembre 2010

La France mérite un triple A au carré

Depuis des mois, les responsables du pays ont le regard fixé sur la ligne rouge des agences de notation. Légitime attention et compréhensible inquiétude, car la France est l'un des dix-sept pays au monde qui bénéficient de ce talisman des marchés financiers, accordé par les grands prêtres de Moody's, Standard & Poor's ou Fitch Ratings : la note AAA.

Ce triple A vaut certificat de très bonne conduite financière des Etats ou des entreprises, il garantit aux prêteurs une sécurité maximale et permet à la France de financer ses quelque 1 100 milliards d'euros de dette au coût le plus bas. Perdre son triple A, c'est instantanément voir la charge de la dette s'alourdir de plusieurs milliards. Le conserver exige une discipline qui justifie tous les efforts : la réforme des retraites ? Le triple A. La réduction à marche forcée des déficits publics ? Encore le triple A. Les économies en préparation sur le budget de la Sécurité sociale ? Toujours le triple A ! A bien y regarder, pourtant, on comprend mal comment les arbitres internationaux des élégances financières pourraient dégrader la note de la France. Nous méritons, à l'évidence, beaucoup mieux qu'un triple A. Qu'on en juge.

En matière d'**amateurisme**, par exemple, le gouvernement français vient de donner des gages incontestables. Prenez les expulsions de Roms : devant l'inquiétude des autorités européennes, deux ministres, MM. Besson et Lellouche, avaient pourtant juré, la main sur le cœur, que cette politique ne visait pas particulièrement les Roms et n'était donc pas contraire au droit communautaire (et pas davantage aux droits de l'homme dont nous nous rengorgeons volontiers d'être les illustres inventeurs). Hélas, une malheureuse circulaire a démontré le contraire : daté du 5 août, signée du directeur de cabinet du ministre de l'intérieur, elle ne fait, il est vrai, que traduire en langage préfectoral l'injonction formulée le 28 juillet par le président de la République et cible à plusieurs reprises, explicitement, les campements de Roms. Voilà le gouvernement pris en flagrant délit de duplicité internationale, et qui fait le fier.

En matière d'**arrogance**, en effet, nous sommes imbattables. L'affaire des Roms, là encore, en atteste. Entendre le secrétaire d'Etat chargé des affaires européennes, Pierre Lellouche, répliquer aux menaces de la commissaire européenne à la justice, Viviane Reding, de poursuites devant la Cour européenne que « ce n'est pas comme cela que l'on s'adresse à un grand Etat » et que le respect des traités de l'Union n'appartient qu'au « peuple français » est déjà stupéfiant. Entendre le chef de l'Etat, devant des sénateurs UMP, suggérer à la même Viviane Reding « d'accueillir quelques Roms au Luxembourg », son pays d'origine, relève au mieux de la goujaterie de cour de récréation, au pire d'une inquiétante agressivité.

Avec pour résultat, un double **abaissement** : de l'autorité de Nicolas Sarkozy et de l'image de la France en Europe et dans le monde. Après les critiques du pape, de l'ONU, du Parlement européen et même de l'administration américaine, l'empoignade qui a opposé, lors du Conseil européen du 16 septembre, le chef de l'Etat au président de la Commission, José Manuel Barroso, n'a pas redoré son blason ; pas davantage la façon fort peu diplomatique avec laquelle il a essayé de « mouiller » la chancelière allemande et qui lui vaut désormais d'être accusé de « mensonge » par les journaux d'Outre-Rhin.

Ils ne sont pas les seuls. « Le président français court depuis un an vers le néant », titrait, ce week-end, le quotidien espagnol *El Pais*. Et que dire de cette terrible « une » du très austère hebdomadaire britannique, *The Economist*, titrée « L'incroyable président qui rétrécit » et agrémentée d'une photo de Carla Bruni-Sarkozy suivie, comme un bichon, par un minuscule président disparaissant sous un bicorne napoléonien. Dans un tel climat, la présidence française du G20, à partir de novembre, risque d'être moins glorieuse qu'espéré...

C'est loin d'être tout au chapitre des triples A. Il faut y ajouter l'**anarchie** de ce gouvernement qui tire à hue et à dia en attendant fébrilement son remaniement. En août, le ministre de l'industrie, Christian Estrosi, se prenait pour le ministre de l'intérieur et en rajoutait, si c'est possible, dans les coups de menton sécuritaires. Voilà maintenant le ministre de l'intérieur, Brice Hortefeux, qui propose une révolution de la justice pénale, en lieu et place de la garde des sceaux, dont le premier ministre lui-même avait auparavant sèchement déploré les « fuites » venues de son cabinet à propos de l'affaire Woerth-Bettencourt.

Car il y a cela, aussi : l'**affolement** perceptible devant les dégâts provoqués par ce conflit d'intérêts qui, au-delà du ministre du travail et ancien trésorier de l'UMP et de la campagne présidentielle de 2007, cerne de plus en plus étroitement le chef de l'Etat. Du coup, l'acharnement de l'Elysée contre toute curiosité est sans limite ni précaution : on actionne sans vergogne la direction centrale du renseignement intérieur, on court-circuite sans hésitation la Commission de contrôle des écoutes téléphoniques… Sans compter cet arrangement ahurissant qui a conduit l'Etat, donc les contribuables, à verser quelque 220 millions d'euros à Bernard Tapie, au terme d'une procédure d'arbitrage opaque, à l'abri de tout contrôle et en dehors de toute décision de justice. N'en déplaise à M. Fillon.

Il ne manque plus que l'**aveuglement** dont font preuve le président et ses principaux chiens de garde. Le peuple nous a élus, nous avons donc raison avec le peuple contre la presse, l'opposition, les « bien-pensants » et la terre entière, ne cessent-ils de ressasser. Et tant pis si les sondages démontrent le contraire et attestent d'un niveau de défiance exceptionnel à l'encontre du chef de l'Etat.

Ainsi, les analystes de Moody's sont d'une désolante parcimonie. Ce n'est pas un trop modeste triple A que mérite la France. Mais un triple A au carré.

30 novembre 2010

La fin du sarkozysme

« Rira bien qui rira le dernier », pense sans doute Nicolas Sarkozy, le matin, en se rasant. Enclin à se croire plus malin que tout autre – et l'ayant d'ailleurs démontré dans le passé –, le président de la République peut, en effet, tirer de la période récente un bilan positif.

Après des mois de suspense foireux, de supputations oiseuses, de plans sur la comète centriste et d'hésitations insolites, le chef de l'Etat vient, en effet, de mettre en place son dispositif de précampagne présidentielle. En l'espace de dix jours, il peut estimer avoir repris la main et consolidé sa position de « patron » indiscutable de la droite, d'ici à 2012.

Les rivaux potentiels ? Ils ont été placés sous contrôle, François Fillon à Matignon, Alain Juppé au ministère de la défense, Jean-François Copé au secrétariat général de l'UMP. Les contestataires éventuels ? Des promotions les contraignent à une allégeance obligée, François Baroin comme porte-parole du gouvernement en plus du budget et Christian Jacob à la tête du groupe des députés UMP. L'ennemi intime, Dominique de Villepin ? Le voilà dépouillé de ses derniers soutiens, ou presque, avec le débauchage de Marie-Anne Montchamp[1]. Quant aux centristes ulcérés ou ronchons, il ne fait pas de doute que la distribution des investitures législatives pour 2012 les ramènera bientôt, bon gré mal gré, à meilleure composition.

Non content d'avoir mis en place une équipe aguerrie et d'être revenu aux « fondamentaux » de la droite, comme le lui réclamait sa majorité depuis la déroute des régionales, M. Sarkozy peut également se réjouir des pièges qu'il a tendus à l'opposition. La réforme des retraites a provoqué de sérieux embarras chez les socialistes ; la question de la dépendance, celles des jurys populaires dans les tribunaux correctionnels ou de la maîtrise des finances publiques pourraient, à nouveau, les placer méchamment en porte-à-faux dans les prochains mois.

Voilà donc ce que le président peut se dire le matin, en se rasant. Mais à quoi songe-il le soir, en se couchant ? A l'inverse probablement, et en pire, s'il est lucide ! Car cette interminable séquence a sonné, en quelque sorte, « la fin du sarkozysme ». Ce n'est pas parce que la formule est de Marine Le Pen qu'elle est fausse. Depuis plus de trois ans, le chef de l'Etat avait imposé une conception plus exclusive que jamais du pouvoir et de l'autorité.

---

1. Proche de Dominique de Villepin, Marie-Anne Montchamp est nommé, le 14 novembre 2010, secrétaire d'Etat auprès de la ministre de la cohésion sociale.

En l'espace de dix jours, il vient, à cet égard, de subir trois camouflets. Il voulait changer de premier ministre, chacun le sait, à commencer par les intéressés, le sortant François Fillon comme l'entrant présumé, Jean-Louis Borloo. Il n'y est pas parvenu. Sa majorité l'en a empêché. Comme le résume un ministre sagace : « Le président avait le choix : soit garder Fillon et continuer les réformes, soit prendre Borloo et arrêter les réformes, car la majorité refusait de le suivre. » Le chef de l'Etat a donc dû céder à sa majorité ; quoi qu'il en ait dit depuis, le choix de reconduire M. Fillon à Matignon a bien été contraint. Pour un héritier revendiqué du gaullisme, c'est incongru.

Deuxième camouflet : la direction de l'UMP, « son » parti depuis 2004. Là encore, le président n'a pas pu s'opposer à l'offensive ouvertement déclenchée par Jean-François Copé pour en assurer le secrétariat général. Il pouvait compter, rue de la Boétie, sur le fidèle Xavier Bertrand ; il va désormais devoir composer avec l'ambitieux et déterminé maire de Meaux. Enfin, ce dernier a fait coup double en imposant sans difficulté son successeur, Christian Jacob, à la présidence du groupe UMP de l'Assemblée.

De ces trois épisodes, le chef de l'Etat sort donc affaibli. Ce n'est pas tout. Une des réussites du « sarkozysme », en 2007, était d'avoir rassemblé toutes les droites et élargi sa base politique jusqu'aux confins de la gauche. Qu'en est-il trois ans plus tard ? L'ouverture vient d'être rangée au magasin des accessoires périmés ; s'ils ne deviennent pas des concurrents, les centristes en tous genres seront au mieux des

« malgré nous » de la campagne de 2012 ; le président se trouve donc cantonné sur son vieux socle RPR, à forte coloration chiraquienne. Ce n'est pas un gage d'audace...

Reste l'homme et son image, déterminante à l'approche d'un rendez-vous présidentiel. Le sarkozysme était un style, un tempérament, une énergie, un goût constant de la transgression. Depuis des mois, par petites touches méthodiques, le chef de l'Etat s'emploie à en corriger les excès, qui ont très vite agacé puis exaspéré une large majorité de Français.

« Union nationale », « intérêt général » et « président protecteur » sont devenus ses maîtres mots. Encore faudrait-il, pour qu'ils portent, que la parole présidentielle, si galvaudée depuis trois ans, retrouve quelque crédit. Que ce nouveau style présidentiel ne sente pas trop le contre-emploi. Et que l'ancien personnage, provocateur et pétaradant, ne ressorte pas de la coulisse à la moindre occasion. Pour Nicolas Sarkozy, la cohérence recherchée sera une longue patience. Cette métamorphose sera-t-elle crédible ? C'est une des clefs de 2012.

De tout cela, un mauvais esprit pourrait conclure que le chef de l'Etat a déjà beaucoup fait pour se voir remercié dans dix-huit mois. Ce serait sans compter avec la gauche et les socialistes, en particulier, qui font beaucoup, ces temps-ci, pour lui redonner de l'espoir.

La procédure des primaires est censée donner à leur candidat(e) élan et légitimité populaires. Pour l'heure, elle souligne cruellement leur confusion : s'agit-il d'organiser une vraie compétition entre candidats et projets, avec les risques que cela comporte, ou d'entériner le (ou la) champion(ne) des sondages, comme en 2006 ? Est-il sérieux, efficace et convaincant de tergiverser pendant un an encore, entre les hésitations, les velléités, les coquetteries, les manœuvres des uns et des autres, les pactes à deux ou à trois, et leurs démentis immédiats.

La réponse est dans la question : à ce mauvais jeu-là, le résultat de l'élection présidentielle de 2012 pourrait bien se régler à qui perd gagne.

18 janvier 2011

La gauche face à l'écueil de la présidentielle

Chacun a pu le mesurer, le 8 janvier, à Jarnac, autour de la tombe de François Mitterrand. Et puisque, ici ou là, on songe à commémorer sa victoire électorale du 10 mai 1981, il pourrait bien en être de même dans quatre mois. La ferveur, la nostalgie ou l'intérêt bien compris qui entourent ces anniversaires mitterrandiens sont très révélateurs de l'ambivalence des socialistes, et plus largement des gauches, à l'égard de l'élection présidentielle. En un mot, ils la redoutent, autant qu'ils en rêvent.

Cultiver la mémoire – et revendiquer l'héritage – du double septennat de François Mitterrand entretient certes l'espoir qu'un(e) candidat(e) de gauche puisse accéder à la magistrature suprême. Mais cela revient également à souligner la singularité de cette aventure-là et la crainte qu'elle reste exceptionnelle. Les échecs de Lionel Jospin puis de Ségolène Royal, en 1995, 2002 et 2007 l'attestent, au-delà des particularités de chacun de ces scrutins.

Car tout se passe comme si les candidats de gauche (ou presque tous) étaient peu ou prou paralysés par l'obstacle présidentiel. Ce n'est évidemment pas affaire de courage ni de talents. La gauche n'en est pas dépourvue. Les trois freins qui l'entravent sont plus profonds : une sorte de blocage « génétique », le traumatisme durable du 21 avril 2002, enfin un sérieux embarras conceptuel.

Un demi-siècle après l'instauration de l'élection du chef de l'Etat au suffrage universel direct, ce scrutin présidentiel, le lien direct qu'il suppose entre le peuple et le président, ainsi que le régime qu'il couronne, restent entourés, à gauche, d'une sorte de halo d'illégitimité monarchique ou, à tout le moins, d'un dangereux parfum bonapartiste et plébiscitaire.

C'est vrai pour les socialistes, façonnés par des décennies de culture parlementaire, de pratique du débat collectif et, contrairement à la droite, de réticence viscérale à l'égard de tout culte du chef. Le plus cinglant d'entre eux fut François Mitterrand, pourfendeur, dans *Le Coup d'Etat permanent* (Plon, 1964), de la « conception théologique » du pouvoir gaullien et de la façon dont il avait « sacralisé l'aventure ». Plus récemment, Lionel Jospin regrettait la « présidentialisation excessive » de la Ve République (*L'Invention du possible*, Flammarion, 1994), avant, étrangement, d'y contribuer en instaurant le quinquennat et la prééminence de l'élection présidentielle sur le scrutin législatif. Quant à Arnaud Montebourg, aujourd'hui candidat à la candidature, donc converti, il prônait, il y a peu encore, une VIe République parlementaire.

Et l'on voit bien, aujourd'hui, l'embarras tenace des socialistes. La complexe procédure des primaires – dont le calendrier est désormais calé – témoigne certes de la volonté de trouver une procédure démocratique de désignation de leur champion, mais tout autant de la difficulté de l'exercice. Quand, enfin, Martine Aubry invoque « l'intelligence collective » des socialistes pour dégager LA bonne solution, la première secrétaire esquive l'autre ressort, essentiel, indispensable, d'une campagne présidentielle : la détermination inaltérable du ou de la candidat(e) à aller jusqu'au bout de son destin singulier et à en assumer la part d'irrationnel.

Ce qui est vrai des socialistes ne l'est pas moins des autres partis de gauche. Non seulement ils redoutent de ne faire que de la figuration, comme le leur rappellent cruellement les scores de Marie-George Buffet pour les communistes (1,9 %) ou de Dominique Voynet pour les Verts (1,5 %) en 2007. Mais ils sont également allergiques à la personnalisation du pouvoir présidentiel.

Cela va presque sans dire pour les écologistes, qui ont longtemps mis un point d'honneur à couper toute tête qui, dans leurs rangs, se poussait un peu du col. Quant aux communistes, s'ils sont embarqués dans un tango original avec Jean-Luc Mélenchon, ils s'efforcent de calmer ses ardeurs. La motion que vient d'adopter leur conseil national précise fermement que la campagne à venir devra conserver un caractère collectif et « marquer ainsi nettement son opposition à la démarche de présidentialisation et de personnalisation de la vie politique ». S'ils ont besoin du président du Parti de gauche pour assurer leur survie nationale, ils n'ont pas moins besoin du PS pour sauver leurs derniers fiefs locaux. Cela impose quelque retenue.

Le souvenir cuisant du 21 avril 2002 – et de l'éviction du candidat socialiste au soir du premier tour – alimente ces hésitations. A trop multiplier les candidatures et, inévitablement, à trop se démarquer du champion des socialistes ne risque-t-on pas de provoquer une nouvelle catastrophe pour l'ensemble de la gauche ? Surtout au moment où le Front national retrouve des couleurs et surfe de nouveau, derrière Marine Le Pen, sur toutes les peurs attisées par la crise européenne et mondiale.

Il y a un an, déjà, Daniel Cohn-Bendit avait proposé de soutenir le candidat socialiste en 2012, en échange d'une cinquantaine de circonscriptions aux législatives pour Europe Ecologie-Les Verts. Son frère, Gaby, a relancé l'idée récemment, au motif que 2002 « n'est pas un accident ». Si leur porte-parole, Cécile Duflot, a vigoureusement écarté cette hypothèse, le doute subsiste dans les rangs écologistes.

Troisième frein, enfin : un sérieux embarras sur les réponses à apporter à la crise et le projet que la gauche entend proposer au pays. Chacun y travaille de son côté. Mais les lignes de clivage sont évidentes, au-delà du credo consensuel en faveur d'une société plus juste, respectueuse et solidaire. Entre le néosouverainisme que prône un Jean-Luc Mélenchon (qui fait des émules jusque dans les rangs socialistes), la volonté des écologistes de repenser le rythme et la nature même de la croissance économique, et la visée régulatrice et protectrice défendue par les socialistes, la convergence est tout sauf évidente, encore moins la synthèse.

Sauf à ce que chacun mette tant d'eau dans son vin qu'il en perde toute saveur et dissuade les électeurs d'y goûter. La gauche n'a pas fini de redouter le rendez-vous de 2012.

1er mars 2011

Courage, président, plus que 400 jours à tenir !

Le temps s'écoule, cruel, inexorable. Chaque jour, il creuse le visage du président de la République, rabote son crédit, érode son autorité, dévalue sa parole, réduit ses marges d'initiative.

A la mi-novembre 2010, lorsque, après des mois de tergiversations, Nicolas Sarkozy avait remanié son gouvernement, il pouvait espérer avoir mis en place un dispositif solide pour engager la bataille de 2012. Le dernier acte de son quinquennat allait s'organiser sur des principes classiques et efficaces : un président qui préside, s'occupe de l'essentiel, fixe la feuille de route et se consacre aux affaires économiques du monde en présidant le G20 ; un gouvernement qui gouverne, conduit par un premier ministre enfin reconnu pour tel et charpenté par des ministres aguerris ; enfin un cap clair : poursuivre les réformes au nom de l'intérêt général.

Il restait, alors, cinq cents jours avant le premier tour de l'élection présidentielle. Assez pour amorcer un nouvel élan. Une centaine se sont écoulés, depuis, ou plutôt ont été dilapidés en pure perte.

C'est évidemment le cas pour le gouvernement. Celui de novembre n'aura pas tenu plus de trois mois. Nicolas Sarkozy se targuait d'être le meilleur DRH de la scène politique française. Il vient d'être contraint de se déjuger et de sacrifier deux pièces maîtresses de l'équipe gouvernementale : la ministre des affaires étrangères et le ministre de l'intérieur. Autrement dit la voix de la France à l'extérieur et le garant de la sécurité à l'intérieur. Excusez du peu !

Dans le cas de Michèle Alliot-Marie, son départ était devenu inévitable après le pathétique feuilleton de ses vacances tunisiennes, sur fond d'affaires familiales, de connivences avec le régime déchu du président Ben Ali, de bourdes à répétition et d'incompréhension obstinée du mouvement de l'Histoire qui bouscule, depuis deux mois, toute la rive sud de la Méditerranée. Comment n'a-t-elle pas compris que c'était son devoir, autant que son honneur, d'offrir sa démission avant de se la voir imposer ? Comment a-t-elle pu, hier encore, se présenter en victime d'une cabale ? Comment n'a-t-elle pas mesuré le discrédit qui, à travers elle, atteignait de plein fouet le chef de l'Etat ? Disons, par charité, que cela reste un mystère.

Quant à Brice Hortefeux, qui a si longtemps été la voix de son maître et si longtemps bénéficié de l'indulgence présidentielle, la sanction est encore plus humiliante : il n'a pas commis d'autre faute que de n'être plus, aux yeux de l'Elysée, à la hauteur de sa fonction. L'on n'aurait garde, enfin, d'oublier le premier ministre. Apparemment triomphant en novembre quand il avait, en quelque sorte, imposé son maintien à Matignon, François Fillon est ensuite retourné sous sa tente, avant que les révélations sur ses vacances égyptiennes ne le murent dans le silence.

Il ne s'agit pourtant là, pour le président de la République, que de dommages collatéraux. Car c'est lui, évidemment, qui est en première ligne. Il voulait prendre de la hauteur, assumer pleinement ses fonctions et l'autorité qu'elles supposent, s'imposer sur la scène internationale grâce à la présidence du G20. C'était le moyen de reconquérir l'opinion et de faire la différence avec ses concurrents éventuels de 2012.

Or, les dernières semaines ont encore accentué le sentiment que le chef de l'Etat est à contretemps, ballotté par l'événement, taraudé par l'urgence de reprendre la main mais, jusqu'à présent, incapable d'y parvenir. Trop sûr de lui en apparence, trop hésitant et inquiet en réalité.

Ainsi, en deux mois, il aura utilisé trois modes de communication singulièrement désaccordés : en janvier, une succession de vœux insipides supposés « faire président » ; en février, deux heures et demi de causerie télévisée avec des Français trop soigneusement choisis pour que le résultat ne soit pas lénifiant ; le 27 février, enfin, une allocution à l'ancienne, plus figée que solennelle, et dont chacun aura compris qu'elle était destinée à habiller le départ de « MAM » (Michèle Alliot-Marie) et de Brice Hortefeux.

Sur le fond, le constat n'est pas plus brillant. Parmi d'autres, deux exemples en attestent. En réponse aux révolutions en chaîne qui balayent le monde arabe, il est pour le moins étrange de ressortir du placard l'Union pour la Méditerranée (UPM), dont M. Sarkozy voulait faire l'un de ses grands œuvres. Le chef de l'Etat pourra toujours s'enorgueillir d'avoir été prémonitoire en la matière ; mais il ne saurait masquer que, depuis son lancement en grande pompe, en juillet 2008, l'UPM est mort-née, paralysée par mille rivalités et contradictions que Paris n'a pas su surmonter.

Dans un tout autre registre, la réforme de la fiscalité du patrimoine, annoncée le 16 novembre comme l'un des grands chantiers de 2011 menace de tourner au casse-tête. Pour le chef de l'Etat, il s'agissait de se délester avant 2012 de l'encombrant boulet du bouclier fiscal et, en compensation, de supprimer l'impôt sur la fortune. Sans craindre la cacophonie, de nombreuses voix dans la majorité, et jusqu'au ministre du budget, François Baroin, ont expliqué que la suppression de l'ISF serait budgétairement acrobatique et politiquement imprudente. L'on verra, dans les prochains jours, si M. Sarkozy cède ou impose ses vues, envers et contre tout.

Le bilan de toute cette séquence est limpide : loin de la reconquête espérée, le chef de l'Etat enregistre, semaine après semaine, l'érosion apparemment sans fin de la confiance que lui accordent les Français ; même sa capacité à conduire les affaires internationales de la France – apanage présidentiel par excellence – est désormais largement mise en doute par deux Français sur trois.

La fin de ce quinquennat risque d'être bien longue pour le principal intéressé. Mais il pourra toujours se réconforter en songeant qu'il ne lui reste plus que quatre cents jours à tenir. Courage, président !

15 mars 2011

Sondages électoraux : gare à la schizophrénie !

Les animaux politiques – parmi lesquels on rangera les chroniqueurs de tout poil – obéissent à des comportements bien répertoriés. Ainsi, quand les sondages commencent à les rendre nerveux, fébriles ou agités d'incontrôlables soubresauts, il est clair qu'une saison électorale a commencé. Nous y sommes.

Il aura suffi de deux enquêtes plaçant la présidente du Front national en tête des intentions de vote pour électriser l'atmosphère. Et pour que s'installe l'habituelle schizophrénie déclenchée par les sondages électoraux : personne ou presque n'échappe à cet étrange mélange de fascination (discrète) et de méfiance (affichée) qu'ils produisent.

Les responsables politiques ? Ils sont les premiers à se dire vaccinés contre les mirages sondagiers, mais aussi les premiers à guetter avec anxiété le moindre mouvement de l'opinion, en leur faveur ou en leur défaveur. Un jour, ils se rengorgent d'une tendance encourageante. Le lendemain, si les augures sont moins flatteurs, ils clouent au pilori ces « charlatans » de sondeurs ; à cet égard, entendre François Bayrou prétendre que les sondages ne lui accordaient, en avril 2007, que la moitié du score qu'il a finalement obtenu est proprement stupéfiant[1] !

Les médias ne sont pas davantage à l'abri de la « sondagite ». Ils affichent volontiers leur scepticisme et ne manquent jamais de rappeler quelques spectaculaires erreurs (à commencer par l'élimination de Lionel Jospin le 21 avril 2002). Ils ne sont pourtant les derniers ni pour commander des enquêtes ni pour céder imprudemment à la magie des chiffres qui transforme une « intention de vote » en prédiction de résultat.

Les sondeurs, eux-mêmes, jouent volontiers sur les deux tableaux. Ils ne cessent de rappeler qu'un sondage n'est qu'une photographie, plus ou moins nette, de l'opinion à un moment donné. Mais ils savent bien, en leur for intérieur, que c'est précisément l'irrésistible illusion prophétique qui fait vendre leurs enquêtes aux médias et aux candidats.

Quant aux citoyens, ils se laissent facilement convaincre que ces mystères n'échappent pas au bricolage, voire à la manipulation. Mais ils suivent le « Grand Prix de l'Elysée » comme une excitante course de chevaux, à la recherche des meilleurs « tuyaux » et des pronostics les plus sûrs…

---

1. Tous les sondages le créditent de plus de 20 % des intentions de vote au mois de mars, avant d'enregistrer un reflux confirmé par son résultat dans les urnes (18,6 %).

A treize mois du scrutin de 2012, cet emballement n'est guère surprenant. Qu'on le veuille ou non, les sondages sont devenus l'un des ressorts essentiels des campagnes présidentielles. Ils jouent un rôle croissant dans la sélection des candidats : on l'a constaté en 2006 avec Ségolène Royal, et aujourd'hui avec Dominique Strauss-Kahn. Publics ou, surtout, confidentiels, ils permettent aux candidats d'ajuster leur stratégie, d'affiner leurs propositions, de corriger leur image. Enfin, ils jouent un rôle déterminant dans la dramaturgie d'une campagne.

De là à considérer que les sondages pervertissent la démocratie, il n'y a qu'un pas. A l'unanimité – ce qui est exceptionnel –, les sénateurs l'ont franchi, le 14 février, en adoptant une proposition de loi visant à imposer aux instituts de sondage des règles de transparence beaucoup plus contraignantes.

Préparé par un rapport bipartisan, associant un sénateur UMP (Hugues Portelli) et un socialiste (Jean-Pierre Sueur), ce texte renforce les pouvoirs et les compétences de la Commission nationale des sondages, chargée de surveiller le respect des bonnes pratiques par les sondeurs ; il impose également la publicité du financeur de chaque sondage, ce qui n'est évidemment pas un luxe, après l'affaire des « sondages de l'Elysée », épinglés par la Cour des comptes en 2009. Enfin, et surtout, ce texte obligerait à rendre public, pour chaque sondage, les marges d'erreur statistiques liées à la taille de l'échantillon (de l'ordre de 3 % pour un échantillon classique et de 1 000 personnes) et les résultats bruts à partir desquels, après « redressement », les sondeurs calculent les chiffres publiés.

Cette proposition, en souffrance à l'Assemblée nationale, a provoqué une levée de boucliers de la part des instituts de sondage. Dans un marché fortement concurrentiel, plaident-ils, ils n'entendent pas mettre sur la table leurs secrets de fabrication. Les sénateurs objectent que ce réflexe corporatiste est inacceptable au regard de l'impératif de transparence démocratique.

Débat de fond, donc. L'on y ajoutera deux remarques. D'une part, pour peu que l'on ait mis son nez un peu sérieusement dans les sondages électoraux, il ne fait pas de doute que l'application de la proposition sénatoriale rendrait très complexe la publication et l'interprétation de bon nombre d'entre eux. Ipsos s'était aventuré, il y a quelques années, à publier des fourchettes d'intentions de vote tenant compte des marges d'erreur ; il y avait rapidement renoncé, tant les résultats étaient souvent illisibles. Quant à la publication de résultats bruts et « redressés », elle obligerait chaque média à de délicates et longues exégèses. Avec le risque qu'il y renonce et laisse le privilège de ces enquêtes aux seuls candidats et à leurs équipes, ce qui ne constituerait sûrement pas une grande avancée démocratique.

D'autre part, l'on aimerait être sûr que la transparence invoquée ne masque pas une conception assez irénique de la politique. S'il faut protéger le citoyen des aléas des sondages, ne convient-il pas également de le mettre à l'abri des éditoriaux engagés, des reportages partisans, des puissantes machines de communication, des emballements d'Internet, voire des promesses irréalistes des candidats ? Une telle ascèse janséniste – seule garante de la « pureté » du choix électoral – n'est-elle aux antipodes mêmes du débat démocratique ?

Reste, dans l'immédiat, une responsabilité croisée et qui doit être partagée : celle des sondeurs qui ne sauraient refuser le débat sur leurs méthodes, et celle des commentateurs qui ne peuvent faire l'économie d'un sérieux travail d'expertise s'ils veulent utiliser les sondages pour ce qu'ils sont : d'utiles outils d'analyse. Parmi d'autres.

29 mars 2011

Nicolas Sarkozy en crise d'autorité

François Hollande a perdu quelques kilos superflus et troqué son espièglerie familière contre la gravité qui sied à un candidat putatif à l'élection présidentielle. Mais il n'a rien perdu de son œil politique et de son sens de la formule. Celle-ci, par exemple, pour qualifier les palinodies au sommet de l'Etat au lendemain du premier tour des cantonales[1] : « Une crise d'autorité ».

L'essentiel est dit, effectivement. Semaine après semaine, presque jour après jour, le président de la République ne semble plus en mesure d'exercer toute l'autorité qui devrait être la sienne. L'on peine parfois à y croire, tant Nicolas Sarkozy s'était imposé, en 2007, comme le chef incontesté de son camp. C'est pourtant la réalité, dont les cantonales sont le révélateur impitoyable.

---

1. Le 14 mars 2011, la droite parlementaire enregistre, avec 32 % des voix, son plus mauvais résultat à des élections cantonales sous la Ve République ; l'UMP s'effondre (17 %).

Le chef de l'Etat a d'abord perdu sa souveraineté absolue sur le gouvernement. En novembre 2010, déjà, il avait tant tardé à remanier son équipe, tant hésité à en changer le capitaine, qu'il avait fini par se voir, peu ou prou, imposer par « sa » majorité parlementaire le maintien de François Fillon à Matignon. Au regard des institutions de la Ve République, c'était une singulière innovation, autant qu'un signe de faiblesse.

L'entre-deux-tours des cantonales a accentué le trait. M. Sarkozy avait clairement fixé la stratégie, le 10 mars, avec l'équipe dirigeante de l'UMP. « Aucune alliance n'est possible avec le Front national », avait-il martelé ; mais, face au Front national, il avait exclu tout désistement d'un membre de la majorité au profit d'un candidat de gauche. Dès les résultats du 20 mars connus et la menace du FN confirmée, la consigne – pourtant réitérée – a volé en éclats. Pas à l'initiative de quelque sous-secrétaire d'Etat en quête d'un quart d'heure de célébrité. Mais tout simplement du premier ministre, qui a appelé le 21 mars, en cas de duel entre le Parti socialiste et le Front national, à « voter contre le FN ».

Les contorsions qui ont suivi pour rabibocher l'Elysée et Matignon n'ont trompé personne : François Fillon n'assume pas pleinement le coup de barre à droite donné par le président de la République depuis l'été 2010. Il redoute que cette attitude provoque l'effet inverse de l'effet voulu : en clair, un « 21 avril à l'envers », qui verrait le candidat de la droite éliminé au soir du premier tour de l'élection présidentielle. Le moins qu'on puisse dire est que cela ne témoigne pas d'une confiance à toute épreuve dans la capacité du président à se faire réélire en 2012.

Il n'est pas seul. De manière plus ou moins explicite, plusieurs ministres, et non des moindres, se sont également démarqués du président en appelant à faire barrage au FN : Alain Juppé, Roselyne Bachelot, François Baroin, Valérie Pécresse, Nathalie Kosciusko-Morizet, Laurent Wauquiez[2]. Au point d'obliger le chef de l'Etat, au conseil des ministres qui a suivi, à un rappel à l'ordre pincé sur la nécessité de jouer « collectif ». Qu'une telle mise en garde soit nécessaire en dit long.

Ce qui est vrai du gouvernement ne l'est pas moins de la majorité parlementaire. Menée à la baguette depuis quatre ans, elle a fini par se lasser et par ruer dans les brancards. Nicolas Sarkozy en a fait les frais début mars. La droite modérée – notamment les centristes, qui avaient, pour une fois, surmonté leurs querelles picrocholines – a obligé le gouvernement à renoncer à légiférer sur la déchéance de la nationalité, lors de l'examen du projet de loi sur l'immigration. Déjà rejetée par la majorité sénatoriale, cette disposition était pourtant l'une des mesures phares du discours du chef de l'Etat à Grenoble, en juillet 2010.

Une rébellion similaire est désormais prévisible, en avril, si Nicolas Sarkozy s'entête à vouloir supprimer complètement l'impôt de solidarité sur la fortune

2. Dans un entretien à Libération, le 11 mars 2011, Laurent Wauquiez, alors ministre des affaires européennes, « assume », en cas de duel entre le Front national et la gauche, de voter pour le candidat qui peut battre le FN, « qu'il soit de droite ou de gauche ».

(ISF). Cette fronde-là a démarré il y a un an, après la lourde défaite de la majorité aux élections régionales. Plusieurs caciques de l'UMP avaient réclamé la suspension du « bouclier fiscal », instauré en juillet 2007, et qui, la crise aidant, apparaît comme un cadeau difficilement défendable fait aux contribuables les plus fortunés.

Le chef de l'Etat avait, alors, catégoriquement refusé, avant d'admettre, fin 2010, qu'il n'avait guère le choix. Mais, pour masquer son renoncement à une des mesures emblématiques du début de son quinquennat, il avait annoncé une réforme plus large de la fiscalité du patrimoine, et notamment la suppression de l'ISF, plutôt que son simple toilettage. Depuis, bien des responsables de la majorité ont expliqué qu'une telle mesure serait budgétairement impraticable et politiquement risquée. Voilà le président prévenu : s'il s'obstine, la majorité ne le suivra pas.

C'est enfin la droite elle-même sur laquelle Nicolas Sarkozy a perdu son ascendant. Pour l'emporter en 2007, il avait brillamment réussi à rassembler derrière lui toutes les familles de son camp, ou presque : les néogaullistes et une bonne partie des centristes, les bonapartistes et les orléanistes, les libéraux et les populistes, à quoi il avait ajouté, à l'été 2009, les souverainistes de Philippe de Villiers et les « chasseurs », toujours bons à enrôler.

Le style du président et son perpétuel activisme, la crise économique, l'usure du pouvoir, les revers électoraux des deux dernières années : tout a contribué à mettre à bas ce bel échafaudage. Et à placer désormais Nicolas Sarkozy devant un redoutable dilemme :

s'il penche trop à droite, il s'aliène les modérés que rêve de fédérer Jean-Louis Borloo ; s'il veut ménager le centre, c'est Marine Le Pen qui menace de rafler de gros bataillons de l'électorat populaire.

L'UMP elle-même porte de plus en plus mal son nom : l'union est chaque jour un peu plus de façade ; le mouvement est paralysé ; quant au qualificatif de populaire, les cantonales ont démontré cruellement sa fragilité. Sur un socle aussi branlant, le temps commence à manquer pour espérer restaurer une autorité de plus en plus contestée.

17 mai 2011

DSK en plein polar ou en plein délire ?

C'était un paisible dimanche matin. Le chroniqueur musardait encore à la recherche de son sujet, hésitant devant les pointillés désordonnés de l'histoire immédiate. Reviendrait-il sur la polémique créée par Laurent Wauquiez à propos des bénéficiaires du RSA et du « cancer » de l'assistanat dont souffrirait le pays ? Après tout, comme disait Victor Hugo en 1849, ce jeune ministre « est comme un carreau de vitre, à travers lui on voit le président ».

Ou bien s'interrogerait-il sur la démarche de Jean-Louis Borloo, qui n'est radical que par antiphrase, tant sa séparation d'avec l'UMP reste encore hésitante et ductile ? La lecture des gazettes dominicales ne s'avérait pas d'un grand secours. Le sondage à la « une » de la première édition du *Journal du dimanche* sur la « percée Hollande » ne faisait que confirmer la tectonique des dernières semaines ; quant au sondage du *Parisien*, il était chapeauté de ce titre sans appel : « Pas de dérapage pour DSK », après la controverse sur la désormais fameuse Porsche utilisée récemment par le patron du Fonds monétaire international (FMI).

Enfin le chroniqueur allume la radio. Et met de longues secondes à comprendre ce qu'il entend : Dominique Strauss-Kahn débarqué, par la police new-yorkaise, d'un avion à destination de Paris dix minutes avant son décollage, gardé à vue dans un commissariat de Harlem, accusé de tentative de viol et de séquestration par une femme de chambre de l'Hôtel Sofitel de Manhattan, où il a passé la nuit précédente…

Dès lors, au fil des heures et des commentaires, les mêmes adjectifs ne vont plus cesser de tourner en boucle : stupéfiant, confondant, consternant, invraisemblable, ahurissant, sidérant, troublant, attristant, inconcevable. La première secrétaire du Parti socialiste, Martine Aubry, a résumé cela d'une formule : « Un coup de tonnerre ». Un coup de tonnerre, effectivement, de nature à foudroyer une vie, une ambition et le destin possible de celui qui apparaissait, jusqu'à présent, comme le plus solide et probable champion de la gauche pour l'élection présidentielle de 2012.

La présomption d'innocence s'impose en faveur du directeur général du FMI, d'autant plus, évidemment, que ce dernier plaide non coupable et conteste catégoriquement le témoignage de la jeune femme qui l'accuse. En pareil cas, on le sait, l'emballement médiatique est une machine redoutable, et parfois aveugle, comme Dominique Strauss-Kahn lui-même en avait fait les frais en 1999, lorsque la ténébreuse affaire de la MNEF l'avait contraint de démissionner du gouvernement Jospin, avant que la justice ne le lave de toute accusation.

De trois choses l'une, cependant. Ou bien les faits qui lui sont reprochés sont pure invention d'une affabulatrice. Mais la police new-yorkaise, qui, depuis plus d'une journée, a maintenu DSK en garde à vue, semble, de fait, écarter cette hypothèse. Ou bien Dominique Strauss-Kahn a été victime d'un piège, d'une machination digne d'un polar de John Le Carré. Il suffit de parcourir les sites Internet (français) pour constater que l'imagination est, là, sans limite. Les uns y voient une machination de la CIA contre l'euro, les autres l'œuvre d'officines à la solde des banques américaines ulcérées par les mesures de régulation financières que le patron du FMI s'apprêtait à proposer dans quelques jours à Deauville, d'autres encore la main de quelque « cabinet noir » commandité par l'Elysée pour abattre un concurrent trop dangereux !

Ou bien, enfin, ces faits sont exacts, et nous plongent alors dans un scénario comparable au *Bûcher des vanités* de Tom Wolfe, qui, à New York précisément, voit une existence flamboyante basculer brusquement dans la déchéance, sur un coup de folie et une pulsion absurde. Par principe ou par gêne, l'on avait écarté – comme beaucoup – les rumeurs, ragots et commérages qui couraient sur le compte de Dominique Strauss-Kahn, cet insatiable séducteur. Ce donjuanisme, dont la violence physique semblait absente, ne relevait-il pas de sa vie privée et de la responsabilité d'un homme exerçant des fonctions éminentes, à Washington aujourd'hui, à Paris demain ?

A-t-on péché – et tous les responsables socialistes qui souhaitaient en faire leur candidat en 2012 ont-ils péché – par pusillanimité, aveuglement ou tartufferie ? La question est posée, inévitablement. Si le risque était réel, s'il était tel, comment le principal intéressé a-t-il pu le prendre ? Comment ses amis ont-ils pu ne pas s'en inquiéter, l'en protéger ou le dissuader ?

Quoi qu'il en soit, l'évidence s'impose des dégâts provoqués, dès à présent. A Washington, le FMI n'a pas traîné pour démontrer que personne n'est irremplaçable. Froidement, il a déjà tourné ou quasiment la page Strauss-Kahn et chargé son adjoint, John Lipsky, d'assurer l'intérim et de conduire les délicates discussions en cours sur la crise des dettes souveraines européennes ou sur les parités monétaires.

A Paris, c'est toute la scène politique qui se trouve chamboulée à un an de la présidentielle. Quoi qu'il advienne, les suites judiciaires américaines de cette affaire paralyseront Dominique Strauss-Kahn pendant des semaines, voire des mois. Même si, d'aventure, il y songe encore, il est plus qu'improbable qu'il puisse se présenter à la primaire socialiste d'ici au 13 juillet, date limite de déclaration des candidatures.

Ce sont donc toutes les lignes de force, toutes les alliances qui s'étaient organisées autour – ou contre – la candidature de DSK qui se trouvent remises en question. Il en va de même pour toutes les stratégies élaborées à l'Elysée pour se préparer à un duel final avec Dominique Strauss-Kahn. Le séisme est donc profond. Il est moins grave, cependant, que si le scandale avait éclaté pendant la primaire socialiste ou, pire, pendant la campagne présidentielle. Maigre consolation devant pareil gâchis !

24 mai 2011

L'instinct de survie des socialistes

La politique n'a pas d'états d'âme. Huit jours après son interpellation par la police new-yorkaise, Dominique Strauss-Kahn reste présent dans les esprits. Le film et les images de la déchéance de l'un des responsables les plus puissants de la planète sont trop saisissants, trop sidérants pour s'effacer de sitôt. Tant ils renvoient – sauf à ce que la justice américaine l'innocente – à l'insondable mystère d'un homme.

Mais il n'a pas fallu une semaine pour que celui qui incarnait pour beaucoup, à tort ou à raison, l'espoir de voir la gauche remporter l'élection présidentielle de 2012, sorte sans ménagement du radar politique. Quels que soient, selon les mots de Martine Aubry, « le temps et la décence » nécessaires pour surmonter ce traumatisme, tous les leaders socialistes ont dressé le même constat : la page DSK est tournée.

Candidat déclaré à la primaire socialiste depuis le mois de mars, François Hollande a « poursuivi son chemin » de Dijon à Argentan hier, de Tunis à

Périgueux demain, « sans se laisser distraire ». Ségolène Royal a fait de même à Toulouse, en assurant que la gauche n'est pas « abattue » et qu'elle a « le devoir et la responsabilité de rester debout, d'avancer ». Quant à la première secrétaire du PS, Martine Aubry, elle a fait, dimanche 22 mai, un pas significatif vers une probable candidature à la primaire en assurant qu'elle s'était « préparée » et qu'elle prendrait, comme toujours, ses « responsabilités ».

Pour autant, si chacun veut se persuader que l'affaire Strauss-Kahn est privée et non politique, si chacun fait mine de croire qu'elle n'implique pas le Parti socialiste, c'est le contraire qui est évident. Fût-ce de manière virtuelle puisqu'il ne s'était pas encore déclaré, l'ancien patron du FMI surplombait trop manifestement, ces derniers temps, la scène politique nationale pour que son éviction ne provoque pas un vide difficile à combler et qui est ressenti bien au-delà des rangs socialistes.

De par son parcours, de par son action, même contestée, au cœur de l'actuelle crise économique et financière, il paraissait en mesure de réconcilier la gauche avec la mondialisation, d'expliquer aux Français la place que le pays et l'Europe pouvaient explorer et s'inventer dans le grand basculement du monde à l'œuvre depuis une décennie. Cela restait à démontrer, mais il semblait capable de tracer un chemin entre la tentation du repli identitaire et la brutalité du monde globalisé. On voit mal, à ce stade, qui pourrait le suppléer sur ce terrain. Le risque est donc grand que le débat présidentiel ne se referme sur de trop étroites inquiétudes hexagonales.

Dans l'immédiat, la sortie de route de DSK chamboule les perspectives de la primaire organisée par le PS pour désigner son candidat. Elle était, certes, loin d'être jouée avant d'être engagée ; ces derniers mois, François Hollande avait ainsi démontré avec ténacité et un succès certain qu'il ne se contenterait pas de faire de la figuration. Mais la compétition semblait peu à peu se resserrer autour de ce duel annoncé entre deux personnalités et deux styles plus qu'entre deux philosophies par trop antagonistes.

DSK empêché, c'est tout le « jeu » de la primaire qui est redistribué. Martine Aubry, bien qu'elle s'en soit défendue, s'apprêtait à s'effacer. La voilà aujourd'hui amenée à « prendre ses responsabilités », très exactement comme elle l'avait fait voilà trois ans avec la direction du parti, avec un sens du devoir qui lui tient lieu d'ambition, sinon d'enthousiasme ; en réalité, elle n'a guère le choix. De même, faute d'avoir su retrouver les faveurs de l'opinion, Ségolène Royal ne pouvait pas ne pas réfléchir à d'éventuelles alliances ; ces interrogations sont écartées, du moins dans l'immédiat. François Hollande, enfin, a changé brusquement de statut : hier challenger, il se retrouve aujourd'hui dans la position du favori, beaucoup plus exposée. Sans compter avec Arnaud Montebourg et d'autres ambitions, jusque-là contenues.

Redouté par beaucoup à gauche, espéré avec gourmandise à droite, le risque existe donc, effectivement, que cette primaire provoque un affrontement difficile à maîtriser et, par là même, périlleux. On peut cependant faire le pari inverse, pour trois bonnes raisons (sans même parler de la hantise tenace d'un « 21 avril »).

Il ne s'agit plus, comme en 2006, d'une compétition en vase clos, réservée aux seuls socialistes encartés, mais d'une élection ouverte. Sauf à désespérer totalement le « peuple de gauche », les candidats (et leurs entourages) ont donc le devoir – autant que l'évident intérêt – d'en faire un vrai moment de démocratie et un tremplin efficace pour celui ou celle qui sera désigné.

Contrairement à 2006, également, les principaux candidats sont peu ou prou engagés par le projet socialiste qu'ils auront définitivement entériné à la fin du mois. Cela n'interdit pas que chacun y apporte sa touche personnelle, mais cela limite les possibilités de cavalier seul, iconoclaste, marginal et conflictuel.

Un dernier constat, enfin, peut éviter les empoignades trop violentes : la génération des dirigeants actuels – d'Aubry à Hollande, en passant par Fabius, Delanoë, Royal et beaucoup d'autres – sait qu'elle joue son va-tout en 2012. S'ils ne parvenaient pas à mettre tous les atouts de leur côté pour battre un président sortant qui reste très affaibli, il fait peu de doute qu'ils en seraient définitivement discrédités. L'instinct de survie n'est pas une assurance tous risques et les socialistes ont déjà démontré qu'il leur arrivait d'en manquer. Mais c'est un solide garde-fou.

27 septembre 2011

Comme un climat de fin de règne

Nicolas Sarkozy aime les sapeurs-pompiers. Il admire le courage de ces « héros du quotidien ». Il le leur a déclaré, chaleureusement, samedi 24 septembre, lors du congrès de la Fédération nationale des soldats du feu. Et, pour preuve de sa reconnaissance et de celle de la nation, il leur a annoncé la mise en place d'un nouveau système d'alerte, moderne et performant, en cas de sinistre climatique.

Le président de la République parle en connaisseur : en matière de dépressions climatiques, le moins qu'on puisse dire est qu'il est servi. Et qu'il ne manque d'aucun système d'alerte : tous semblent même se déclencher simultanément et ils témoignent d'une défiance tous azimuts, chaque semaine plus menaçante, à sept mois de l'élection présidentielle.

Le dernier coup de torchon est venu du Palais du Luxembourg. Et quel coup de torchon ! Depuis plus d'un demi-siècle, le Sénat paraissait immuablement, indéracinablement ancré à droite. Cela n'interdisait pas les turbulences ou les mouvements de grogne, comme le général de Gaulle en fit les frais en 1969. Mais le mode d'élection des sénateurs semblait avantager trop nettement la France « profonde » des villages et des petits bourgs, la France rurale, conservatrice ou modérée, pour que la gauche puisse espérer y emporter la majorité.

C'est pourtant ce qui s'est produit, dimanche 25 septembre. Sans préjuger de l'élection à venir du président du Sénat et des manœuvres à laquelle elle va donner lieu – tant Gérard Larcher semble désireux de conserver à tout prix son fauteuil –, le résultat politique est là : pour la première fois sous la Ve République, la gauche est majoritaire dans la deuxième Chambre du Parlement.

Ce succès constitue un double échec pour le chef de l'Etat. Longtemps, celui-ci est apparu, dans son camp et au-delà, comme un magicien électoral. La conquête, en 1983, de la mairie de Neuilly-sur-Seine au nez et à la barbe de Charles Pasqua l'avait d'emblée installé dans ce rôle flatteur. Sa campagne victorieuse de 2007 l'a brillamment confirmé.

Mais il a, depuis, complètement perdu la main, incapable d'éviter à son camp défaite sur défaite. En 2008, les élections municipales et cantonales sont marquées par une nette victoire de la gauche. Aux européennes de 2009, le score médiocre de la majorité présidentielle (27,9 % des voix) est opportunément masqué par celui, désastreux, des socialistes. En 2010, c'est la déroute aux régionales, où la gauche ne laisse échapper que l'Alsace. En 2011, la droite perd à nouveau du terrain aux cantonales et ne dirige plus que 40 départements sur 100.

Les élections sénatoriales soldent, aujourd'hui, cette succession de revers. Mais le président de la République paye également le prix de sa politique. Nul doute, en effet, que la réforme des collectivités territoriales, de leur organisation et de leurs finances, a laissé des traces, tant elle a été imposée aux sénateurs alors que bon nombre d'entre eux, y compris dans la majorité, y étaient pour le moins réticents. En 2010, le gouvernement leur avait tordu le bras pour faire voter son texte ; ils ne l'ont pas oublié et leurs « grands électeurs » non plus.

Malheureusement pour la majorité, rien ne vient alléger le climat dépressif dans lequel est plongé le pays. Tout y contribue. Car, au-delà du savoir-faire électoral éventé, ce sont les « fondamentaux » du sarkozysme qui sont en cause et les ressorts de son succès de 2007 qui sont cassés.

En arrivant à l'Elysée, le chef de l'Etat avait l'ambition de créer un « choc de confiance ». C'est aujourd'hui une défiance de plomb qu'expriment les Français. Rendue publique le 23 septembre, la dernière enquête de l'Insee sur le moral des ménages est sans ambiguïté. Son indicateur synthétique plonge de 5 points par rapport à juillet, il se situe à son niveau le plus faible depuis février 2009 et à son niveau le plus bas depuis une quinzaine d'années, si l'on excepte la période de l'automne 2008, au plus fort du déclenchement de la crise. Situation financière, niveau de vie, chômage, rien n'échappe à ce pessimisme.

Les chefs d'entreprise n'y échappent pas davantage : l'autre indicateur de l'Insee, sur le climat des affaires en France, est tout aussi décourageant.

Les perspectives de croissance pour les prochains mois, constamment revues à la baisse, n'ont guère de chance d'inverser la tendance.

La crise économique et financière depuis trois ans, celle des dettes publiques et de l'euro qui la prolonge et l'amplifie aujourd'hui ont radicalement changé la donne, plaident le président et ses partisans. Evidemment. Mais personne n'a oublié que Nicolas Sarkozy avait su convaincre les Français qu'il aurait, lui, la volonté et l'énergie de bousculer des montagnes. Personne n'a davantage oublié que, à l'automne 2008, il avait su fédérer les énergies transatlantiques pour éviter que la faillite de Lehman Brothers ne provoque un effondrement de l'économie mondiale.

Depuis dix-huit mois, en revanche, la crise grecque a été le révélateur de plus en plus cruel de la paralysie européenne en général, et française en particulier. La réunion des ministres des finances du G20 à Washington vient d'en faire à nouveau la démonstration. Faute de sa ratification par tous les Etats de la zone euro, le second plan de sauvetage de la Grèce, adopté dans son principe il y a deux mois, ne sera pas opérationnel avant la mi-octobre, au mieux. Et tout laisse penser que les marchés le jugent déjà caduc. Le chef de l'Etat se présente volontiers comme le mieux armé pour affronter les tempêtes. Pour l'heure, il apparaît surtout comme tétanisé et impuissant face à la crise.

Enfin, il y avait cette promesse d'une « République irréprochable ». Mois après mois, jour après jour, cette pauvre République apparaît au contraire l'otage des copains et des coquins, engluée dans de détestables affaires où l'argent gangrène le pouvoir, dans l'opacité et l'impunité. Hier, c'était – et c'est encore – l'affaire Bettencourt. Désormais, ce sont des proches du président, et jusqu'à Brice Hortefeux, directeur présumé de sa campagne de 2012, qui sont ou vont être entendus par la justice, soupçonnés d'avoir contourné sans scrupules les lois sur le financement des campagnes électorales, et déjà mis en examen pour certains.

Dans ce climat délétère, de débandade et de fin de règne, le futur système d'alerte des sapeurs-pompiers de France et de Navarre paraît bien dérisoire.

18 octobre 2011

La mue inachevée de M. Hollande

La campagne présidentielle commence donc aujourd'hui. Les six principaux candidats qui s'affronteront le 22 avril 2012 sont désormais connus. Tous ne se sont pas encore formellement déclarés, mais c'est tout comme.

A droite, la détermination du président sortant va sans dire, tant Nicolas Sarkozy a fait de lui-même une sorte de candidat perpétuel à sa propre succession. Cette semaine encore, selon un rythme presque invariable depuis des mois en dépit des contraintes de l'agenda international, il effectuera deux déplacements thématiques en province : mardi à Nice, pour parler emploi et formation, jeudi en Mayenne, sur les questions d'environnement.

A l'extrême droite, Marine Le Pen a démontré, depuis bientôt un an et la conquête de la présidence du Front national, qu'elle n'est pas seulement la digne héritière de son père, mais également une redoutable compétitrice. A six mois du scrutin, elle est créditée d'un capital très supérieur à celui de

Jean-Marie Le Pen à pareille époque, y compris en 2002.

Fidèle à lui-même, François Bayrou tentera, pour la troisième fois, de donner corps à la troisième voie – « centrale » plutôt que centriste – qu'il appelle de ses vœux pour mener bataille contre la crise.

A gauche, trois candidats ont été désignés, au terme d'élections primaires ouvertes aux adhérents ou aux citoyens. Avant l'été, Jean-Luc Mélenchon a conquis le droit de suppléer un Parti communiste exsangue et, sans doute, une extrême gauche dépourvue de têtes d'affiche. De même, Eva Joly, pourtant novice en politique, s'est imposée nettement contre Nicolas Hulot pour porter les couleurs des écologistes.

Dimanche 16 octobre, enfin, près de trois millions d'électeurs ont accordé à François Hollande le privilège et la responsabilité d'être le candidat socialiste en 2012, donc l'adversaire principal de M. Sarkozy. Incontestable et incontestée, cette victoire ne doit rien au hasard.

Pendant deux ans, en effet, le président du conseil général et député de Corrèze a mûri, pensé, préparé et organisé sa candidature. Solitaire ou presque, au début, mais déterminé à aller au bout de son ambition. Déchargé des contraintes quotidiennes de la gestion du Parti socialiste, qu'il avait dirigé pendant onze ans, mais fort de cette longue expérience et libre de ses mouvements. Déclaré dès le printemps, quand Dominique Strauss-Kahn apparaissait encore comme l'incontournable champion des socialistes. Menant alors campagne méthodiquement, quand sa principale concurrente, Martine Aubry, était empêtrée dans ses ambivalences autant que dans ses obligations de première secrétaire du PS. Parlant déjà au pays, quand elle ne s'adressait encore qu'au parti. Assumant la nécessaire singularité de sa démarche, mais sans rien céder de sa capacité de rassemblement, comme l'ont démontré les ralliements, entre les deux tours de la primaire, des quatre candidats éliminés le 9 octobre.

Cette ténacité et cette cohérence ont donc convaincu les électeurs de gauche que François Hollande est le mieux armé pour affronter et battre Nicolas Sarkozy. Il avait déjà, pour reprendre la typologie de Max Weber, la « légitimité traditionnelle », ancrée dans les longues années passées à la direction du PS. Il bénéficie désormais, grâce à l'onction du suffrage populaire, d'une indéniable et forte légitimité politique.

Il lui reste à conquérir, peu ou prou, deux légitimités supplémentaires. L'une, « rationnelle », est celle de la compétence, que son absence d'expérience gouvernementale ne garantit pas, quoi qu'il en dise. L'autre, « charismatique », est celle de l'aura ou de la gravité d'une personnalité qui s'impose à ses contemporains, au-delà du talent. La campagne de la primaire n'en a pas apporté la démonstration définitive : ainsi, le décalage était flagrant, dimanche soir, entre la solennité engoncée de son discours à l'adresse de tous les Français et la décontraction enjouée de ses déclarations devant ses partisans. Sa mue n'est pas achevée.

Partisan d'une « présidence normale », François Hollande pourrait certainement reprendre à son compte la formule célèbre d'une des figures de la SFIO du début du XXe siècle, Alexandre Bracke-Desrousseaux : « La République n'a pas besoin de surhommes, mais d'hommes sûrs. » Le temps lui est désormais compté – cent quatre-vingt-neuf jours avant le premier tour du scrutin présidentiel – pour démontrer aux Français qu'il est cet « homme sûr ».

C'est impératif pour espérer l'emporter le 6 mai 2012. Car si la distribution des rôles entre les six principaux candidats est désormais connue, le scénario de cette campagne est diablement imprévisible. Jamais, depuis un demi-siècle, une élection présidentielle ne s'est engagée dans un contexte aussi incertain, menaçant, voire périlleux. Même en 1981, au plus fort de la crise économique de l'époque, les candidats, de gauche comme de droite, pouvaient encore croire, ou faire croire, que l'audace et la volonté leur permettraient de relancer la machine économique nationale, sortir de l'ornière et « changer la vie ».

Chacun sait, aujourd'hui, que l'avenir du pays est suspendu à une crise multiforme, complexe, mondialisée, bancaire autant que monétaire, financière autant qu'économique. Personne n'ignore, non plus, que sa résolution dépend pour une bonne part de choix faits à Washington et à Pékin, de décisions prises à Wall Street ou à Shanghaï, d'arbitrages effectués dans les salles de trading ou les agences de notation. Tout le monde devine donc que, dans cette situation, la bataille de la crédibilité sera décisive entre les candidats. A tort ou à raison, Nicolas Sarkozy entend en faire sa carte maîtresse. François Hollande doit convaincre, sur ce terrain d'abord, qu'il est un « homme sûr ».

Enfin, la crise ne dessine pas seulement le profil attendu du futur président de la République. Elle va imposer son rythme et ses crispations à la campagne elle-même. Les candidats sont, dès à présent, engagés dans un épuisant marathon de six mois. Mais ils doivent également être prêts à accélérer brusquement leur course pour réagir aux imprévisibles secousses des marchés et aux « stress tests » qu'ils imposent à tous les responsables politiques. A cet égard, la primaire socialiste n'aura été qu'une aimable mise en jambes.

20 décembre 2011

La leçon de gaullisme des juges de Chirac

La France est un pays d'historiens à la mémoire courte. Quand elle va mal, quand les épreuves s'accumulent, quand le déclin menace, elle se raccroche volontiers à ses mythes, à ses grands hommes et à ses grands mots. Cela lui évite de retracer et d'assumer l'histoire de ses propres responsabilités.

Or, ces temps-ci, la France va mal. Elle n'est pas seule dans le pétrin, certes, mais la consolation est maigre. Il y a peu, l'on nous annonçait une croissance modeste mais encourageante, la décrue du chômage, une dette sous contrôle et une crise européenne en voie de règlement. L'on se rengorgeait, à l'Elysée, du triple A accordé au pays par les agences de notation et l'on se faisait fort de le défendre contre vents et marées.

C'est l'inverse qui se produit : l'Insee prévoit six mois de croissance négative, donc de récession, le chômage menace plus que jamais depuis dix ou douze ans, l'Europe est impuissante à sortir des sables mouvants où elle s'englue. Quant au sacro-saint triple

A, le président de la République lui-même en banalise désormais la perte attendue : « Ce serait une difficulté de plus, mais pas insurmontable. »

L'heure est donc venue d'invoquer les héros tutélaires. Le dernier en date, même s'il commence à dater, fut de Gaulle. « Tout le monde a été, est ou sera gaulliste », lâcha le général, un jour de 1952. La formule est bien dans le style hagiographique de son auteur. Mais elle se vérifie, aujourd'hui encore. Prenez les candidats à l'élection présidentielle. Il en est peu qui résistent à la référence gaullienne. Au moins dans la posture, parfois dans l'imposture.

Le plus récemment déclaré, Dominique de Villepin, n'a pas eu besoin de forcer sa nature pour s'inscrire d'autorité dans cette rhétorique de l'homme providentiel, au-dessus des partis, faisant don de sa personne pour redresser « la France qui souffre ». Au nom, comme il se doit, d'une « certaine idée de la France ».

De même François Bayrou, qui ne prêche plus totalement dans le désert, si l'on en croit les derniers sondages. C'est avec les accents du général qu'il a décrété l'« état d'urgence » face à « la guerre qui menace notre pays, à court terme, dans sa survie, dans sa dignité, dans sa cohésion ». Dans la même veine, il récuse les majorités de droite, injustes, et de gauche, irréalistes, pour en appeler à une « majorité de courage », « centrale » et non plus centriste. Ce recours gaullien n'est pas un mince paradoxe pour un héritier de Jean Lecanuet.

La candidate du Front national, elle-même, n'a pas hésité à enterrer la vindicte, jusque-là inexpiable, de l'extrême droite de papa à l'encontre de celui qui avait bradé l'Empire et l'Algérie française. « De Gaulle avait réussi à rendre au peuple sa fierté », peut assurer Marine Le Pen sans sourciller. Se présentant en « gaulliste social », Nicolas Dupont-Aignan n'a pas besoin de ces acrobaties pour revendiquer un morceau de la vraie croix de Lorraine.

L'on n'aurait garde d'oublier les deux principaux candidats. En 1994, Nicolas Sarkozy voulait « en finir avec le gaullisme et toutes ces vieilles lunes ». Président, il ne manque plus une occasion de rendre hommage au général. Le 9 novembre 2010, pour le 40e anniversaire de sa mort, il avait prononcé à Colombey-les-Deux-Eglises un discours solennel en forme d'autoportrait rêvé : « Jamais homme d'Etat n'avait été plus soucieux de précéder les événements pour ne pas avoir à les suivre. » Un an plus tard, craignant peut-être que ces paroles soient trop évidemment démenties par l'actuelle réalité, il s'est contenté d'un dépôt de gerbe silencieux.

Même François Hollande y est allé de sa citation, lors de son discours d'investiture, le 22 octobre, pour répondre aux sarcasmes sur son « rêve français » : « Me revient une belle phrase d'un ancien président de la République qui avertissait : les gens veulent que leur histoire leur ressemble ou au moins qu'elle ressemble à leurs rêves… C'est Charles de Gaulle qui répond aujourd'hui à la droite. »

Jacques Chirac, aussi, se posait en héritier du général. Il ne manquait pas de titres pour cela. Il fut l'un de ses jeunes ministres entre 1967 et 1969. A partir de 1976, il rebâtit, avec le RPR, un mouvement qui se voulait le continuateur du gaullisme, bataillant sans merci contre Giscard d'Estaing qu'il avait pourtant aidé à entrer à l'Elysée deux ans plus tôt, puis machine de guerre pour reconquérir le pouvoir présidentiel en 1995. Dès lors, douze ans durant, il se montra soucieux par dessus tout de l'unité française (indéniable credo gaulliste), jusqu'à l'immobilisme (ce qui ne l'est plus du tout).

Enfin, et c'est par là qu'il vient d'être rattrapé, Chirac fut aussi l'héritier de la part d'ombre des gaullistes, sinon du général lui-même. Héritier d'une conception du pouvoir d'Etat assez exclusive pour s'en croire propriétaire, en toute impunité. Héritier d'une République que ses adversaires dénoncèrent comme celle des « copains et des coquins », mélangeant les genres sans scrupule, mettant les ressources publiques (en l'occurrence, celles de la Ville de Paris à partir de 1977) au service d'un parti et d'un homme. Héritier enfin d'une longue tradition d'affaires politiques étouffées par des procureurs complaisants et une justice aux ordres.

C'est tout cela que le tribunal correctionnel de Paris a soldé, en quelque sorte, le 15 décembre, en condamnant l'ancien président de la République à deux ans de prison avec sursis, dès lors que « Jacques Chirac a été l'initiateur et l'auteur principal des délits d'abus de confiance, détournements de fonds publics, ingérence et prise illégale d'intérêts ; que sa culpabilité résulte de pratiques pérennes et réitérées qui lui sont personnellement imputables, etc. »

Jugement trop tardif d'un vieil homme désormais affaibli, ont regretté, à l'unisson, les responsables de la majorité. On peut comprendre la tristesse de ceux qui lui sont attachés. Cela n'autorise pas une mémoire aussi commodément sélective, qui efface les très longues années d'une bataille incessante, obstinée, acharnée et pour tout dire choquante de Jacques Chirac et de ses conseils pour freiner les enquêtes, retarder l'instruction et tenter d'esquiver la justice.

« Jacques Chirac a manqué à la probité qui pèse sur les personnes publiques chargées de la gestion des fonds ou des biens qui leur sont confiés, cela au mépris de l'intérêt général », conclut ce jugement. Très gaullien.

24 janvier 2012

François Hollande à l'épreuve du Bourget

Dans le combat politique, comme dans toute compétition, c'est une erreur – une faute même – de sous-estimer l'adversaire. Ainsi, depuis des semaines, le président de la République et ses conseillers sont persuadés, ou veulent se convaincre, que François Hollande va « s'effondrer ».

Le candidat socialiste a beau être placé nettement en tête du premier tour et largement vainqueur du second dans toutes les enquêtes d'intentions de vote, ils n'en démordent pas : cette avance est aussi illusoire que provisoire. Bientôt, pronostiquent les augures élyséens, « les courbes vont s'inverser ». Comment pourrait-il en être autrement quand les plus aimables d'entre eux assurent que M. Hollande n'a pas l'étoffe présidentielle, tandis que les autres le jugent tout simplement « nul ».

Les semaines passent, pourtant, et le candidat Hollande ne s'effondre pas. Il est redescendu, certes, des sommets improbables où l'avaient propulsé sa désignation à la mi-octobre 2011 au terme de la primaire

« citoyenne ». Mais il continue à flirter avec la barre des 30 % d'intentions de vote quand, au contraire, le président sortant s'érode et s'effrite, en dépit des initiatives tous azimuts qu'il a lancées depuis le début de l'année.

Chacun attendait donc avec impatience le grand meeting de François Hollande au Bourget, le 22 janvier, premier véritable temps fort de sa campagne. La droite escomptait qu'il ne serait pas à la hauteur de ce rituel initiatique de toute campagne présidentielle. Avant lui, en 2002 comme en 2007, Lionel Jospin et Ségolène Royal n'avaient-ils pas, chacun à sa manière, manqué leur entrée dans l'arène ?

Beaucoup, à gauche, le redoutaient, tant le candidat socialiste était apparu, depuis sa victoire dans la primaire, comme attentiste, irrésolu, ballotté par les cafouillages répétés de son équipe. Conforme, en quelque sorte, à l'image du candidat mou et flou que ses concurrents de la primaire avaient pointée sans aménité et que ses adversaires, à droite comme à gauche, avaient ensuite relayée à l'envi.

Trois défis attendaient M. Hollande au Bourget : séduire, rassembler, convaincre. Autant le dire simplement : il les a relevés. Evidemment, un tel rassemblement militant – 20 000 personnes autour de leur champion – est, presque par définition, enthousiaste et fervent. Donc aisément trompeur. Tout aussi évidemment, un tel meeting ne fait pas le printemps et ne scelle pas le sort d'une élection. Mais une chose est sûre, désormais : ce n'est pas sur cette épreuve-là que le candidat socialiste aura buté ; il y a, au contraire, trouvé l'élan indispensable, individuel et collectif.

Séduire, d'abord. Depuis des mois, François Hollande apparaissait comme le candidat le mieux à même de battre le président sortant, comme le candidat d'un rejet davantage que d'un projet. Compte tenu du discrédit compact dont souffre le chef de l'Etat, c'était et cela reste un atout essentiel mais non suffisant. L'enjeu du Bourget était donc clair : entretenir la volonté largement partagée de tourner la page Sarkozy, mais la dépasser pour faire naître un vrai désir de changement.

C'est affaire de charisme personnel, tant l'élection présidentielle suppose, d'abord, la rencontre d'un homme (ou d'une femme) et du pays, selon la vulgate gaullienne. Bien des postulants n'ont pas su, selon l'expression de Lionel Jospin en 1995, « fendre l'armure ». François Hollande a indéniablement trouvé les mots, au Bourget, pour parler de lui – son histoire, son parcours, son ambition de « servir » – et de la France, du « rêve » qu'elle incarne et qui « n'appartient pas qu'à la gauche ».

Rassembler, ensuite, car c'est la condition de la victoire. Rassembler les socialistes, bien sûr. Lionel Jospin, en 2002, avait cru possible et habile de faire campagne sans le PS, sur un projet qui n'était « pas socialiste », avait-il imprudemment affirmé. On sait ce qu'il en advint. En 2007, Ségolène Royal avait imposé sa candidature contre le PS, ou presque, tant elle y suscitait de méfiance. Cette distance l'avait irrémédiablement handicapée.

Depuis sa désignation, François Hollande semblait faire campagne sous le PS, dominé par ses turbulences feutrées, prisonnier de ses équilibres instables.

On l'a constaté, il y a quelques jours encore, lorsque « volontaristes » et « réalistes » se sont empoignés publiquement sur l'une de ses mesures phare, la création en cinq ans de 60 000 postes dans l'éducation nationale. Au Bourget, le candidat socialiste – et qui le revendique – s'est imposé à son parti. Cela reste à confirmer dans les trois mois à venir, mais le cap est fixé et l'autorité affirmée.

Au-delà des socialistes, François Hollande s'est en outre employé à rassembler la gauche, faisant de l'égalité et de la justice les principes cardinaux de son action, pointant « le monde de la finance » comme son adversaire principal et se posant en futur « président de la fin des privilèges ». Jean-Pierre Chevènement a d'ailleurs salué « un discours de gauche, authentique et sincère », tandis qu'Eva Joly, la candidate écologiste, le jugeait « chaleureux et argumenté ». Même Jean-Luc Mélenchon ne saurait, logiquement, y trouver à redire !

Convaincre, enfin. Qu'une autre politique est possible que celle mise en œuvre par l'actuel président. Que l'on peut combattre et surmonter la crise sans renoncer à rétablir, en cinq ans, l'équilibre des finances publiques. Qu'il ne s'agit pas de remplacer une austérité de droite par une austérité de gauche, comme dirait Henri Emmanuelli. Qu'enfin, l'on peut répondre aux attentes des Français avec sérieux, sans leur promettre la lune. Chacun pourra juger sur pièces, jeudi, lors de la présentation détaillée et chiffrée de son projet par le candidat socialiste. Mais il en a habilement dévoilé les grandes lignes au Bourget, pour mieux faire baisser l'attente et la pression.

François Hollande a donc franchi une étape importante. Cela ne garantit nullement sa victoire future, tant la campagne sera longue et rude. Mais cela ne présage certainement pas de l'effondrement prochain espéré à l'Elysée. Gageons, au contraire, qu'il aura, au Bourget, consolidé sa position de favori, imposé ses thèmes, marqué l'agenda. Et renvoyé sur les autres candidats le poids de l'imprévisible.

14 février 2012

M. Sarkozy face à ses contradictions

Nicolas Sarkozy a été élu président de la République, en 2007, au terme d'une campagne remarquable. Un modèle du genre, alliant charisme, énergie et « vista ». Cet éclatant succès a fait de lui, à ses propres yeux comme à ceux de ses amis – voire de ses adversaires –, une sorte de magicien électoral, présumé capable de toutes les conquêtes.

Peu importe que son camp ait perdu, souvent lourdement, les scrutins municipaux, régionaux, cantonaux et sénatoriaux qui sont intervenus depuis. Ses avocats plaident qu'il s'agissait d'élections intermédiaires et locales, dans lesquelles il n'était pas en première ligne. Quand viendra la joute présidentielle, assurent-ils, Nicolas Sarkozy fera à nouveau la démonstration de son talent, capable de bousculer, de surprendre et de convaincre. Nous y sommes : le champion s'engage dans l'arène cette semaine.

Peut-il renouveler sa performance de 2007 ? S'il y parvenait, ce serait un authentique exploit, tant sa situation actuelle paraît compromise. A soixante-dix jours du premier tour, en effet, il est à la fois victime d'une hésitation tactique et d'une impasse stratégique. La mise en scène de son impatience à en découdre cache mal l'urgence inquiète qui est désormais la sienne.

L'hésitation tactique, d'abord. Le chef de l'Etat est, en, principe, le maître du temps politique. Son entrée en campagne précipitée témoigne qu'il en a perdu le contrôle depuis quelques semaines. Il y a peu encore, le président assurait qu'il était là pour présider et que sa responsabilité était de s'occuper jusqu'au bout des affaires du pays. Son entrée en campagne viendrait plus tard, dans la seconde quinzaine de mars, assurait l'Elysée.

Ce calendrier parachevait logiquement tout le travail de « représidentialisation » engagé depuis plus d'un an pour tenter de faire oublier son début de mandat. Après les foucades, les rodomontades et les incartades, M. Sarkozy avait endossé le costume austère du « président protecteur », puis, quand la dépression européenne s'est à nouveau creusée à l'été 2011, du capitaine courageux face à la tempête de la crise.

La brutale accélération du calendrier revient à admettre que cette posture n'est plus tenable. Parce qu'elle n'est ni crédible ni efficace. Ces dernières semaines, plus personne n'était dupe de ce président dont tout propos ou initiative était si évidemment inspiré par le candidat à venir. Au point d'être accusé de mélanger les genres et de faire campagne aux frais de l'Elysée.

Mais surtout, cela n'a en rien modifié le jugement des Français sur leur président. Quoi qu'il fasse et dise depuis des mois, il n'est parvenu ni à retrouver leur confiance ni à susciter une attente. Les intentions de vote en sa faveur pour le premier tour restent désespérément « scotchées » entre 22 % et 25 %, quatre à six points derrière le candidat socialiste. Plus encore, de façon invariable depuis un an, tous les sondages annoncent une victoire écrasante du champion de la gauche au second tour, avec des scores inédits sous la Ve République. On n'en restera évidemment pas là et les écarts se resserreront. Mais cela témoigne de la volonté manifeste, chez une claire majorité d'électeurs, de tourner la page Sarkozy.

Sauf à laisser François Hollande consolider patiemment sa position de favori, il était donc urgent pour le président sortant de réagir. Il le fait en fonçant brusquement et en donnant un vigoureux coup de barre à droite. Tant pis pour le président protecteur. Vive le candidat provocateur ! Il est certain que ce dernier rôle est bien davantage dans sa nature et sa manière, quand le précédent relevait par trop du contre-emploi.

A peine ce mouvement engagé, s'est immédiatement dessinée l'impasse stratégique devant laquelle il est placé. Nicolas Sarkozy est pris, en effet, dans une double tenaille dont il va lui être difficile de desserrer l'étau.

La première difficulté est celle de tout « sortant », surtout quand l'action menée pendant un mandat n'a pas produit les résultats promis à l'origine : convaincre d'un projet quand tout renvoie au bilan et que celui-ci, à tort ou à raison, est jugé de façon négative. L'échappatoire est classique. Elle consiste à placer le débat sur le terrain des valeurs pour tenter de faire oublier les problèmes.

C'est à quoi s'est employé Nicolas Sarkozy dans son entretien inaugural au *Figaro Magazine*. Sans surprise, puisqu'elles étaient déjà affichées comme telles en 2007, « travail, responsabilité et autorité » sont posées comme les valeurs sur lesquelles il entend (re)fonder son action.

L'exercice est périlleux. D'une part les Français semblent, pour l'heure, lui préférer un autre triptyque – égalité, justice, solidarité –, défendu par le candidat socialiste. D'autre part, la traduction de ces principes en propositions risque fort de se retourner contre leur initiateur, comme on le voit avec la réforme esquissée de l'assurance-chômage, que M. Sarkozy envisage de soumettre à un référendum. Indépendamment même du choix de cette procédure, les objections sont inévitables : pourquoi ne pas l'avoir fait plus tôt, si c'était aussi déterminant ? Le problème essentiel n'est-il pas le chômage, plutôt que les chômeurs ?

La seconde tenaille qui enferme le chef de l'Etat est politique : comment séduire l'électorat le plus droitier sans faire fuir les centristes, et vice versa ? Comment se défendre, à la fois, de la concurrence de Marine Le Pen et de celle de François Bayrou ?

En reprenant à son compte les thématiques de la candidate du Front national – sur les chômeurs « assistés » et les dangers de l'immigration –, Nicolas Sarkozy a clairement indiqué quelle est, à ses yeux, la menace principale. La réaction immédiate du président du MoDem, appelant les « humanistes » à s'opposer à cette « dérive inquiétante et pernicieuse », démontre qu'il risque de perdre d'un côté ce qu'il espère gagner de l'autre. Or, comme en 2007, il a besoin de bons reports, au second tour, de ces deux électorats pour avoir la moindre chance de l'emporter. Cruel dilemme.

Enfin, en passant à l'offensive comme il le fait, en annonçant une campagne de harcèlement permanent, Nicolas Sarkozy fait resurgir le personnage vibrionnant, intempestif et brutal dont les Français se sont lassés. C'est sa seule chance de déjouer les pronostics. Mais ce n'est pas la moindre de ses contradictions.

20 mars 2012

Les trois étages de la fusée Mélenchon

Toutes les références de la geste républicaine y étaient : la Bastille, bien sûr, et cette Révolution française – celle de 1789 comme celle de 1793 – dont il se repasse le film depuis toujours ; la Commune, déclenchée par le peuple de Paris contre la bourgeoisie versaillaise un 18 mars déjà, celui de 1871 ; 1936, le Front populaire et *Le Temps des cerises* ; de manière implicite, enfin, 1981 et la victoire de François Mitterrand, que la gauche était venue fêter au même endroit.

Une fois n'est pas coutume, pourtant : devant les dizaines de milliers de ses partisans rassemblés, ce dimanche 18 mars, place de la Bastille à Paris, Jean-Luc Mélenchon a fait un mauvais discours. Trop gaullien dans le ton, trop mécanique sur le fond, trop court pour être pédagogue, trop solennel pour être mordant. Comme si le moment singulier et la symbolique du lieu l'avaient par trop surplombé. Comme si le succès même de ce rassemblement l'impressionnait, lui qui entend n'avoir peur de rien, y compris de ses propres rêves.

En effet, à cinq semaines du premier tour de l'élection présidentielle, le candidat du Front de gauche paraît, pour la première fois, en mesure de réussir son pari : fédérer toutes les tribus à la gauche du Parti socialiste, depuis le vieux socle hercynien communiste jusqu'aux trotskistes en mal de dynamique unitaire en passant par les altermondialistes privés de champion(ne) ou les « nonistes » du référendum européen de 2005, frustrés depuis sept ans de cette mobilisation inédite.

Bref, redonner voix à cette gauche plus rouge que rose, radicale ou protestataire, intellectuelle ou prolétaire, qui reste l'un des traits distinctifs de notre paysage politique. Sans remonter aux temps lointains où le PCF était le premier parti de France, ce courant pesait encore près de 14 % des voix en 1995 (partagés entre la trotskiste Arlette Laguiller et le communiste Robert Hue) et en 2002 (partagés entre trois trotskistes et Robert Hue) ; en 2007, il s'était tassé, avec 9 % émiettés sur cinq candidats (trois trotskistes, la communiste Marie-George Buffet et l'altermondialiste José Bové).

C'est cet étiage que retrouve, aujourd'hui, Jean-Luc Mélenchon : les enquêtes indiquent qu'il a franchi la barre des 10 % d'intentions de vote.

A ce constat, ajoutons deux nuances qui ne sont pas mineures. D'une part, il fédère, à lui seul, la quasi-totalité de ce vote radical ; après la retraite d'Arlette Laguiller et le retrait d'Olivier Besancenot, les deux candidats trotskistes – Nathalie Arthaud pour Lutte ouvrière et Philippe Poutou pour le Nouveau Parti anticapitaliste – sont crédités de moins de

1 % chacun. D'autre part, il est porté par une indéniable dynamique : en quelques mois, il a doublé le nombre de ses supporteurs et rien ne lui interdit d'espérer progresser encore.

Le moins que l'on puisse dire est que ce n'était pas gagné. Lorsqu'il claque la porte du PS, à l'automne 2008, pour créer le Parti de gauche, son entreprise paraît plus qu'improbable. A la gauche du PS, c'est le Nouveau Parti anticapitaliste d'Olivier Besancenot, alors en voie de gestation, qui a le vent en poupe. Quant à la gauche « plurielle », elle semble le théâtre d'une profonde redistribution des cartes : le Parti communiste, assommé par le score de Mme Buffet en 2007 (1,9 %), paraît condamné à céder aux Verts le rôle de partenaire principal des socialistes, avec qui ils font jeu égal (16 %) aux européennes de 2009.

C'est pourtant Jean-Luc Mélenchon qui ramasse, aujourd'hui, cette mise. Il est vrai qu'il a montré, en l'occurrence, autant de détermination que de talent politique. Il en fallait à cet ancien trotskiste, socialiste pendant trente ans et ex-ministre de Lionel Jospin, pour convaincre les communistes – au terme d'une primaire remportée haut la main – de les représenter à l'élection présidentielle, une première depuis 1974.

La chance souriant aux audacieux, il n'en a pas manqué. A peine sa désignation acquise, il voit sortir de scène, carbonisé par dix années d'intense activisme, un sérieux concurrent en la personne d'Olivier Besancenot, qui incarnait depuis 2002 une radicalité percutante. Mieux, au même moment, les Verts désignent, pour porter leurs couleurs, une novice en politique, Eva Joly, dont la campagne, chaque semaine plus pathétique, laisse en déshérence une bonne partie de l'électorat écologiste. « L'indigné en chef de l'élection présidentielle » – la formule est d'Alain Duhamel – n'en demandait pas tant !

Reste à Jean-Luc Mélenchon à trouver le moyen d'allumer le troisième étage de sa fusée. Le premier, le Parti de gauche, lui a permis d'exister. Le deuxième, le Front de gauche, constitué avec les communistes et des trotskistes en rupture de ban, lui a offert la candidature présidentielle. Le troisième, annoncé à la Bastille comme une « insurrection citoyenne », est censé transformer la dynamique électorale en projet politique.

27 mars 2012

Sisyphe heureux… ou malheureux

Albert Camus est, décidément, bien utile aux hommes politiques. Assez consensuel, à première vue, pour que Nicolas Sarkozy ait songé, il y a trois ans, à transférer sa dépouille au Panthéon.

Assez imagé, également, pour que François Hollande, lors de sa visite récente au Salon du livre, ait comparé les épreuves qu'il traverse à celles de Sisyphe, poussant inlassablement son rocher. Il y eut bien un petit moment de flottement quand on lui rappela que ce pauvre Sisyphe n'arrivait jamais à ses fins et que le rocher en question redévalait invariablement la montagne quand approchait le sommet. Ce n'était pas du meilleur augure. Camus lui sauva la mise : « Il faut imaginer Sisyphe heureux. »

Sisyphe heureux, donc. Après tout, l'image n'est pas mauvaise, même si l'on doute que le candidat socialiste s'imagine en « héros absurde ». Voilà plus d'un an, en effet, que le député de la Corrèze s'est lancé à la conquête de l'Elysée. Plus d'un an que, contre vents et marées, le plus souvent sourire aux lèvres, il a pris la tête de ce marathon. D'abord contre ses concurrents socialistes et, depuis six mois, contre ses adversaires de tous bords, à commencer par le champion de la droite et président sortant, Nicolas Sarkozy.

Au point que l'on s'interroge : à un mois du premier tour de l'élection présidentielle, à six semaines du second, quel événement pourrait remettre en cause cette prééminence, enrayer cette chronique d'une victoire annoncée ?

Depuis un an, au fil d'innombrables discours, interviews et confidences, M. Hollande aurait pu trébucher, commettre une de ces bourdes qui déstabilisent un candidat, révèlent une faille, donnent prise aux adversaires et font changer l'espoir de camp. Lionel Jospin en fit l'amère expérience, en 2002, lorsqu'il s'avisa de brocarder Jacques Chirac « vieilli, usé et fatigué », et réveilla d'un coup ce vieil animal politique. Rien de tel chez l'actuel candidat socialiste : il ne paye pas de mine, mais il ne fait pas de fautes.

Depuis des semaines, notamment depuis l'entrée en campagne de Nicolas Sarkozy, les attaques contre lui ont été incessantes, les mots et les coups lâchés pour faire mal. « Menteur », « Tartuffe », « matraqueur fiscal » a canonné le président sortant. Samedi 24 mars encore, à Rueil-Malmaison (Hauts-de-Seine), il a accusé son adversaire de « tergiverser, hésiter, esquiver, finasser ». Rien ne semble y faire : imperturbable, Hollande refuse ce combat de rue, et de coqs. Cette attitude aurait pu être jugée timorée ; ce sont ses détracteurs qui apparaissent agressifs et, jusqu'à présent, en sont pour leurs frais.

La semaine passée, encore, les drames de Toulouse et de Montauban auraient pu dérouter le candidat « normal », confronté brutalement à un événement anormal, exceptionnel même. Le président ne se trouvait-il pas replacé d'un coup en première ligne, en charge de l'essentiel, la sécurité du pays, un terrain où les Français lui reconnaissent quelques mérites ? Sans se démonter, le candidat PS a collé au chef de l'Etat avec la gravité de rigueur. Mieux, à deux reprises – le mardi en annonçant qu'il suspendait sa campagne, le jeudi en saluant le dénouement de l'affaire –, il a pris de vitesse son adversaire. Hollande plus réactif que Sarkozy, on aura tout vu !

Bref, rien ne semble entamer la détermination de M. Hollande. L'Histoire, bien sûr, n'est jamais écrite à l'avance. Il n'empêche, elle résulte des mouvements de fond du pays et de l'opinion. Et ceux-ci jouent contre le président sortant, autant qu'ils portent son adversaire socialiste. Les sondages d'intentions de vote, si décriés mais si précieux, en témoignent.

Certes, cinq semaines après son entrée en campagne, Nicolas Sarkozy a rattrapé son retard sur François Hollande, dont le capital s'est érodé de 2 à 3 points. Les deux hommes sont désormais au coude-à-coude, autour de 28 %. Sous l'effet du drame toulousain, le candidat de l'UMP peut espérer devancer celui du PS, si toutefois les doutes exprimés par M. Bayrou, Mme Le Pen ou des responsables socialistes – n'était-il pas possible d'arrêter vivant Mohamed Merah ? Sa surveillance et celle de son frère ont-elles été suffisantes ?, etc. – ne viennent pas empoisonner les jours prochains.

Mais l'évidence est là : à l'heure actuelle, malgré les ralliements de Christine Boutin et d'Hervé Morin, et malgré l'absence de Dominique de Villepin, l'étiage de Nicolas Sarkozy est très faible. Il l'est d'autant plus que, à l'exception de Nicolas Dupont-Aignant, le président sortant est le seul candidat de droite. Pour le second tour, il ne dispose d'aucune réserve naturelle de voix et ne peut compter que sur les reports aléatoires des électeurs centristes et lepénistes.

Or, dans le même temps, François Hollande bénéficie non seulement d'un score personnel élevé, mais d'une poussée de la gauche très significative. Selon toutes les enquêtes, l'ensemble des candidats de gauche est aujourd'hui crédité de 44 % à 46 % des intentions de vote au premier tour. C'est 8 à 10 points de mieux qu'en 2007. Le désir d'alternance est inscrit dans ces chiffres.

Quant aux intentions de vote pour le second tour, elles traduisent un resserrement de l'écart entre M. Hollande (54 %) et M. Sarkozy (46 %). Or, depuis l'instauration de la présidentielle, jamais un candidat annoncé en tête à un mois du scrutin, surtout avec une telle avance, n'a vu la victoire lui échapper.

La campagne n'est pas terminée, dira-t-on à juste titre, et bon nombre d'électeurs se décident dans les dernières semaines, voire les derniers jours. Mais, là encore, les vents sont contraires pour le chef de l'Etat. Car les questions qui préoccupent les Français et sur lesquelles ils attendent des réponses ne font pas de doute : il s'agit en priorité de l'emploi et de la précarité, du pouvoir d'achat, du logement, de l'éducation, de la santé, des retraites et du niveau des impôts.

Or sur tous ces sujets, la crédibilité de François Hollande est très largement supérieure à celle de Nicolas Sarkozy.

Il ne fait pas de doute non plus que le chef de l'Etat se battra jusqu'au bout, et, s'il n'en reste qu'un pour croire en ses chances, il sera celui-là. Mais plus le temps passe, plus il est manifeste qu'il ne parvient ni à enchanter à nouveau le pays, ni à déstabiliser un adversaire insaisissable et qu'il continue à trop sous-estimer pour pouvoir le comprendre, donc le combattre efficacement. Nicolas Sarkozy, tel Sisyphe, mais un Sisyphe malheureux.

24 avril 2012

« Tout se passe comme je l'avais prévu », disait-il

Depuis sa brillante élection en 2007, Nicolas Sarkozy s'est employé à entretenir son image de magicien électoral. Balayant d'un revers de main les échecs sévères de son camp dans tous les scrutins locaux organisés depuis quatre ans, il voulait croire, et faire croire, qu'il n'en serait pas de même à l'élection présidentielle, ce rendez-vous singulier avec l'ensemble des Français. Son talent, son énergie et sa vista auraient raison de l'adversité, assurait-il avec son aplomb coutumier.

Ainsi, depuis des mois, le chef de l'Etat a répété, à qui voulait l'entendre, qu'il déjouerait les sombres pronostics des sondeurs. Avec cette phrase-talisman, assénée à tous ses visiteurs, convaincus ou dubitatifs : « Tout se passe comme je l'avais prévu. » Hélas pour lui, tout ne s'est pas exactement passé ainsi. Fût-elle présidentielle, la pensée magique s'est heurtée à la réalité du pays, de ses inquiétudes, de ses déceptions, de ses colères.

Qu'avait prévu, en effet, le grand sorcier de l'Elysée ? Tout d'abord, comme en 2007, une stratégie entièrement centrée sur la dynamique d'un premier tour réussi. Il est vrai que la démonstration avait été imparable, il y a cinq ans : arrivé nettement en tête avec 31 % des suffrages, Nicolas Sarkozy avait assommé la concurrence et assez distancé la candidate socialiste, Ségolène Royal, pour aborder le second tour en position de force.

Le président-candidat s'est donc employé, depuis des mois, à créer les conditions nécessaires pour réaliser le meilleur score possible au soir du 22 avril. Avec ténacité et efficacité, il a ainsi dissuadé toutes les candidatures qui auraient pu encombrer sa route et l'affaiblir. A l'exception du souverainiste Nicolas Dupont-Aignan, tous les postulants éventuels ont jeté l'éponge, depuis le radical Jean-Louis Borloo jusqu'au centriste Hervé Morin, en passant par Christine Boutin et Dominique de Villepin, tandis que le « chasseur » Frédéric Nihous avait été rallié dès l'automne 2009.

La voie était donc dégagée. Mais cela n'a pas suffi. Loin de là. Avec 27 % des suffrages, le candidat de l'UMP n'arrive qu'en deuxième position, derrière le socialiste François Hollande. Pour un président sortant, qui n'a cessé de faire valoir son expérience de la fonction face à un adversaire supposé inexpérimenté, le camouflet est rude et le symbole cruel.

Il l'est d'autant plus que, ayant fait le vide autour de lui, Nicolas Sarkozy ne dispose d'aucune réserve « naturelle » de voix en vue du second tour. Avec 27 % des suffrages, il réalise le plus mauvais score de la droite parlementaire sous la Ve République. Même en 2002, Jacques Chirac n'avait certes pas franchi la barre des 20 %, mais il pouvait compter sur le renfort d'Alain Madelin, de Christine Boutin, de Corine Lepage, de Jean Saint-Josse et même de François Bayrou, qui n'avait pas encore complètement rompu les amarres avec la droite. Cette fois-ci, le roi est nu.

« Tout se passe comme je l'avais prévu », disait-il encore, en estimant avoir écarté la menace du Front national. On sait que, en 2007, l'OPA lancée et réussie sur les électeurs lepénistes avait puissamment contribué à la victoire finale de Nicolas Sarkozy. Fort de ce précédent, le chef de l'Etat n'a pas lésiné sur les moyens pour rééditer cette année une opération de « siphonnage » similaire. Tout a été fait pour séduire, une nouvelle fois, les électeurs tentés par l'extrême droite : une campagne engagée à droite toute, menée par un candidat autoproclamé « du peuple » contre « les élites », vigoureusement centrée sur les thèmes de l'insécurité comme sur les dangers et la maîtrise de l'immigration. Et, pour ceux qui ne seraient pas convaincus, une mise en garde répétée sur l'inutilité d'un vote en faveur de Marine Le Pen.

Le résultat du scrutin sanctionne, brutalement, l'échec de cette stratégie. Loin de se détourner de la candidate du FN, les électeurs l'ont soutenue comme jamais : non seulement elle réalise, avec 18 % des voix, un score supérieur à celui qui avait permis à son père de se qualifier pour le second tour le 21 avril 2002. Mais, surtout, elle rassemble 6,4 millions de voix, soit un million de plus que le total des voix de l'extrême droite (Jean-Marie Le Pen et Bruno Mégret) il y a dix ans.

Tout se passe comme si, loin d'« assécher » le Front national, Nicolas Sarkozy avait, en réalité, banalisé et déculpabilisé en quelque sorte ses idées et ses propositions. Au point que nombre d'électeurs ont, à l'évidence, « préféré l'original à la copie », selon l'espoir maintes fois formulé par Jean-Marie Le Pen.

Le troisième pari du chef de l'Etat était de tout faire pour éviter le référendum anti-Sarkozy qui s'annonçait. Il est vrai que son bilan, plombé par la crise autant que par ses choix, son mode de gouvernement, son style personnel même, menaçaient de coaliser contre lui tous les mécontentements. Il s'est donc efforcé de jouer sur tous les tableaux : président expérimenté, protecteur et crédible d'un côté, intrépide challenger contre « le système », de l'autre.

Les électeurs n'ont pas été dupes. Depuis cinq ans, trop de promesses ont tué la promesse ; et cinq années de postures sans cesse changeantes semblent bien avoir vacciné les Français : ils connaissent trop, désormais, les trucs du magicien Sarkozy pour s'y laisser prendre. Comme s'en est plaint le chef de l'Etat avant le premier tour, c'est bien un match à neuf contre un qui s'est joué le 22 avril. A son détriment.

Reste le dernier espoir présidentiel, caressé depuis des semaines et martelé par ses partisans dimanche soir : avec l'entre-deux- tours, s'engagerait une tout autre campagne, dominée par la confrontation directe avec le candidat socialiste, dont le chef de l'Etat espère bien sortir vainqueur. On peut douter cependant que cette ultime « prévision » se réalise davantage que les précédentes, tant le rejet du président sortant et le désir d'alternance paraissent puissants.

Si tel est le cas, le risque est ailleurs : que le vote des Français, le 6 mai, conduise à une « désélection » du président sortant – selon la formule de Pierre Rosanvallon, qui entend par là un choix contraint, par défiance et par défaut –, plus qu'à une élection du candidat socialiste. Il revient à François Hollande de lever cette hypothèque, qui pèserait terriblement, s'il est élu, sur sa capacité à affronter les défis qui l'attendent.

2 mai 2012

François Hollande ou l'anti-héros

« Quelle histoire ! », avait lâché François Mitterrand, le 10 mai 1981, lorsqu'il eut confirmation de son élection à la présidence de la République. François Hollande pourra reprendre le mot à son compte s'il l'emporte, à son tour, le 6 mai.

Quelle histoire, en effet ! Il y a un an, presque jour pour jour, le 27 avril 2011, le candidat socialiste réunissait son premier meeting de campagne. Dans le théâtre de Clichy-la-Garenne, en banlieue parisienne, le décor était minimaliste, l'organisation artisanale, le slogan encore tâtonnant (« La France en avant »). Mais le cap était déjà fixé. L'élection présidentielle, avait-il lancé à quelques centaines de supporteurs, sera « une course d'obstacles, un long chemin. Ce chemin commence aujourd'hui ».

De fait, tous les thèmes de celui qui n'était encore que candidat à la candidature ont été posés ce jour-là. La « crise morale du pays », miné par « le doute, la défiance, les divisions » et « l'arrogance des puissants ». L'échec du président sortant qui « avait tant promis et aura si peu tenu ». Le risque de voir la droite « converger » avec l'extrême droite, à coups de « surenchères »… Ce n'était pas mal vu.

Quant aux solutions, elles n'ont pas varié. « Renouer avec le rêve français », qui n'est autre que « la promesse républicaine ». Engager l'effort nécessaire pour redresser les finances publiques, à condition que cela passe par la « justice fiscale ». Sans oublier le pacte productif, le contrat de génération, la République exemplaire, enfin le « président normal » qu'il entendait incarner et définissait ainsi : « Tenir son cap, garder ses nerfs, éviter foucades et caprices ; voir loin et tenir bon plutôt que parler fort et céder vite. »

« Quand la gauche rencontre la France, elle rencontre la victoire », avait conclu François Hollande, il y a un an. La formule a été répétée, mot pour mot, dimanche 29 avril à Paris, au Palais omnisports de Bercy, devant quelque 20 000 partisans enthousiastes.

Ce rappel est diablement instructif. Tout a changé, en effet, depuis douze mois : l'outsider est devenu le favori ; le « capitaine de pédalo » (dixit Jean-Luc Mélenchon) a remporté haut la main la primaire socialiste ; le candidat que Nicolas Sarkozy jugeait « nul » a réuni plus de 10 millions de voix au soir du premier tour et devancé le président sortant ; et celui que bon nombre de ses amis socialistes jugeaient trop « mou » ou trop « flou » pour endosser le costume présidentiel est désormais à quelques jours d'une victoire annoncée, sinon acquise.

Tout a changé, donc. Sauf lui, qui n'a pas dévié d'un pas du chemin qu'il s'était tracé ni de l'analyse faite, de longue date, de la situation et des attentes du pays. C'est ce qui a fait sa force.

Le pari n'était pas gagné. L'élection présidentielle, en effet, n'est supposée s'offrir qu'à des candidats dotés de qualités remarquables, exceptionnelles même, dont le candidat socialiste n'a pas fait étalage. Elle requiert, en principe, une ambition hors du commun, sacrifiant tout à cet unique objectif. François Hollande n'en manque évidemment pas, mais, comme il le dit lui-même, il n'a pas « l'obsession du pouvoir pour le pouvoir » ; pis, son indéniable sens de l'humour témoigne plutôt d'un détachement qui aurait pu, ou dû, être rédhibitoire.

Cette élection suppose également une solide expérience des affaires de l'Etat. Ses adversaires n'ont pas manqué de brocarder la minceur de ses états de service en la matière, quand bien même il connaît la France mieux que beaucoup, pour l'avoir sillonnée depuis trente ans, dont onze à la tête du Parti socialiste. Elle réclame enfin, en théorie, un charisme de nature à séduire la France, à faire rêver les Français, à les persuader que « tout est possible » ou que l'on peut « changer la vie »... Or le candidat socialiste n'a cessé de mettre en garde contre ces euphories fugaces et ces utopies sans lendemain, pour leur préférer « un espoir calme et lucide ».

Depuis quarante ans, l'on avait connu deux cas de figure : le jeune guerrier audacieux et impétueux (Giscard d'Estaing et Sarkozy) ou le vieux guerrier revenu de toutes les défaites pour l'emporter enfin (Mitterrand et Chirac). François Hollande incarne une figure inédite : celle de l'anti-héros. Le risque était de décevoir, cela a fini par convaincre.

Pour trois raisons. La première tient au caractère de l'homme, resté de bout en bout fidèle à lui-même, sans chercher à forcer sa nature. « Je ne m'exhibe pas, ce que vous voyez ici, c'est ce que je suis », avait-il lancé au Bourget, le 22 janvier. A Bercy, dimanche, il a à nouveau souligné cette cohérence, sans craindre d'anticiper sur sa victoire : « La campagne que j'ai voulu mener doit ressembler à la prochaine présidence, volontaire, digne, rassembleuse. »

La deuxième raison a été souvent résumée, d'une drôle de formule, par le candidat socialiste, depuis qu'il s'est engagé dans l'aventure : « Je corresponds à un moment. » Un moment caractérisé par le désenchantement à l'égard de la politique, de ses impuissances ou de ses cynismes. Et surplombé par la crise économique dont les Français ont bien compris qu'elle laisse peu de marge de manœuvre aux gouvernants et appelle plus de prudence et de ténacité que de flamboyance et de moulinets.

L'ultime raison, enfin, tient moins à M. Hollande qu'à son adversaire : le président sortant lui a considérablement facilité la tâche. Bien sûr, parce qu'il souffre d'une image très dégradée dans le pays et d'un désir d'alternance qui a balayé tous les gouvernements sortants en Europe depuis trois ans.

Mais surtout parce qu'il a mené une campagne qui a valorisé, en tous points, celle du candidat socialiste. Plus Nicolas Sarkozy s'est posé en challengeur contre le favori socialiste, plus il a consolidé la position de ce dernier, jusqu'à lui permettre, la semaine passée, de tenir une conférence de presse déjà très présidentielle. Plus le président sortant a multiplié les attaques et laissé libre cours à son agressivité, plus il a mis en valeur le calme et la solidité de son adversaire. Plus il a cherché à « cliver », comme il dit, plus il a perdu en crédibilité et en capacité de rassembler. Plus il a tenté de « draguer » les électeurs du Front national, plus il a libéré l'espace du centre, où se gagne, au bout du compte, l'élection présidentielle. Cruels contrastes !

Bref, si François Hollande s'est donné tous les moyens de gagner cette élection, Nicolas Sarkozy aura tout fait pour la perdre.

26 juin 2012

Les trois défis de la droite

Au lendemain d'une défaite électorale, c'est la loi du genre : dans le camp battu, chacun s'interroge sur les raisons de l'échec, sur la pertinence de la stratégie et sur les responsabilités en cause. Disons, par euphémisme, que cet inventaire est plus souvent dressé dans l'amertume que dans la sérénité.

C'est d'autant plus vrai quand, en prime, comme c'est le cas pour la droite aujourd'hui, cette défaite vient clore une séquence qui l'a vue perdre, en quatre ans, toutes les élections nationales ou locales, et tous les pouvoirs qu'elle détenait (Elysée, Matignon, Assemblée, Sénat, régions, etc.).

La gauche s'était retrouvée dans une situation similaire en 2002, au lendemain de l'échec cinglant de Lionel Jospin. Après bien des vicissitudes, elle a fini par en sortir. L'Histoire dira si la droite saura trouver plus rapidement des réponses adéquates, mais elle se trouve désormais confrontée aux mêmes questions : de leadership, de doctrine et d'alliances.

Ouverte dès la défaite de Nicolas Sarkozy et son retrait de la scène politique, la bataille pour le leadership aiguise déjà toutes les ambitions et rivalités. L'enjeu est la conquête de la présidence de l'UMP, qui fera l'objet d'un congrès en novembre ; mais, en dépit de l'intention affichée par ses responsables d'organiser des primaires pour désigner leur candidat à la présidentielle, l'on devine aisément que l'échéance de 2017 occupe, dès à présent, tous les esprits.

Entre Jean-François Copé et François Fillon, la confrontation était latente depuis des mois. Elle sera sans merci. Le secrétaire général de l'UMP n'a jamais caché sa boulimie de pouvoir et entend bien exploiter tous ses relais dans le parti, comme il vient d'en faire la démonstration en faisant réélire à la tête du groupe parlementaire son homme lige, Christian Jacob. Fort de sa légitimité d'ancien premier ministre, de sa stature d'homme d'Etat et de son poids dans l'opinion, le second n'entend pas céder un pouce de terrain et engrange des ralliements significatifs, comme celui de Valérie Pécresse, hier encore l'« amie de Jean-François ».

Mais l'affaire est très loin de se limiter à ce duel. Alain Juppé, fondateur de l'UMP en 2002, se sent « le plus capé », même s'il s'en défend. Comme Mme Pécresse, les « bébés Chirac », qui faisaient cause commune avec M. Copé, comptent bien faire entendre leur voix et n'excluent rien, à l'instar de François Baroin ou Bruno Le Maire. Xavier Bertrand n'a pas hésité à « se compter » lors de l'élection du président du groupe parlementaire. Et Laurent Wauquiez, brillamment réélu en Haute-Loire, se sent pousser des ailes… La liste des postulants est d'autant moins limitative que, contrairement à la gauche, la droite n'a pas de complexes avec la culture du chef : sa désignation est, en réalité, le préalable à tout le reste.

Or le reste n'est pas mince. Il s'agit, dans l'immédiat, d'inventer son rôle d'opposant pour un parti qui est, depuis dix ans, celui du président au pouvoir, Jacques Chirac brièvement, Nicolas Sarkozy ensuite.

Au-delà, il s'agit surtout pour l'UMP de redéfinir sa doctrine, de repenser son organisation et ses alliances, ces trois chantiers étant étroitement imbriqués. Essentiellement tactique, la « réflexion collective » engagée, dès demain, par M. Copé sur les « valeurs » du mouvement est trop floue pour trancher ces questions dont dépendent l'avenir de la droite, son organisation et sa stratégie.

Il faudra bien, pour cela, tirer le bilan du sarkozysme. Au-delà de l'exceptionnelle énergie d'un homme et de sa conception singulière des institutions et de la présidence, celui-ci avait tiré sa force, en 2007, d'une sorte de syncrétisme de toutes les traditions de la droite française : un bonapartisme réformateur hérité du gaullisme, obsédé de son rapport permanent au peuple et peu soucieux des corps intermédiaires ; un orléanisme reprenant à son compte le mot d'ordre apocryphe de Guizot à la bourgeoisie et aux possédants : « Enrichissez-vous par le travail et par l'épargne » ; une pointe de légitimisme dans le rapport à la religion et à la supériorité du prêtre sur l'instituteur ; enfin, une forte dose de populisme, jouant conjointement de la peur de l'insécurité et de celle de l'immigration.

Mais ce patchwork n'a pas construit une doctrine rassembleuse, bien au contraire, comme en témoigne l'extrême hétérogénéité des courants qui composent aujourd'hui l'UMP : des « humanistes » de M. Raffarin à la « droite populaire » de M. Mariani, de la « droite sociale » de M. Wauquiez à la « droite forte » de M. Hortefeux, des tenants d'un gaullisme social dont M. Fillon se veut le porte-drapeau aux libéraux qu'incarnent MM. Novelli ou Chatel, sans oublier les cousins éloignés de ce qui reste de la nébuleuse centriste, elle est devenue une auberge espagnole, ouverte à tous les vents, y compris aux plus mauvais.

Cette diversité, pour ne pas dire ces divisions, est aussi ancienne que la droite française. Mais l'ambition de l'UMP était précisément de la dépasser, en bâtissant un parti unique. Dix ans après, cela semble peine perdue et l'intention affichée par M. Copé d'organiser en « mouvements » ces différentes sensibilités est plutôt une façon de faire contre mauvaise fortune bon cœur.

La pierre de touche, enfin, sera celle des alliances, sans lesquelles l'UMP, seule, ne peut guère espérer reconquérir le pouvoir. Toute force consistante au centre-droit ayant, à ce stade, disparu, la question est bien celle du Front national. Les principaux dirigeants de l'UMP le savent et le disent : toute alliance avec l'extrême droite ne serait pas seulement contraire à sa tradition républicaine, elle serait également suicidaire, tant il est évident que le dessein de Mme Le Pen est de faire exploser la droite et d'en récupérer les soldats perdus. Mais le discours sarkozyste – coupable opportunisme et lourde responsabilité – a donné le sentiment que la droite pouvait désormais partager des « valeurs » avec l'extrême droite. Au point que bon nombre des électeurs, voire des cadres de l'UMP, sont favorables à une alliance, au moins électorale.

Longtemps, la droite s'est définie comme l'anti-gauche. Si elle ne veut pas se perdre, il va lui falloir démontrer qu'elle est, également, l'anti-extrême droite. Ce n'est pas le moindre de ses défis.

3 octobre 2012

« Les emmerdes, ça vole toujours en escadrille »

Comme le disait élégamment Jacques Chirac dans une de ses démonstrations d'humour ou de fatalisme corrézien, « les emmerdes, ça vole toujours en escadrille ». François Hollande pourrait reprendre la formule à son compte, tant les difficultés s'accumulent sur sa route.

Vendredi passé, ce fut la présentation du projet de budget pour 2013 et sa ponction fiscale, sans précédent depuis des lustres. Dimanche, toutes les tribus de la gauche de la gauche ont crié, dans Paris, leur rejet du traité européen de stabilité et leur refus de « l'austérité à perpétuité ».

Lundi, la présentation du projet de budget de la Sécurité sociale a rallongé la liste des hausses de prélèvements en 2013. Lundi encore, ArcelorMittal a confirmé la fermeture définitive des deux hauts-fourneaux de l'aciérie de Florange, fleuron de l'industrie lorraine. Mardi enfin, s'ouvre à l'Assemblée nationale le débat sur les engagements budgétaires européens de la France, qui va officialiser de sérieuses fêlures au sein de la majorité, sous l'œil narquois de l'opposition. Le tout rudement corsé par les chiffres désespérants du chômage et agrémenté de sondages incessants qui témoignent de la déception et de l'inquiétude des Français.

Le président de la République s'attendait à une rentrée difficile. Il est donc servi ! Il a l'habitude de faire le dos rond dans l'adversité. Nul doute que cela lui sera utile. Mais cela ne suffira pas pour dissiper les trois lourdes incertitudes qui pèsent sur son action.

La première tient en une question : comment mener une politique de gauche sans croissance ? Le projet de budget y a apporté une série de réponses : ce sera « le redressement » des comptes publics, dans la justice fiscale. De solides raisons plaident en ce sens : le poids dangereux de l'endettement public et de son remboursement ; la crédibilité de la France aux yeux de ses partenaires européens et de tous les prêteurs internationaux dont l'Etat a besoin pour boucler ses fins de mois, ou ses fins d'année.

Mais si la confiance des marchés est nécessaire, celle des Français ne l'est pas moins. Ils ont bien compris que l'équilibre général de la loi de finances 2013 suppose le maintien d'une croissance positive, même ténue (+ 0,8 %). Or les indicateurs économiques justifient leur scepticisme : après trois trimestres de stagnation, c'est la récession qui menace, nourrie par la montée du chômage et la faiblesse de la demande extérieure.

A ces doutes sur la solidité de l'équation économique du gouvernement s'ajoutent les soupçons sur la juste répartition des efforts. A bon droit, le gouvernement assure que les principales mesures concernant l'impôt sur le revenu pèseront sur les ménages les plus riches ou aisés.

Mais il a commis une erreur en assurant que « neuf foyers fiscaux sur dix ne seront pas touchés par les mesures fiscales nouvelles », selon la formule du ministre de l'économie. Non seulement le gel du barème de l'impôt sur le revenu, décidé en 2011 par le gouvernement Fillon et maintenu, va alourdir – pas toujours marginalement – le poids de cet impôt pour une bonne douzaine de millions de foyers fiscaux. Mais nombre d'autres « petites » mesures (de l'augmentation de la redevance télé à celle des taxes sur la bière ou le tabac, en passant par la contribution de 0,15 % sur les retraités assujettis à la CSG...) ne passeront évidemment pas inaperçues.

L'étau de la crise est tel, enfin, qu'il entrave la capacité à mener des réformes touchant la société ou les institutions. Qu'il s'agisse du mariage homosexuel, de la limitation du cumul des mandats ou du droit de vote des étrangers aux élections locales, voilà autant de promesses du candidat Hollande qui apparaissent non prioritaires à bien des Français. Du coup, soit le gouvernement ouvre ces chantiers et il est soupçonné de vouloir faire diversion, soit il attend des jours meilleurs et est alors accusé de renoncer.

Par comparaison, la deuxième incertitude paraîtra trivialement politique. Elle engage néanmoins l'autorité du président. Sur quelle majorité, en effet, peut-il s'appuyer ? A l'évidence, il n'a aucun soutien à attendre du Front de gauche emmené par Jean-Luc

Mélenchon et le Parti communiste. Il est vrai qu'il n'en attendait guère : sur l'Europe, la rupture est consommée depuis longtemps, et elle devrait logiquement se prolonger par un vote négatif sur l'ensemble du dispositif budgétaire.

L'attitude des écologistes est beaucoup plus embarrassante, dès lors qu'ils ont passé avec les socialistes un contrat de gouvernement. Or tout indique que bon nombre de leurs parlementaires ne ratifieront pas le traité européen. Même si, sans souci de cohérence, ils assurent qu'ils approuveront ensuite le budget, ils apparaissent dès à présent comme un partenaire peu fiable. On peut comprendre que M. Hollande ne veuille pas se priver de leur concours, et rétrécir d'autant sa majorité. Mais sa mansuétude l'affaiblit.

Enfin, une vingtaine de députés socialistes au bas mot devraient également faire défection lors du vote sur le traité européen. L'Elysée peut minimiser cette fronde : elle devrait être cantonnée à environ 10 % du groupe socialiste, quand, en 2005, plus de 40 % des adhérents du PS avaient voté contre le traité constitutionnel européen. C'est exact. Mais il n'est pas moins vrai que cette dissidence peut priver le pouvoir d'une majorité de gauche lors de la ratification du pacte budgétaire européen, cette semaine. Devoir à l'UMP l'approbation de ce texte ne serait ni très glorieux pour le chef de l'Etat, ni très rassurant pour ses partenaires européens.

Même si elle est plus diffuse, la troisième incertitude n'en est pas moins corrosive. Au-delà du « redressement » qui s'impose, où le chef de l'Etat veut-il conduire le pays ? Comment imagine-t-il apaiser la crispation identitaire chaque jour plus perceptible, et pas seulement à l'extrême droite, comme en témoigne la campagne pour la présidence de l'UMP ? Quelle place lui prépare-t-il, demain ? Quels atouts entend-il développer pour lui permettre de « tenir son rang » dans le monde ?

Le « rêve français » invoqué au printemps pouvait faire illusion le temps d'une campagne. Il reste à lui donner un contenu. Et un élan. C'est une condition nécessaire pour que le pays accepte vraiment les efforts qui lui sont demandés aujourd'hui.

24 octobre 2012

France-Algérie, la mémoire lourde

Parce qu'elle s'y inscrit et l'écrit au quotidien, parce que le récit de son action pèse autant que sa réalité, parce que l'imaginaire est l'un de ses ressorts, la politique entretient avec l'Histoire des rapports jaloux, volontiers manipulateurs, voire incestueux.

En France plus qu'ailleurs, dit-on. « Nous sommes un pays de mémoire lourde. Nous passons une partie de notre temps à commémorer nos libérations et nos victoires, mais aussi nos haines civiles, à remuer le couteau dans la plaie vive de nos rancunes, à reconstruire le passé au gré de nos passions », écrit ainsi l'historien Michel Winock, dans *Parlez-moi de la France* (Perrin, 2010).

Il n'est guère d'épisode de notre histoire contemporaine où cette mémoire lourde soit plus évidente que dans le douloureux chapitre de la guerre d'Algérie.

François Hollande vient d'en apporter une nouvelle démonstration. On pouvait pourtant difficilement imaginer communiqué plus lapidaire que celui publié par l'Elysée, la semaine passée : « Le 17 octobre 1961, des Algériens qui manifestaient pour le droit à l'indépendance ont été tués lors d'une sanglante répression. La République reconnaît avec lucidité ces faits. Cinquante et un ans après cette tragédie, je rends hommage à la mémoire des victimes. »

C'est presque aussi sec et minimaliste qu'un constat d'huissier, validant les recherches menées depuis une vingtaine d'années par quelques historiens courageux et tenaces. Et évitant – trop prudemment diront certains –, de pointer du doigt responsables ou coupables, en l'occurrence la police parisienne et ses chefs de l'époque, à commencer par le préfet Maurice Papon.

Mais il a suffi que le président de la République rompe un silence officiel d'un demi-siècle pour déclencher les foudres de la droite. Il est « intolérable de mettre en cause la police républicaine et avec elle la République tout entière », a dénoncé Christian Jacob, le président du groupe UMP à l'Assemblée, sans se soucier de savoir ce qui fut le plus « intolérable », les faits ou leur occultation, au prix d'un mensonge d'Etat.

Candidat à la présidence de l'UMP, François Fillon n'y est pas non plus allé par quatre chemins : « J'en ai assez que tous les quinze jours, la France se découvre une nouvelle responsabilité, mette en avant sa culpabilité permanente. » La présidente du Front national, Marine Le Pen, lui a emboîté le pas : « Je commence à en avoir soupé de ces représentants de la France qui n'ont de cesse que de la salir », avant de qualifier de « bobard » la terrible répression du 17 octobre 1961 et d'« acte de lâcheté absolue » le communiqué présidentiel.

Rien ne surprend vraiment dans ces réactions pavloviennes. Ni la défense aveugle des œuvres complètes du général de Gaulle, en dépit de ses parts d'ombre. Ni la condamnation de la « repentance » (cette « mode exécrable » que dénonçait déjà Nicolas Sarkozy en 2007), sans s'aviser qu'il n'y en a précisément pas trace dans le communiqué de M. Hollande. Ni la vitupération contre l'anti-France, ou peu s'en faut, qui est depuis toujours l'un des procès simplistes dont raffole l'extrême droite.

Il est vrai que la vérité de la tragédie algérienne blesse cruellement la mémoire – ou plutôt les mémoires. « Tragédie » ? Raymond Aron employait le mot dès 1957. Comment qualifier autrement cette histoire de violence, de mort et de mépris qui s'est écrite pendant cent trente ans : depuis les longues années d'une conquête féroce qui coûta à l'Algérie, en 1830 et 1860, le tiers de sa population, puis d'une colonisation brutale où le moindre soulèvement se soldait par une implacable répression, jusqu'à ces huit années d'une « guerre » qui n'osa dire son nom qu'en 1999, trente-sept ans après la proclamation de l'indépendance algérienne.

Si aucun de ceux qui l'ont vécue – et bien souvent leurs enfants – n'a oublié les drames de cette séparation sanglante, beaucoup n'en ont pas fait le deuil, murés dans d'indicibles souvenirs, enfermés dans des mythes rassurants autant que dans les silences officiels des responsables des deux pays.

Pour la France, cela aura été le second grand traumatisme national du siècle, après l'effondrement de 1940. Pas seulement pour le million de rapatriés dont l'Algérie était la patrie, à défaut d'avoir su y construire une nation. Mais aussi pour les deux millions d'appelés qui eurent 20 ans dans les Aurès. Enfin pour l'ensemble d'un pays qui vécut là, entre massacres et torture, le dernier épisode d'une histoire coloniale – et d'une puissance impériale – où la République avait trouvé l'un de ses fondements et la France une part de sa « grandeur ».

En outre, aujourd'hui encore, comment ne pas voir dans le refoulement de ce drame l'origine de ce que l'historien Benjamin Stora a appelé « le transfert de mémoire » : l'importation, en « métropole » d'une mémoire coloniale où se mêle la peur du « petit blanc » et le sentiment d'abandon qui lui est lié, son angoisse identitaire face à l'islam, son racisme anti-maghrébin et les crispations identitaires antagonistes qui en résultent.

Pour l'Algérie, le traumatisme fut tout aussi profond, même s'il était celui d'une libération. La violence du nationalisme algérien contre la France bien sûr, mais aussi contre une partie des Algériens, dissidents ou harkis –, la suprématie alors conquise par ceux qui imposaient une conception policière de l'action, le boulet d'une histoire officielle immuable, tout cela a engendré les drames et les paralysies dont l'Algérie reste, aujourd'hui encore, prisonnière.

Comme ce fut longtemps le cas à propos de Vichy, la vérité fait mal. Il fallut un demi-siècle pour que Jacques Chirac dise, en 1995, la responsabilité de l'Etat français dans la rafle du Vel'd'Hiv et dénonce la collaboration avec l'occupant nazi. Il aura fallu aussi longtemps pour que François Hollande reconnaisse la réalité de ce sinistre 17 octobre 1961.

Paul Ricœur faisait précisément de la « reconnaissance » la condition de ce « petit miracle, une mémoire heureuse ». La France et l'Algérie en sont encore loin, mais le travail des historiens, autant que la lucidité des dirigeants tracent la voie. Français et Algériens ont un trop long passé commun, fût-il dramatique, pour ne pas savoir inventer un avenir partagé et assumé.

14 novembre 2012

UMP 2002-2012, la décennie perdue

En même temps qu'il savourera sa victoire, dimanche 18 novembre, le nouveau président de l'UMP fêtera les dix ans de son parti, presque jour pour jour. C'est, en effet, le 17 novembre 2002 que l'Union pour un mouvement populaire avait choisi son appellation et porté Alain Juppé à sa présidence.

A l'Elysée, Jacques Chirac pouvait avoir le sentiment du devoir accompli. Après des décennies de divisions tribales et de meurtrières guerres des chefs, toutes les familles de la droite française – ou presque – se rassemblaient pour la première fois dans un grand parti conservateur moderne, à l'image de leurs homologues allemande, britannique ou espagnole. « Un événement historique », saluait, alors, François Fillon.

Au lendemain du « 21 avril » et de la qualification de Jean-Marie Le Pen pour le second tour de la présidentielle, l'ambition de cette nouvelle formation n'était pas seulement de faire pièce à la concurrence du Front national, mais aussi de permettre à la droite de se refonder pour conserver durablement le pouvoir. « Je vous appelle à dépouiller le vieil homme politique, avec ce qu'il portait en lui de jalousie, d'esprit de rivalité, d'intolérance ou d'immodestie », lançait bravement M. Juppé le jour de son élection.

Dix ans ont passé. Une éternité. Une génération s'est effacée, Jacques Chirac s'est retiré, Alain Juppé a vu ses ambitions brisées par sa condamnation, en 2004, dans l'affaire du financement du RPR, Nicolas Sarkozy s'est emparé à la hussarde du « parti du président », avant d'être élu en 2007 puis battu cinq ans plus tard, l'UMP a retrouvé l'opposition après une décennie au pouvoir, enfin, Jean-François Copé et François Fillon se disputent sans ménagement la présidence du mouvement, l'œil déjà rivé sur la prochaine échéance présidentielle.

Bref, le « vieil homme politique » n'est pas mort, et les clivages en profondeur de la vie politique française ont la vie dure. Hormis la victoire de M. Sarkozy en 2007, l'UMP est bien loin d'avoir atteint ses objectifs initiaux.

Tout d'abord, elle n'a pas réussi à s'imposer comme le parti unique de la droite. Dès 2002, c'est François Bayrou qui a joué les empêcheurs de rassembler en rond, dénonçant sans relâche « l'Etat UMP », jusqu'à recueillir plus de 18 % des voix à la présidentielle de 2007. Le président de l'ancienne UDF, bientôt transformée en MoDem, a perdu, dans cette aventure, l'essentiel de ses troupes. Mais il a, dix ans durant, entretenu la flamme d'un centre-droit autonome d'abord, puis d'un « extrême centre », équidistant de l'UMP et du PS.

Sans aller jusque-là, Jean-Louis Borloo s'emploie, depuis la défaite de Nicolas Sarkozy, à rassembler le centre-droit au sein de l'Union des démocrates et indépendants, avec l'ambition affichée de contester à l'UMP sa prééminence. L'entreprise peut agacer ou faire ricaner à l'UMP. Il n'empêche, elle témoigne un peu plus que le rêve d'un grand parti unique de la droite s'est dissipé.

Ces réticences et résistances renvoient au deuxième échec de l'UMP : depuis dix ans, elle n'est jamais parvenue à animer, faire vivre et tirer profit de la diversité des sensibilités qui la composent. Bien au contraire. A trop vouloir les fusionner, elle les a frustrées et stérilisées.

Prévue dès l'origine dans ses statuts, l'organisation en son sein de « mouvements » censés représenter ses différents courants (néogaullistes, libéraux, centristes, souverainistes) a été immédiatement mise au placard, de crainte de raviver de vieilles querelles. A défaut d'un débat rénovateur et vivifiant, l'UMP s'est repliée sur sa seule fonction de machine de guerre au service des présidentiables de la droite. En écartant, aujourd'hui, tout examen critique de ses dix années de pouvoir et, en particulier, du quinquennat sarkoziste, l'UMP s'enferme, un peu plus, dans cette impasse.

Troisième échec : le grand parti de la droite n'est pas parvenu à contenir, encore moins réduire, la pression de l'extrême droite. Certes, la dynamique de la campagne de Nicolas Sarkozy, en 2007, lui a permis de séduire bon nombre des électeurs de Jean-Marie Le Pen et d'espérer en avoir fini avec cette concurrence.

Certes, en 2012, le président sortant a pu écarter toute autre candidature consistante à droite et distancer nettement la candidate du Front national.

Mais, avec près de 19 % des voix, Marine Le Pen n'en a pas moins réalisé un score supérieur à celui de son père en 2002. Plus encore, en reprenant à leur compte bien des thématiques et des propositions de la droite la plus populiste, les responsables de l'UMP ont accéléré les phénomènes de porosité des idées et des électorats. Au point de se retrouver à la tête d'un parti dont la moitié des adhérents souhaitent des accords entre UMP et Front national pour les prochaines élections. Magnifique réussite !

Dernier échec, enfin, en forme de lapalissade : l'UMP a perdu le pouvoir. C'est le cas sur le plan local, où elle a perdu toutes les élections depuis 2004. Au point de susciter ce constat sévère d'Alain Juppé : pour les scrutins locaux de 2014, « une vague bleue spontanée ne va pas se créer. Nous avons un déficit de ressources humaines. Dans de nombreux territoires, nous avons des troupes, mais pas de chefs ».

C'est, évidemment, aussi vrai sur le plan national. La crise et le rejet de Nicolas Sarkozy expliquent, bien sûr, son échec du printemps et celui de la droite aux législatives. Mais, au-delà, les électeurs ont sanctionné l'incapacité des dirigeants – donc de l'UMP – à sortir le pays de l'ornière où il s'enfonce depuis dix ans.

Il suffit, pour s'en convaincre, de lire l'impitoyable réquisitoire dressé par le rapport de Louis Gallois sur le « décrochage de l'industrie française », qui « s'est accéléré au cours de la dernière décennie » et l'a conduite à « un seuil critique, au-delà duquel elle est menacée de déstructuration ». Et M. Gallois de faire la longue liste des handicaps structurels non résolus dont souffre l'économie française et qui l'empêchent de s'adapter à la mondialisation. C'est sur ce terrain-là, d'abord, que l'UMP n'a pas su inventer une politique de droite efficace et convaincante.

Postulants à la présidence de l'UMP, MM. Copé et Fillon auraient été bien inspirés d'expliquer comment ils entendent dépasser cette décennie perdue. La campagne qui les oppose leur en offrait l'occasion. Elle a, hélas ! été manquée.

21 novembre 2012

M. Hollande, la droite et le syndrome présidentiel

Fichu système présidentiel à la française ! Schizophrénique en diable. Source de bien des maux de notre vie politique, mais d'autant de vertus. Imposant une personnalisation obsédante du pouvoir, mais assurant la protection rapprochée de celui qui l'exerce. En quelques jours, le chef de l'Etat et l'opposition viennent d'en faire la démonstration éclatante.

L'opposition d'abord, puisqu'elle est en plein maelström depuis le dimanche 18 novembre et que la chronique de ses discordes et de ses règlements de comptes risque d'occuper les esprits pendant un bon moment.

On pourra épiloguer à l'infini sur les diverses causes de la crise qui vient de fracturer l'UMP en deux clans égaux et rivaux : le duel impitoyable entre deux tempéraments, l'affrontement entre deux conceptions de l'opposition, ou encore l'impuissance de la droite à fédérer durablement les différentes sensibilités qui la composent et à organiser son pluralisme. Sans oublier l'état de déshérence dans lequel l'a laissée le quinquennat Sarkozy.

Tout cela a pesé, bien sûr. Mais comment ne pas voir que le ressort le plus puissant et le vrai motif de cette crise se situent au cœur même de notre système politique : à peine M. Sarkozy battu, Jean-François Copé et François Fillon ont été frappés par le syndrome présidentiel. Sans prendre le temps de souffler ni de réfléchir aux raisons de l'échec de leur camp, ils sont partis à bride abattue à la conquête de l'Elysée, en 2017.

Ils assurent le contraire ? Personne ne peut les croire, tant leurs ambitions sont transparentes. Conquérir l'UMP est la condition nécessaire (sinon suffisante) de leur réussite future, l'assurance de contrôler les procédures, les troupes et les finances, un moyen sûr d'entraver ou d'écarter les concurrents, bref le meilleur chemin pour aborder en position de force l'élection primaire annoncée en 2016 pour désigner le champion de la droite.

Avant eux, à droite comme à gauche, d'autres ont été atteints par cette maladie congénitale qui frappe plus durement les organismes fragilisés, au lendemain des défaites électorales. Certains en sont morts, d'autres – plus rares – ont survécu. Le quinquennat et la primauté du scrutin présidentiel sur le législatif ont accentué le phénomène. L'expérience prouve que la guérison est lente. C'est, à n'en pas douter, ce qui attend désormais la droite.

L'opposition n'est pas la seule touchée. L'entrée à l'Elysée n'immunise pas davantage son heureux bénéficiaire contre le syndrome présidentiel.

Le premier symptôme est affaire de style : on ne peut guère ruser avec la fonction présidentielle. Elle impose ses codes et ses symboles au titulaire de la charge. A trop vouloir la désacraliser, Nicolas Sarkozy l'avait rapidement trivialisée, avant de passer le reste de son quinquennat à tenter de restaurer la gravité perdue.

A trop vouloir la « normaliser », François Hollande s'est rendu compte, l'espace d'un été, qu'il risquait de la banaliser ou, pire, de la rendre évanescente et d'y perdre son autorité. Sa conférence de presse du 13 novembre, dans les ors de l'Elysée, témoigne qu'il a pris la mesure de sa responsabilité : incarner en première ligne, aux yeux des Français, la politique du pays, fixant le cap et l'assumant sans barguigner.

Le deuxième symptôme est beaucoup plus difficile à soigner. Car il réside dans l'élection elle-même : les qualités requises pour l'emporter ne sont pas celles qui sont indispensables pour gouverner ensuite. Le temps de l'élection est celui de la séduction, de l'incantation et de la simplification. Le temps de l'action est celui de la contrainte, de l'arbitrage et de la complexité. Cette dissociation est exacerbée par la présidentielle française, cette rencontre singulière entre un homme et le pays.

François Hollande pensait s'être prémuni. N'ayant rien oublié des coûteux tête-à-queue de la gauche en 1983 ou de Jacques Chirac en 1995, il s'est bien gardé de promettre la lune. Au contraire, il a fait du redressement des comptes publics le socle de son projet. Mieux, il a présenté dès janvier 2010 un « pacte productif » qui faisait le diagnostic d'un « défaut de compétitivité structurelle » des entreprises françaises, conduisant au « déclin », dont « la désindustrialisation est le premier symptôme ». Récusant les solutions libérales, protectionnistes ou malthusiennes, il proposait d'y répondre par une « nouvelle social-démocratie » dont il dessinait les contours.

Mais qui s'en souvient ? Et pour cause : la musique de sa campagne du printemps était sensiblement différente. S'il a continué à afficher l'indispensable rigueur budgétaire, il a gommé les efforts supplémentaires pour redresser la compétitivité. Et pour mieux rassembler la gauche et convaincre les classes populaires, il a promis de prendre dans la poche des riches et de la finance ennemie.

Concession au temps de l'élection, boulet au temps de l'action. Le voilà, en effet, à peine annoncé le « pacte de compétitivité » du gouvernement, accusé de « tournant », de « reniement » ou de « duperie ». Et contraint de s'en défendre, au risque d'apparaître de mauvaise foi.

Le troisième symptôme, enfin, est, en réalité, un atout maître pour le chef de l'Etat, légué à ses successeurs par le général de Gaulle. Une fois élu et épaulé par une majorité à l'Assemblée nationale, il peut gouverner sans être paralysé par les turbulences politiques, les états d'âme de ses alliés et le travail de sape de l'opposition. Le président américain ne peut en dire autant…

On le constate en ce moment. Jean-Luc Mélenchon peut tonner contre le « virage libéral » du pouvoir. Les sénateurs communistes peuvent joindre leurs voix à celles de la droite pour dénoncer des textes aussi déterminants que le budget de la Sécurité sociale ou la programmation budgétaire pour les années à venir. Les écologistes peuvent s'interroger sur l'utilité de leur participation au gouvernement. Rien de tout cela n'empêche l'exécutif d'avancer.

Mais cette force a son revers. A trop se croire protégés par les institutions, bien des gouvernements sont restés sourds ou insensibles aux crispations ou aux craquements de la société, et aux risques d'explosion brutale qu'ils recèlent. Hier le Larzac, aujourd'hui Notre-Dame-des-Landes ? Hier l'école privée, aujourd'hui le mariage pour tous ? Déjà confronté à une crise économique sans précédent, le pouvoir ne peut se le permettre.

5 décembre 2012

Tectonique des plaques politiques

Il y a quelque chose de fascinant dans la dérive des continents. On connaît les mouvements de cette grande machinerie planétaire. On sait où se situent les lignes de faille. Mais personne n'est en mesure de prévoir quand le frottement des plaques tectoniques déclenchera séismes ou tsunamis.

Il en est de même du paysage politique. Chacun constate que l'activité sismique y est particulièrement forte en ce moment : de tous côtés, fissures et ruptures se multiplient. Mais bien malin qui pourrait dire si elles provoqueront, et quand, des bouleversements majeurs.

Les craquements les plus spectaculaires concernent évidemment le continent des droites. Depuis quinze jours, c'est tout l'édifice UMP, bâti depuis dix ans, qui est menacé d'effondrement. Et, avec lui, l'ambition de constituer un grand parti de droite, moderne et conquérant, repoussant le Front national dans une marginalité désuète. Au lieu de quoi l'on se retrouve face à un mouvement fracturé en deux, menacé de scission, dépourvu d'un chef légitime et concurrencé par les forces centrifuges du centre droit et de l'extrême droite.

Les acteurs de cette ahurissante empoignade en sortiront salement amochés. Jean-François Copé pour avoir démontré que « droite décomplexée » signifie cynisme à toute épreuve. François Fillon pour avoir subi, en dépit de son statut, du soutien de nombreux caciques et des faveurs de l'opinion, un sévère échec politique en ne parvenant pas à l'emporter nettement dans son camp. Nicolas Sarkozy, enfin, qui risque d'apparaître, en fin de compte, comme le responsable en chef de ce champ de ruines.

Au-delà des ego et des orgueils, cet affrontement a mis a nu de redoutables clivages idéologiques. Lors de sa création en 2002, l'UMP entendait fusionner les valeurs des différentes familles de la droite : néogaullisme, démocratie chrétienne et libéralisme. Dix ans plus tard, cette droite « républicaine », tournée vers l'Europe et ouverte sur le monde est battue en brèche par une droite populiste, hexagonale et frileuse, quand elle n'est pas tout simplement réactionnaire.

La campagne à droite toute de M. Sarkozy ce printemps, les sorties musclées de M. Copé cet automne, enfin le score de la motion de La Droite forte, arrivée en tête le 18 novembre : tout témoigne qu'une partie importante de l'UMP a fait siennes les thèses de Patrick Buisson, le conseiller de l'ancien président. En deux mots, engager la reconquête par le peuple, à commencer par celui des « invisibles », ces « grands perdants de la mondialisation » qui « souffrent de déclassement social et identitaire » et « éprouvent un besoin d'enracinement et de frontières ».

Travail, famille, patrie, en somme. Ce programme affiché sans vergogne menace de disloquer le paysage. Il est encore trop tôt pour le mesurer. Mais comment imaginer qu'il n'apporte de l'eau au moulin du Front national, auquel il emprunte ses thèmes et son vocabulaire ? Comment imaginer que la porosité croissante entre cette droite « identitaire » et l'extrême droite ne conduise, demain, à des rapprochements, voire des alliances, locales d'abord, et davantage si affinités ?

A l'inverse, l'archipel du centre droit y trouvera la justification de sa résurgence et de bons arguments pour proposer l'asile à ceux que la dérive de l'UMP désole ou inquiète. En dépit du côté bringuebalant de son entreprise, le président de l'Union des démocrates et indépendants, Jean-Louis Borloo, se pose, déjà, en « force d'alternance » et prétend au « leadership » de la droite républicaine. Si les mots ont un sens, cela signifie qu'il entend concurrencer directement le candidat de l'UMP à la prochaine présidentielle, au risque que ces deux larrons se voient distancés par Mme Le Pen.

Les socialistes auraient bien tort de s'en réjouir. Car le continent de la gauche, que l'on ne peut plus appeler « plurielle », se fissure à vive allure depuis l'élection de M. Hollande. Inlassablement, Jean-Luc Mélenchon canarde la « social-démocratie partie en torche », brocarde ce président « aussi aveugle que Louis XVI » et martèle sa volonté de former « une majorité alternative », avec tous ceux qui ont dit non au traité budgétaire européen et que hérisse la politique économique du gouvernement. Ses alliés communistes, « consternés par la ligne gouvernementale », ne sont pas en reste : au Sénat, où la majorité de gauche dépend de leurs voix, ils n'hésitent plus à flirter avec la droite pour manifester leur dissidence, jusqu'à s'abstenir sur le projet de budget et à voter contre le budget de la Sécu.

Un pied dans la majorité, mais la tête ailleurs, les écologistes s'interrogent, de leur côté, sur la pertinence et l'utilité de leur participation au gouvernement. Les socialistes, enfin, sont loin d'être sereins. Le vote sur le traité budgétaire européen, en octobre, a montré que cette fracture-là n'avait pas disparu. Les rebondissements de l'affaire Mittal ont témoigné que les vieux mythes, comme celui de la nationalisation, ont la vie dure, jusque dans les rangs du gouvernement, en dépit du désaveu infligé à Arnaud Montebourg.

On le voit, l'Europe et la mondialisation constituent deux failles puissantes qui traversent et fragilisent la droite comme la gauche, réactivent des réflexes nationalistes ou protectionnistes et érodent les partis de gouvernement. Contrairement à la géophysique du globe, la tectonique des plaques politiques est sévèrement régulée par le scrutin majoritaire, qui impose sa logique binaire. Mais l'introduction d'une dose de proportionnelle pourrait bien, demain, déclencher d'imprévisibles séismes. A ce stade, si rien ne l'assure, rien ne l'exclut.

30 janvier 2013

Mariage pour tous, chômage de masse

Redoutable pouvoir des chiffres, réducteurs mais symboliques, simplistes mais éloquents. Deux chiffres, donc, se sont télescopés ces derniers jours.

On pourrait en retenir bien d'autres. Par exemple, les dizaines de milliers de spectateurs venus ovationner, aux Sables-d'Olonne, François Gabart et Armel Le Cléac'h, ces aventuriers modernes plus rapides que Phileas Fogg.

Aux antipodes de ces rêves océaniques, l'on pourrait s'arrêter sur les 1 818 milliards d'euros de la dette publique de la France, cet Etat « totalement en faillite », selon la boutade un peu hasardeuse du ministre du travail, Michel Sapin. Ou s'alarmer, comme la Cour des comptes, des 5 milliards d'euros de déficit de l'assurance-chômage en 2012. Ou s'interroger sur la nécessité de reporter à 65 ans l'âge de départ à la retraite, comme le suggère un Michel Rocard plus abrasif que jamais.

Chiffres-chocs, qui disent, chacun, un pan de la réalité française. Deux chiffres, pourtant, résument, mieux encore, l'état du pays, de ses fractures, de ses crispations, de ses attentes. Dimanche 27 janvier, 125 000 manifestants selon la police (400 000 selon les organisateurs) sont venues défiler dans Paris, paisibles et bon enfant, pour soutenir le projet de loi sur le mariage homosexuel, dont l'examen commence cette semaine à l'Assemblée nationale[1].

Deux jours plus tôt, ont été rendus publics les chiffres du chômage pour l'année 2012 : 284 600 demandeurs d'emploi supplémentaires en un an, pour la seule catégorie A (celle des chômeurs sans aucune activité) en France métropolitaine ; et 409 000 inscrits supplémentaires à Pôle emploi, toutes catégories confondues et pour la France entière.

Hormis ces chiffres d'ampleur comparable, quel rapport, dira-t-on, entre manifestants et chômeurs, entre ce débat sur le mariage et la lourde réalité de la crise sociale ? Précisément ce gouffre entre la vigueur du débat public sur la réforme du mariage et la résignation du constat sur la situation de l'emploi ; même si le président de la République a fait de son amélioration le combat central de son quinquennat.

Non que l'empoignade actuelle sur l'ouverture du droit au mariage et à l'adoption aux couples homosexuels soit secondaire, évidemment. Cette réforme interpelle chacun dans ses convictions les plus intimes, dans sa conception de l'amour, de la famille et de la parentalité, dans le regard qu'il porte

1. Le 13 janvier, la grande manifestation organisée par La Manif pour tous contre cette réforme a rassemblé à Paris de 340 000 à 1 million de personnes selon les sources.

sur l'homosexualité, souvent embarrassé, quand ce n'est pas hostile. Et comment en serait-il autrement quand, il y a deux générations à peine – et depuis des siècles –, la relation entre deux hommes ou deux femmes était considérée au mieux comme une pathologie, au pire comme une perversion, voire un crime ?

La polémique engagée depuis des mois l'a démontré, mobilisant représentants des cultes, responsables politiques et associatifs, psychanalystes, philosophes, sociologues de tout bord et de tout poil. Au-delà de la guérilla parlementaire, les quelque 5 000 amendements déposés par l'opposition à l'Assemblée nationale contre le projet de loi gouvernemental le confirment.

Pour beaucoup, à droite, cette réforme bouscule en profondeur un système de valeurs, peu ou prou inspiré de la doctrine de l'Eglise, qui fait du mariage entre un homme et une femme le creuset « naturel » de la famille, et de celle-ci le socle de la société et le dernier rempart contre les dérèglements de l'individualisme contemporain, ou supposés tels.

Pour beaucoup à gauche, au contraire, cette réforme représente un progrès démocratique et, après la dépénalisation de l'homosexualité en 1981 et l'instauration du pacs en 1999, la dernière étape vers l'égalité complète des droits entre homo- et hétérosexuels, y compris en matière d'adoption. Comme c'est déjà le cas dans des pays aussi différents que l'Espagne et la Suède, la Belgique et la Norvège, le Danemark et, demain, la Grande-Bretagne. Et même si cela peut parfois étonner de voir une gauche libertaire défendre une institution aussi « bourgeoise » que le mariage, ou une communauté homosexuelle, hier si fière de sa différence, revendiquer aujourd'hui le droit à la banalité. Mettons ça au compte des ruses de l'Histoire.

En outre, n'est-ce pas le rôle du législateur d'adapter la loi aux évolutions en profondeur de la société, qui ont fait voler en éclats le modèle traditionnel de la famille nucléaire ? N'est-ce pas sa responsabilité de régulariser de nombreuses situations, bricolées et incertaines, qui existent déjà, puisque l'on compte, au bas mot, des dizaines de milliers de familles homoparentales ?

Le débat n'est donc pas anodin. Au-delà des postures politiques convenues, cependant, les passions qu'il déclenche laissent pour le moins songeur, tant se répètent les mêmes controverses. Comme lors du débat sur le droit à la contraception en 1967 ou à l'avortement en 1975, comme lors de l'instauration pacs en 1999, les mêmes Cassandre prophétisent l'ébranlement des fondements de la société et de son ordre naturel – ou moral. Les mêmes dénoncent les dangereuses folies où conduiraient ces avancées de la liberté et de l'égalité.

Quelques années tard, ils ont dû admettre, bon gré mal gré, que les catastrophes annoncées ne se sont pas produites. Mieux : que la société tout entière ne se porte pas plus mal, au contraire, des progrès du droit des femmes ou des homosexuels. En 2010, par exemple, sur les 205 558 pacs recensés, 193 415 concernaient des couples de sexe différent… Conçu pour reconnaître le couple homosexuel, le pacs est devenu, pour tous, une alternative au mariage.

Enfin, l'on ne peut s'empêcher de s'interroger. Quelle « rupture anthropologique », quelle « rupture de civilisation » (puisque les grands mots sont lâchés) menace davantage la société française ? Quelques milliers de pacs aujourd'hui et de mariages gays demain ? Ou bien, plutôt, les 5 615 000 d'inscrits à Pôle emploi à la fin de 2012 (dont près de 2 millions depuis plus d'un an et près de 1 million âgés de plus de 50 ans), privés d'avenir, de dignité, de lien social, de revenus décents, et versés dans la colonne profits et pertes d'une économie aveugle ?

C'est sur cette rupture du chômage de masse, irréductible depuis trente ans et dévastatrice, que l'on aimerait entendre nos Cassandre du moment. On n'ose imaginer qu'elle est, pour eux, dans l'ordre des choses.

24 avril 2013

Le président face à l'opposition permanente

Un an, bientôt, après son élection, le moins qu'on puisse dire est que le président de la République n'est pas à la fête. Au centre, à droite, à gauche, même les plus placides s'alarment d'un « climat très inquiétant » (François Bayrou), « pourri et dangereux » (Benoist Apparu), du « risque de chienlit » (Jean-Pierre Raffarin) ou d'un « pays au bord de la crise de nerfs » (Jean-Christophe Cambadélis). Sans parler de ceux, à droite, qui versent de l'huile sur le feu avec jubilation.

La République – la Ve, s'entend – en a vu d'autres, peut se rassurer François Hollande, qui en connaît les ressorts et les ressources. Depuis 1958, le régime bâti par le général de Gaulle n'a-t-il pas résisté à toutes les tempêtes, surmonté la dépression de la guerre d'Algérie, encaissé la tornade de Mai 68, absorbé la grande marée de la droite contre la réforme de l'école en 1984, traversé plusieurs bourrasques de la jeunesse en 1986, 1994 et 2006, résisté à la vague des grèves de novembre 1995 ou à celle des manifestations sans fin contre la réforme des retraites en 2010 ?

A chaque fois, le pouvoir a été secoué, voire paralysé. Mais il a surmonté l'épreuve. Et protégé le président. L'adoption ou le retrait du projet qui avait mis le feu aux poudres, un changement de gouvernement, au plus une dissolution de l'Assemblée (en 1968) ont permis de regagner des eaux moins agitées.

Pourquoi en irait-il différemment de la fronde suscitée par la réforme du mariage, qui s'est envenimée depuis des mois ? Après tout, le projet de loi accordant aux couples homosexuels les mêmes droits que ceux des couples hétérosexuels sera solennellement adopté mardi 23 avril et, sauf censure du Conseil constitutionnel, les premiers mariages gays seront célébrés cet été.

Déjà, en 1975, lors de la légalisation de l'interruption volontaire de grossesse, puis en 1999, lors de la création du pacs, la droite avait poussé des cris à fendre l'âme et voué les réformateurs aux gémonies, avant d'admettre, bon gré mal gré, que la famille et la société n'avaient pas sombré dans d'infernales catastrophes.

Aujourd'hui, pourtant, ce scénario de l'apaisement n'est pas le plus probable. Il bute, en effet, sur trois constats qui modifient les lois habituelles de la physique politique.

Tout d'abord, l'accumulation des crises. Celle, culturelle, du mariage vient s'ajouter à la crise économique qui mine la confiance du pays et le moral des Français depuis cinq ans, aussi inexorablement que la courbe du chômage grimpe vers des records historiques. Et, comme si ce n'était pas assez, le scandale Cahuzac y a surajouté une crise morale où l'indignité d'un ministre jette, quoi qu'on en dise, l'opprobre sur tout le monde politique. Cela fait beaucoup d'électricité dans l'air.

Ensuite, et plus que jamais, tous les pouvoirs sont concentrés entre les mêmes mains. Les présidents de droite ont dû compter avec de solides bastions locaux de gauche, tandis que François Mitterrand à l'Elysée ou Lionel Jospin à Matignon ont dû composer avec un Sénat d'opposition. Or les socialistes détiennent presque à eux seuls, aujourd'hui, tous les leviers : gouvernement, Assemblée, Sénat, quasi-totalité des régions et majorité des départements et des grandes villes. Cette force est une faiblesse, tant elle entrave la respiration démocratique du pays. Faute de contre-pouvoirs, la grogne passe par la rue.

Enfin, les gouvernants souffrent, comme jamais, de leur impuissance à trouver un traitement efficace contre le cancer du chômage. Les Français avaient cru, en 2007, au volontarisme de Nicolas Sarkozy ; ils ont fait confiance, en 2012, à la détermination de François Hollande. En vain. Dans les deux cas, le désenchantement a fait place à la désillusion, et désormais à la défiance. Quand à peine plus du quart de l'opinion fait encore crédit au chef de l'Etat, c'est son action qui se trouve entravée ou inopérante.

Il ne peut qu'en faire le constat, cruel, ces jours-ci, sur tous les dossiers décisifs. Certes le président préside, le gouvernement gouverne et le Parlement parlemente. Mais, quoi que dise ou fasse le pouvoir, ses opposants ne désarment pas. Au contraire.

Ainsi du « mariage pour tous ». La maîtrise de l'ordre du jour parlementaire a permis d'accélérer l'adoption définitive du texte, dans l'espoir de couper l'herbe sous le pied des manifestants. Peine perdue, pour l'instant, puisque les opposants, exaspérés par cette manœuvre, ont déjà annoncé de nouvelles manifestations, les 5 et 26 mai, afin de poursuivre leur croisade.

De même pour le projet de loi sur l'emploi, qui transpose l'accord de janvier entre le patronat et trois des cinq grandes organisations syndicales. Là encore, le gouvernement a utilisé les ressources de la Constitution – en l'occurrence le vote bloqué au Sénat –, pour accélérer la discussion de cette réforme emblématique et obtenir son adoption cette semaine. C'est, là, l'opposition du Front de gauche qui a crié au « coup de force » et trouvé une motivation supplémentaire pour mobiliser pour sa manifestation du 5 mai.

Ce mardi, encore, le gouvernement soumet à l'Assemblée le programme de stabilité qui fixe le cap de sa politique économique jusqu'à la fin du quinquennat. Il dispose d'une majorité suffisante pour éviter toute mauvaise surprise, mais, outre les critiques de la droite et du Front de gauche, il ne pourra faire taire les voix divergentes dans ses propres rangs, de la part d'une aile gauche qui réclame un assouplissement des disciplines européennes pour éviter la récession qui menace.

Enfin, mercredi, au conseil des ministres, sera présenté le projet de loi sur la moralisation de la vie politique, exigé par le président de la République pour tenter de surmonter le traumatisme de l'affaire Cahuzac. Mais, avant même qu'il soit dévoilé, c'est du cœur même de la majorité que les critiques ont fusé, par la voix du président de l'Assemblée nationale, qui exprimait tout haut l'opposition de bon nombre de parlementaires de tous bords.

Redoutable semaine, donc : sur quatre textes majeurs, ce n'est pas seulement une course de vitesse qui semble engagée entre François Hollande et ses oppositions. C'est une confrontation incertaine entre le pouvoir présidentiel et une sorte de référendum négatif qui accueille chacune de ses initiatives.

19 juin 2013

Les plafonds de verre du Front national

Ce n'est pas encore une habitude, mais déjà une répétition. Inquiétante autant que prévisible. Pour la seconde fois en trois mois, un candidat socialiste est éliminé par celui du Front national, dès le premier tour d'une élection législative partielle. Le 24 mars, c'était dans l'Oise, terre de droite où l'UMP Jean-François Mancel a finalement été réélu de justesse.

La gifle reçue le 16 juin, lors de l'élection destinée à pourvoir le siège laissé vacant par Jérôme Cahuzac, est beaucoup plus cinglante. Dans ce Lot-et-Garonne de tradition radicale-socialiste, où l'ex-ministre du budget avait été triomphalement réélu il y a un an, le candidat du PS a été sèchement écarté du second tour. Dimanche prochain, c'est donc un duel entre le porte-drapeau de l'UMP et un jeune candidat frontiste de 23 ans auquel sont conviés les électeurs de Villeneuve-sur-Lot et des campagnes avoisinantes.

En mars, la présidente du Front national triomphait. A ses yeux, la partielle de l'Oise témoignait de la « marche incontestable vers [l']arrivée [du FN] au pouvoir ». Au vu des résultats dans le Lot-et-Garonne, son vice-président, Florian Philippot, n'a pas été moins emphatique, saluant « une dynamique extraordinaire ». De fait, le FN progresse depuis un an, alors que le PS s'effondre, que l'UMP stagne et que le Front de gauche reste marginal.

Tout apporte de l'eau au moulin de Mme Le Pen. La crise économique et sociale, d'abord. Crue inexorable du chômage, croissance à l'arrêt, pouvoir d'achat en berne, hausse sans fin des impôts : tout nourrit le réquisitoire du parti d'extrême droite contre l'impuissance des gouvernants. Dominique Reynié, directeur de la Fondation pour l'innovation politique, le soulignait récemment : « Le FN bénéficie d'un effet essuie-glace, qui lui permet de récupérer les déçus du gouvernement : hier, les déçus de la droite, jugée trop faible contre l'immigration ; aujourd'hui, les déçus de la gauche, jugée trop faible contre le chômage. Le populisme est un opportunisme de crise, donc un fourre-tout. » Mais un fourre-tout diablement attirant, notamment pour les électeurs les plus populaires, qui se sentent « invisibles », abandonnés à leur sort.

La crise des partis de gouvernement n'est pas un acide moins corrosif. La tentation d'une « autre politique » économique et européenne taraude la gauche, jusqu'au sein même du PS, et prive le chef de l'Etat d'une base politique solide pour conduire, avec la clarté requise, le douloureux redressement qu'il a promis. La droite, elle, est en cale sèche. Déchirée par ses guerres de chefs et ses hésitations idéologiques et stratégiques, l'UMP ne parvient pas à surmonter le traumatisme de son échec de 2012. Quant à l'UDI de Jean-Louis Borloo, elle est engluée dans ses velléités.

Enfin, la crise morale, scandée par l'incessant feuilleton des « affaires », alimente le procès, aussi ancien que l'extrême droite, contre le « système », les élites et les élus « ripoublicains ». Dans l'Oise, c'étaient les casseroles traînées derrière lui par M. Mancel[1]. Dans le Lot-et-Garonne, le scandale Cahuzac, évidemment. Demain, ce sera l'affaire Tapie, ou autre.

De tout cela, Marine Le Pen fait son miel électoral. Contrairement à son père, trop heureux de dénoncer le pouvoir pour souhaiter l'exercer, la présidente du Front national entend le conquérir. Depuis deux ans, elle ne s'est pas contentée de moderniser l'image de son parti, d'en gommer les relents les plus nauséabonds et de le « dédiaboliser ». Le résultat est là, d'ailleurs : pour la première fois depuis trente ans, moins de la moitié des Français (47 %, selon le baromètre 2013 de la Sofres) considère que le FN est « un danger pour la démocratie ».

Forte de son score à la présidentielle de 2012 (17,9 %), Mme Le Pen s'emploie également à en renouveler les cadres et à en renforcer l'implantation

1. Jean-François Mancel (ex RPR), président du conseil général de l'Oise, a été mis en examen en 1998 pour détournement de fonds publics, avant d'être relaxé en 2002. A nouveau mis en cause, en 2000, pour une affaire de conflit d'intérêts, il a été condamné en avril 2005 par la Cour d'appel de Paris à 18 mois de prison avec sursis.

locale – son talon d'Achille depuis l'échec du frontisme municipal des années Mégret –, notamment dans les banlieues lointaines ou les terres rurales oubliées. Enfin, loin du libéralisme économique brouillon de son père, elle a recentré son projet sur une équation simple : Etat fort pour faire pièce à l'Europe + protectionnisme tout terrain + xénophobie tous azimuts. Elle retrouve ainsi les ressorts fondamentaux de l'extrême droite des années 1930, mais la crise lui donne un écho sensiblement plus large, dans des électorats déboussolés, à droite comme à gauche.

Le FN a-t-il, pour autant, les moyens de son ambition ? Non, en dépit de succès électoraux encore sporadiques. Car il se heurte à deux plafonds de verre. Le premier est électoral : à deux exceptions près (Marion Maréchal-Le Pen et Gilbert Collard), et sans préjuger du résultat dans le Lot-et-Garonne le 23 juin, il ne parvient pas à franchir la barre des 50 % au second tour des législatives. Il bouscule le paysage politique, sans le bouleverser.

Le second concerne Marine Le Pen : selon la Sofres, sa cote d'avenir (les Français qui souhaitent lui voir jouer un rôle plus important dans les mois et les années à venir) a progressé d'une dizaine de points depuis deux ans, mais elle plafonne désormais autour de 30 %. Elle a beau se targuer d'être « au centre de la vie politique » et dénoncer « l'UMPS », elle n'a pas conquis, aux yeux des Français, la crédibilité nécessaire pour qu'ils l'imaginent gouverner le pays, demain. Elle apparaît trop inexpérimentée pour cela, et son parti trop peu armé. Sa force est de n'être pas une force de gouvernement. Sa limite tout autant.

Mais rien ne garantit que ces plafonds de verre résisteront éternellement.

3 juillet 2013

Cumul des mandats, éloge du hara-kiri

Le hara-kiri, assure le dictionnaire Robert, est « un mode de suicide particulièrement honorable, au Japon ». C'est, très exactement, le geste auquel sont invités les députés, puisqu'ils examinent, à partir du 3 juillet, les projets de loi interdisant le cumul de fonctions exécutives locales avec le mandat de parlementaire, national ou européen. Le moins qu'on puisse dire est que bon nombre d'entre eux y vont à reculons.

Et pour cause : 468 députés sur 577 (81 %) sont en situation de cumul et, parmi eux, 336 (58 %) exercent des fonctions de maire ou d'adjoint, président ou vice-président de conseils généraux ou régionaux, etc. Le tour des sénateurs viendra, à l'automne ; 264 d'entre eux sur 348 exercent un ou des mandats locaux, dont 211 des fonctions exécutives. Bref, le gouvernement demande à des assemblées de cumuleurs – inutile de céder au poujadiste « cumulards » – de renoncer à cet attribut de leur pouvoir.

C'est, en effet, l'un des traits les plus caractéristiques de notre anthropologie politique. Marginal ou minoritaire dans les autres démocraties européennes (un quart en Allemagne, une poignée au Royaume-Uni), le cumul de mandats nationaux et locaux s'est généralisé depuis une bonne trentaine d'années. L'argumentaire de ses partisans et pratiquants est parfaitement rodé. Sans responsabilités locales, assurent-ils, ils perdraient le contact avec le « terrain » et la perception directe des attentes des citoyens. Carrières locale et nationale sont, à leurs yeux, utilement complémentaires. Plus encore quand, sénateurs, ils sont membres d'une Assemblée qui assure, selon la Constitution, « la représentation des collectivités territoriales de la République ». Mieux, plaident-ils : avoir un pied au Parlement et ses entrées dans les ministères est le plus sûr moyen de bien défendre les intérêts de sa circonscription.

En outre, ajoutent-ils, les enquêtes d'opinion selon lesquelles les Français seraient en majorité hostiles au cumul des mandats sont démenties par les électeurs : ceux-ci accordent, bien souvent, une prime à leur « député-maire » ou à leur sénateur-président de conseil général, notable local connu et reconnu. Enfin, s'ils ne s'en vantent pas, beaucoup des élus tout-terrain admettent qu'un mandat exécutif local améliore sensiblement leurs moyens d'action : non seulement en termes d'intendance, mais aussi d'indemnités, même si le mécanisme d'« écrêtement » plafonne depuis vingt ans le revenu de base des cumuleurs à 1,5 fois leur indemnité parlementaire.

Pourtant, ce plaidoyer pro domo ne résiste pas à l'analyse. Si l'exercice de fonctions exécutives locales – sachant que la détention d'un simple mandat municipal, départemental ou régional reste autorisé par le projet du gouvernement – était indispensable pour rester proche du « terrain », on se demande bien comment pourraient survivre les quelque 20 % de parlementaires qui n'exercent qu'un mandat national. Chacun sait que le mode de scrutin législatif, majoritaire et uninominal, impose à tout député qui souhaite être réélu de s'occuper activement de sa circonscription et de rester proche de ses électeurs.

En outre, le cumul des mandats est le symptôme cruel de l'affaiblissement du rôle du Parlement sous la Ve République. Pis, il contribue à l'accentuer : pour bon nombre d'élus, le vrai pouvoir est local, et le mandat parlementaire – symbolique, voire honorifique – est d'abord destiné à sédimenter une carrière et à consolider un fief. En plaçant peu ou prou le mandat parlementaire au service de la fonction locale, le cumul est ainsi une source constante de conflit entre l'intérêt national, que députés et sénateurs sont censés servir, et leurs intérêts locaux. D'innombrables débats en témoignent, à commencer par ceux touchant aux pouvoirs des collectivités locales.

L'affaiblissement du Parlement est d'autant plus profond que le cumul est l'une des causes du désinvestissement et de l'absentéisme parlementaires, sur lesquels beaucoup versent des larmes de crocodile. L'enquête minutieuse menée par Laurent Bach et publiée en 2012 par le Centre pour la recherche économique et ses applications le démontre : dans la plupart des domaines de l'activité parlementaire (interventions en séance, présence aux réunions des commissions, rapports, missions d'information…), les « simples députés » sont beaucoup plus actifs que leurs collègues cumuleurs. C'est d'ailleurs inévitable : la décentralisation a fait des exécutifs locaux des activités à temps plein, difficilement conciliables avec un exercice approfondi du mandat parlementaire.

Enfin, et c'est l'essentiel, le cumul des mandats concentre entre trop peu de mains un trop grand nombre de responsabilités, reconduisant à l'identique un système de plus en plus verrouillé. Ce faisant, il entrave le renouvellement du personnel et de la vie politiques. Ainsi, malgré l'inscription du principe de la parité dans la Constitution depuis plus de dix ans, quatre parlementaires sur cinq restent des hommes. De même, la moyenne d'âge des députés français est l'une des plus élevées d'Europe. Quant à la diversité – sociale ou d'origine – de nos parlementaires, elle est aussi étroite que figée.

A supposer que les parlementaires français fassent passer la vitalité démocratique du pays avant leurs intérêts particuliers, ils se devraient d'approuver largement la réforme – cet honorable hara-kiri, à l'horizon prudent de 2017 – qui leur est proposée. On peut craindre qu'il n'en soit rien, notamment au Sénat. Mais il ne faudrait pas qu'ils viennent, ensuite, se lamenter sur le discrédit dont ils sont l'objet.

4 septembre 2013

Hollande le rond, Hollande le carré

François Hollande est-il menacé de schizophrénie, d'une dissociation de la pensée provoquant des actions ou des conduites contradictoires ? Voilà un président de la République équilibriste sur la scène hexagonale mais trapéziste dans l'arène internationale, prudent, voire oblique, quand il est question de gouverner la France, mais martial, voire brutal, quand il s'agit d'intervenir à l'étranger, adepte, ici, des médecines douces, là, des thérapies de choc. Bref, rond à l'intérieur des frontières, carré à l'extérieur.

La semaine passée donne la mesure du contraste. En effet, le chef de l'Etat a rendu son arbitrage sur la réforme des retraites puis sur la politique pénale, et en a esquissé un troisième, sur le budget 2014, en décrétant que « le temps est venu de faire une pause fiscale ». Sur chacun de ces dossiers lourds de conséquences pour le pays et les Français, M. Hollande a soigneusement soupesé les options, tenu compte des concertations ou controverses liminaires, évalué les risques de crispation ou de blocage et exploré les points d'équilibre qui lui paraissent les plus pertinents. Avec des précautions de dentellière et cette obsession de la synthèse que d'aucuns assimilent à de l'hésitation ou de la procrastination.

Or dans le même temps, devant les ambassadeurs le 27 août, puis dans ces colonnes le 31, le président a pris des accents d'intraitable procureur pour dénoncer l'utilisation d'armes chimiques par le régime syrien, cet « acte abject » qui « le condamne définitivement aux yeux du monde ». Celui-là même qui récuse toute réforme « punitive » en France – pour reprendre l'expression de son premier ministre – a assuré que « la France est prête à punir ceux qui ont pris la décision effroyable de gazer des innocents ». Au risque de se retrouver, quelques jours plus tard, bien seul en première ligne, après le renoncement britannique et les latences américaines[1].

Ce n'est pas la première fois que se produit pareil télescopage entre prudence de Sioux et intrépidité de cow-boy. En janvier, déjà, M. Hollande avait décidé, en quelques heures, d'envoyer l'armée française au Mali pour stopper l'avancée de colonnes d'insurgés sur Bamako. Ce coup d'audace – réussi – avait stupéfié, de la part d'un homme qui venait de rechercher, durant des semaines et non sans mal, l'équilibre

1. Alors que le président français est déterminé à intervenir militairement contre le régime de Damas, il n'est pas suivi par Londres et Washington. Le 29 août, les députés britanniques refusent de donner leur feu vert à une opération militaire au Proche-Orient. Le 31 août, le président américain Barak Obama décide de consulter le Congrès sur une telle intervention, ce qui interdit toute décision rapide.

souhaitable du projet de loi sur le mariage pour tous. Ou qui avait, par l'entremise de son ministre du travail, Michel Sapin, méticuleusement supervisé durant tout l'automne 2012 les négociations entre partenaires sociaux sur la réforme du marché du travail.

Bien sûr, dira-t-on, l'on compare là des décisions incomparables. L'engagement au Mali relevait de l'urgence absolue si la France voulait empêcher l'installation d'un Etat djihadiste au cœur du Sahel. La volonté de sanctionner le régime syrien relève, elle, d'un impératif moral autant que stratégique, si l'on veut bien admettre que la banalisation de l'emploi d'armes chimiques est de nature à menacer, au Proche-Orient notamment, les fragiles équilibres du monde. Pour autant, dans un cas comme dans l'autre, les risques étaient ou sont évidents : l'affaire malienne était loin d'être gagnée d'avance et le drame syrien est plus imprévisible que jamais. Ces risques, M. Hollande les a assumés.

Pourquoi en va-t-il différemment sur la scène intérieure ? La France n'est-elle pas confrontée à une crise très sérieuse ? Sa souveraineté est érodée par le poids de sa dette, sa puissance minée par sa perte de compétitivité et son équilibre ébranlé par ses fractures sociales et morales. En bonne logique, cela devrait conduire le chef de l'Etat à sonner le tocsin.

L'on sait, ou l'on devine, pourquoi il s'y refuse – sans pour autant minimiser les efforts nécessaires au redressement. A ses yeux, l'état de l'économie française est trop fragile pour risquer de tuer le malade par les traitements de cheval que lui recommandent désormais les ténors de l'opposition, bien oublieux de la décennie gâchée quand ils étaient au pouvoir. Tout, au contraire, doit être fait pour consolider les signes encore timides, mais convergents, d'amélioration de la situation. Sans « précipitation », ni « brutalité », tant l'économie est aussi affaire de psychologie.

L'état de la société française n'incite pas moins à la prudence. Toutes les enquêtes témoignent que les Français sont profondément pessimistes sur l'avenir du pays, sinon sur le leur ; plus que sceptiques sur les atouts de la France, pourtant réels ; crispés devant l'idée même de réforme, tant ils craignent d'y perdre des plumes ; défiants à l'égard des gouvernants, tant ils doutent de leur pouvoir réel à modifier le cours des choses.

Enfin, le président est assez rompu à l'analyse des rapports de force pour savoir que s'il dispose, grâce à la loi électorale, d'une indéniable majorité parlementaire à l'Assemblée nationale, il ne bénéficie dans le pays que d'une assise politique beaucoup plus étriquée : grosso modo, entre 25 % et 30 % des Français approuvent son action, soit son score au premier tour de la présidentielle (28,1 %). A l'évidence, cela ne permet guère d'avoir les coudées franches, surtout quand on a choisi de faire avaler au pays en général, et à la gauche en particulier, des choix si contraires à leurs (mauvaises) habitudes : douloureux désendettement, rattrapage de compétitivité ou allongement de la durée de cotisation de retraite, notamment.

Dans l'affaire malienne, le chef de l'Etat est sorti de l'ambiguïté à son avantage, contrairement à l'adage du cardinal de Retz, qui servit de boussole à François Mitterrand. De même sur la Syrie où, quoi qu'il advienne désormais, il aura dit haut et clair les frontières de l'inacceptable pour la France. Il n'est donc pas sûr qu'il sortirait à ses dépens du flou qu'il entretient savamment sur sa visée nationale. Et l'on pourrait en dire autant de sa vision européenne. Cela reviendrait à être plus carré sur la scène intérieure. Pour Hollande le rond, champion de la synthèse, ce ne devrait pas être un défi insurmontable !

23 octobre 2013

Dans la solitude de l'Elysée

François Hollande peut remercier le général de Gaulle. Comme tous ses prédécesseurs, les institutions léguées par le fondateur de la Ve République le protègent contre vents et marées, contre les secousses les plus violentes et tout autant contre lui-même, ses indécisions et ses erreurs. L'on vient d'en avoir la démonstration. A trois reprises en l'espace d'un mois, en effet, l'autorité du pouvoir, en particulier présidentiel, a été soumise à très rude épreuve.

La première séquence commence le 24 septembre, avec les déclarations incendiaires du ministre de l'intérieur, Manuel Valls, sur les Roms et leur incapacité à s'intégrer en France, sauf exception. Deux jours plus tard, la ministre du logement, Cécile Duflot, dénonce publiquement cette remise en question du « pacte républicain » et réclame l'arbitrage du président de la République. Puis c'est M. Valls qui s'indigne, à son tour, de ces critiques « insupportables ». Et il faut attendre le 2 octobre pour que

M. Hollande mette un terme à cette violente empoignade. Encore se contente-t-il d'un rappel du code de bonne conduite gouvernementale, sans trancher sur le fond le débat qui déchire ses ministres.

Le bilan est affligeant : un climat délétère, des socialistes exaspérés, l'opposition qui en rajoute, le premier ministre éclipsé et le président obsédé par la synthèse des contraires jusqu'à la pusillanimité.

Le deuxième épisode, passé plus inaperçu pour le commun des mortels, n'en est pas moins déplorable. Le 25 septembre, le projet de budget est présenté au conseil des ministres. Il comporte la création d'un nouvel impôt sur les entreprises – une taxe sur l'excédent brut d'exploitation –, censé rapporter 2,5 milliards d'euros à l'Etat dès 2014. La levée de boucliers patronale est immédiate : c'est l'investissement qu'on assassine, s'insurge Pierre Gattaz, le président du Medef. L'affaire ne traîne pas : après avoir envisagé des ajustements, le gouvernement renonce purement et simplement à son projet le 6 octobre et compense le manque à gagner par un doublement de la surtaxe sur l'impôt sur les sociétés. Le bilan, là encore, est peu glorieux : un bricolage mal ficelé, une retraite éclair au premier coup de semonce et, au bout du compte, une politique fiscale confuse et mal assumée.

Enfin, au moment même où se termine cet épisode budgétaire, s'enclenche l'« affaire Leonarda », du nom de la collégienne rom interpellée, le 9 octobre, lors d'une sortie scolaire dans le Doubs et expulsée avec sa mère, ses frères et sœurs vers le Kosovo, où son père avait été renvoyé la veille, faute d'un dossier de demande d'asile solide. Depuis, c'est devenu affaire d'Etat ou presque, condensé explosif de tous les dérèglements actuels d'un pouvoir déboussolé.

Résumons : un Parti socialiste qui se réveille brusquement, choqué par des pratiques qu'il condamnait du temps de Nicolas Sarkozy et sur lesquelles il a fermé les yeux depuis dix-huit mois. Des « camarades » trop heureux de pouvoir, enfin, clouer au pilori l'iconoclaste ministre de l'intérieur pour faute lourde contre les valeurs de la gauche. Des lycéens démarrant au quart de tour pour défendre l'icône Leonarda, ce qui n'est jamais de nature à calmer les gouvernements. La compagne du président, Valérie Trierweiler, qui s'en mêle. Son ex-compagne, Ségolène Royal, qui ajoute son grain de sel.

Et pour couronner le tout, le chef de l'Etat, qui intervient lui-même à la télévision le 19 octobre pour mettre un terme à ce psychodrame, assure que cette expulsion était justifiée par la loi, promet que désormais toute expulsion sera proscrite en milieu scolaire et – d'une fatidique phrase finale sans doute destinée à montrer que la gauche n'a pas complètement perdu le « monopole du cœur » – se prend lourdement les pieds dans le tapis en offrant à la jeune Leonarda la possibilité de rentrer en France, mais seule, sans sa famille. Pour s'entendre, quasiment en direct depuis Mitrovica, répliquer par l'intéressée qu'il n'en est pas question. Surréaliste !

Caustique, le quotidien allemand *Die Welt* a vu dans cet épisode « l'exemple même du talent rare de François Hollande pour prendre des décisions et les saper en même temps ». En termes moins diplomatiques, disons qu'il est difficile d'imaginer rentrée plus foireuse. Et le chef de l'Etat aurait tort de penser que le bouclier des institutions lui permettra aisément d'en effacer les dégâts.

Certes, les apparences du pouvoir sont intactes. Le président préside, son agenda en témoigne. Le gouvernement gouverne, tant bien que mal. Le Parlement légifère à vive allure, vote la réforme des retraites, approuve les recettes fiscales et s'attaque, cette semaine, au budget de la Sécurité sociale. C'est plus sérieux, dira-t-on, que le feuilleton erratique et frénétiquement relayé par les réseaux sociaux de ces dernières semaines.

Mais la réalité du pouvoir, autant que son image, est atteinte. Le sentiment qu'il n'incarne pas pleinement l'autorité de sa fonction avait déjà creusé – autant que la rude cure budgétaire administrée depuis un an et l'impuissance à juguler le chômage – un fossé profond entre le président et les Français, comme le démontrent les records d'impopularité qu'il enregistre mois après mois. Ce fossé risque de devenir abyssal si, comme il peut le craindre, l'affaire Leonarda lui a fait perdre le dernier atout dont le créditait encore l'opinion : son caractère sympathique.

Quant aux rapports entre le président et sa majorité – non sa majorité parlementaire, à peu près muselée jusqu'à présent, mais celle de ses électeurs de 2012 –, ils risquent de se déliter. Depuis une vingtaine d'années, la gauche a vu s'éroder, peu à peu, sa base sociale traditionnelle des catégories populaires. Elle est désormais menacée de voir s'éloigner sa base morale, attachée, malgré tout, à des valeurs d'accueil et de solidarité. Et ce n'est pas la forteresse de l'Elysée qui protégera M. Hollande de cette déréliction.

4 décembre 2013

Les Français, la tête près du bonnet

Il est des expressions trompeuses. « Avoir la tête près du bonnet », croyait-on, était gage de robuste sagesse populaire. Il n'en est rien. C'est, au contraire, le propre de personnes soupe au lait et volontiers colériques. Par ces temps de frimas – météorologiques et fiscaux –, les Français ont, à l'évidence, la tête près du bonnet.

Bonnets rouges. Un mois après leur coup d'éclat à Quimper, les Bretons ont récidivé, samedi 30 novembre, à Carhaix. « Bonnets rouges » en tête, brandissant le drapeau breton, le gwenn ha du, comme étendard de leur révolte, à grands coups de gueule et de cornemuse, ils ont, de nouveau, rassemblé quelque 30 000 personnes sur le site du festival des Vieilles Charrues.

Le premier ministre espérait avoir apaisé cette jacquerie en promettant de remettre à plat toute la fiscalité. Peine perdue. Les Bretons ne veulent rien entendre tant que cette taxe sur les poids lourds ne sera pas enterrée, une bonne fois pour toutes. Peu leur importe le « pacte d'avenir » promis et préparé par Jean-Marc Ayrault : tout ce qui vient de Paris est, a priori, récusé par cette Bretagne « méprisée », selon le mot de Christian Troadec, le maire divers gauche de Carhaix, qui revendique « la régionalisation des décisions ». Après avoir réveillé la mémoire de la fronde fiscale contre Louis XIV, les voilà qui ouvrent à la population des « cahiers de doléances » pour nourrir et enraciner leur mouvement.

Bonnets phrygiens. Une telle captation d'héritage révolutionnaire, c'en était trop pour les « sans-culottes » de la gauche radicale. Dimanche 1er décembre à Paris, les manifestants du Parti de gauche, du Parti communiste, du Nouveau Parti anticapitaliste et de Lutte ouvrière, n'ont pas enfilé des bonnets rouges mais, symboliquement, les bonnets phrygiens de la Révolution ; ils n'ont pas brandi les étendards du gwenn ha du, mais une marée de drapeaux rouges, « ce rouge que certains usurpent », comme s'en est offusqué Pierre Laurent, le secrétaire national du PCF.

Enfin, ce n'est pas à la révolte fiscale qu'ils ont appelée, mais à une « révolution » radicale, en faveur d'un impôt « juste ». Il y a un mois, déjà, Jean-Luc Mélenchon avait fustigé le mouvement « archaïque et folklorique » des « bonnets rouges » bretons. Non sans amertume, il l'a redit, dimanche : « Nous sommes des partageux, et ça nous fait mal au cœur, nous qui nous sommes toujours battus pour l'égalité, de voir qu'on est en quelque sorte marginalisés et que des gens qui défendent des intérêts particuliers occupent tout le terrain. » Avant d'ajouter, prophétique comme à l'accoutumée : « Nous sommes le matin qui va se lever sur 1788 ! », à l'aube de la révolution, en somme.

Gros bonnets. Le coprésident du Parti de gauche a encore du pain sur la planche : deux siècles après la nuit du 4 août, les privilèges n'ont pas disparu, loin de là, au royaume de France. A commencer par ceux des « gros bonnets du CAC 40 », comme n'a pas manqué de le relever M. Mélenchon, au lendemain de l'« affaire » de la retraite chapeau de Philippe Varin, le président de PSA Peugeot Citroën.

Bien fâcheuse affaire, en vérité, pour Peugeot en particulier et les grands patrons en général. Le 27 novembre, la CGT révèle que PSA a provisionné dans ses comptes 21 millions d'euros pour assurer à son PDG, dont le départ est annoncé en 2014, une retraite de 310 000 euros annuels pendant trente ans. Cette disposition était prévue depuis 2010, mais sa divulgation provoque un tollé : au moment où PSA est en situation périlleuse, ferme l'usine d'Aulnay-sous-Bois, gèle les salaires et négocie l'entrée à son capital de l'Etat et d'un constructeur chinois, chacun crie à l'indécence et au scandale. Jusqu'à ce que, sous la pression, M. Varin renonce à sa retraite chapeau. Pour le plus grand soulagement du Medef, trop heureux d'échapper à un débat empoisonné, et du gouvernement, bien embarrassé de s'en être remis, en la matière, à la « sagesse » des patrons… Mais sans calmer l'exaspération des Français qui, pour le coup, ont bien la tête près du bonnet : 77 % (selon un sondage de BVA-*Le Parisien*) sont favorables à une loi interdisant les retraites chapeaux.

Bonnets d'âne. Voilà, enfin, l'infamant couvre-chef dont la France vient d'être affublée par l'enquête PISA, menée tous les trois ans par l'OCDE pour évaluer le niveau des collégiens dans une soixantaine de pays. Non seulement les performances moyennes des élèves sont médiocres, mais plus que jamais notre système éducatif apparaît comme le champion des inégalités scolaires, étroitement indexées sur l'origine sociale des élèves. Trente ans de zones d'éducation prioritaire (ZEP) n'y ont rien changé ; au contraire.

Avec un sens aigu de l'à-propos, c'est le moment choisi par les professeurs de classes préparatoires aux grandes écoles pour sonner le tocsin. La cause de cette rébellion ? Le ministre de l'éducation veut rogner quelques avantages de ces enseignants réputés bien payés pour améliorer, précisément, les conditions de travail dans les ZEP. Autrement dit, demander un (petit) effort aux enseignants de l'élite pour aider ceux des zones déshéritées. Hors de question !, ont répliqué les premiers, prêts à défendre leurs « acquis » comme des corporations d'Ancien Régime.

Pour l'heure, une chose est sûre : dans tous ces cas de figures, c'est le président de la République qui portera le chapeau !

8 janvier 2014

Contre Dieudonné, Valls a raison

Il y a mille raisons de ne pas commencer l'année avec Dieudonné. Mille excellentes raisons de ne pas se laisser entraîner dans les polémiques glauques que déclenche invariablement ce provocateur patenté et soi-disant humoriste. Depuis que le ministre de l'intérieur a dénoncé « les propos racistes et antisémites » de Dieudonné, depuis qu'il a annoncé son intention de « casser cette mécanique de haine » et d'étudier toutes les voies juridiques pour interdire ses spectacles, pas un argument n'a manqué, en effet, pour inciter à se tenir à distance.

Attention ! mettent en garde les uns : attaquer Dieudonné bille en tête, comme l'a fait Manuel Valls, c'est lui assurer une notoriété et une publicité inespérées, à la veille d'une tournée qui commence le 9 janvier à Nantes et doit le conduire dans 22 villes de France et de Navarre dans les prochaines semaines.

Menacer d'interdire ses spectacles, déplorent les autres, c'est risquer de transformer l'histrion en paria et lui apporter sur un plateau la démonstration que sa rhétorique touche juste : vous voyez bien que je suis le héros des antisystèmes, puisque le « système », en la personne du ministre de l'intérieur lui-même, me désigne comme ennemi public, pourra-t-il ricaner à la première occasion. Rien de tel pour alimenter les fantasmes complotistes dont il a fait l'un de ses fonds de commerce.

Pis encore, interdire les prestations de Dieudonné, n'est-ce pas s'engager sur un terrain périlleux pour les libertés publiques, menacer ces fondements de la démocratie que sont les libertés d'expression et de réunion ? N'est-ce pas censurer un artiste, museler un libre penseur, récuser le rire au nom de la morale publique, comme le plaident déjà ses avocats ? N'est-ce pas risquer d'être, ensuite, désavoué par la justice si le « trouble à l'ordre public », invoqué par le ministre de l'intérieur pour intervenir, n'est pas avéré ?

D'autres encore, tout en dénonçant les provocations antisionistes – pour ne pas dire antisémites – de Dieudonné, refusent de prêter la main à ce qu'ils estiment être un coup politique de M. Valls, une manière de redorer son blason républicain. Pas vous, et pas sur ce terrain !, rétorquent-ils au ministre, en lui rappelant ses sorties inacceptables sur les Roms, il y a quelques semaines.

Aucun de ces arguments n'est négligeable. Mais alors, que fait-on ? On laisse Dieudonné, soir après soir, déverser sa haine des « juifs », de « la juiverie », de « kippa city » et du « complot sioniste » ? On se bouche les oreilles quand il répète en boucle, en dépit de la procédure engagée par Radio France : « Quand je l'entends parler, Patrick Cohen [animateur de la matinale de France Inter], je me dis, tu vois, les chambres à gaz… Dommage ! » ?

On ignore, de même, son apologie de Pétain, coupable de la rafle du Vél'd'Hiv, mais, selon lui, « moins raciste » que Hollande ? On ferme les yeux quand il exhibe sur scène le négationniste des chambres à gaz, Robert Faurisson ; ou quand il entonne, sur l'air d'une chanson d'Annie Cordy, un « Shoah nanas » qui tourne en dérision l'extermination des juifs d'Europe par le régime nazi ?

Bref, on le laisse, à peu près tranquillement, orchestrer ces transgressions, déverser ce poison sur Internet et fédérer, dans une jubilation commune, le vieil antisémitisme de l'extrême droite et un nouvel antisémitisme qui joue de la concurrence des mémoires pour mieux récuser la Shoah, au nom de la tragédie de l'esclavage ou des drames de la colonisation. On le laisse, enfin, au nom des libertés démocratiques, multiplier les bras d'honneur à « cette vieille prostituée de démocratie », en traitant ces éructations par le mépris.

Ce flegme affiché, voire cette indifférence inavouée ne sont, tout simplement, pas acceptables. C'est pourquoi Manuel Valls a eu raison d'engager le combat.

A condition de le mener, désormais, sans fléchir. Sur le terrain juridique, évidemment. Sans même parler de l'interdiction des spectacles – à l'évidence délicate, mais dont la volonté vient d'être confirmée par une circulaire aux préfets du ministre de l'intérieur –, on voit mal ce qui interdit d'opposer systématiquement à Dieudonné la législation en vigueur : celle-ci permet de réprimer, y compris par une peine d'un an de prison, « tout acte raciste, antisémite ou xénophobe », ainsi que la contestation de l'existence des crimes contre l'humanité, à commencer par la Shoah. A cet égard, les provocations de l'« humoriste » ne sont pas des opinions, mais des délits.

De même, sur le terrain fiscal et financier. Déjà condamné à plusieurs reprises, depuis 2007, pour injure et provocation à la haine raciale, Dieudonné a habilement organisé son insolvabilité (*Le Monde* du 4 janvier) pour éviter de payer les quelque 65 000 euros d'amende qui lui ont été infligés. Or, comme vient de le rappeler la garde des sceaux, l'organisation frauduleuse d'insolvabilité est un délit pénalement condamnable. Qu'attend-on ?

Mais, à juste titre, Christiane Taubira ajoute que la sanction judiciaire « ne suffira pas » : contre cette « barbarie ricanante » qui « teste la société, sa santé mentale, sa solidité éthique et sa vigilance », c'est effectivement un combat politique qu'il faut mener sans relâche. Pour démontrer que la démocratie n'est pas impuissante face à ceux qui la menacent en bafouant l'Etat de droit, ses lois et ses valeurs fondamentales. Et pour rappeler que, si la tolérance est une vertu cardinale, elle ne saurait aller jusqu'à accepter l'intolérable.

15 janvier 2014

Les trois fautes de François Hollande

Comment François Hollande a-t-il pu se fourrer dans pareil pétrin ? Comment a-t-il pu se comporter avec une telle insouciance, une telle légèreté, une telle imprudence ? Comment n'a-t-il pas mesuré le risque qu'il prenait ? Comment n'a-t-il pas imaginé le feuilleton calamiteux dans lequel il se trouve désormais plongé, depuis que le magazine *Closer* a révélé sa relation – que l'on hésite à qualifier toujours de « présumée » – avec l'actrice Julie Gayet ? Cela, véritablement, dépasse l'entendement.

Voilà un homme politique aguerri, qui n'avait pas de mots assez cinglants, il y a six ans, pour fustiger le « narcissisme » de son prédécesseur, Nicolas Sarkozy, « ce président « m'as-tu-vu » qui nous installe tous en voyeurs » de sa vie privée, de son divorce d'avec Cécilia, puis de sa rencontre, deux mois plus tard, avec Carla Bruni. Voilà un candidat à la présidence de la République qui, le 2 mai 2012, lors du débat télévisé décisif avant le second tour de l'élection, martelait sa célèbre anaphore « Moi président… » et y glissait cet engagement sans pitié pour son adversaire : « Moi président, je ferai en sorte que mon comportement soit à chaque instant exemplaire. »

Et voilà le même, aujourd'hui, piégé par des photos prises à son insu et étalées sur la place publique, moqué sur tous les sites Internet, brocardé par la presse étrangère, en outre confronté à l'état de choc où se trouve sa compagne, Valérie Trierweiler. Et inévitablement contraint, ce mardi 14 janvier, à s'expliquer, d'une manière ou d'une autre, lors d'une conférence de presse dont les enjeux sont autrement décisifs pour la suite de son quinquennat, mais qui se trouve gravement parasitée par cette affaire privée.

Affaire privée ? C'est le sens du communiqué publié, dès vendredi, par François Hollande. Il y « déplore profondément les atteintes au respect de la vie privée auquel il a droit comme tout citoyen ». De fait, à l'inverse de Nicolas Sarkozy qui avait utilisé le même *Closer* pour mettre en scène son idylle naissante avec Carla Bruni, il n'a nullement recherché cette publicité. Bien au contraire.

Il n'en a pas moins commis une triple erreur, pour ne pas dire une triple faute. La première aura été d'ignorer, précisément, que le président de la République n'est pas libre de sa vie privée. Sa fonction même, quoi qu'il lui en coûte, verrouille son emploi du temps, bride ses mouvements, cadenasse sa liberté personnelle, expose son épouse ou, en l'occurrence, sa compagne et place son couple en situation permanente de représentation, aux yeux des Français comme sur la scène internationale. Ce n'est aucunement une question de morale, mais une obligation professionnelle, en quelque sorte. Et la garantie que rien ne le distrait des affaires de la France. Vouloir s'affranchir de cette ascèse peut coûter très cher : hier, Nicolas Sarkozy l'a payé d'un brutal discrédit dans l'opinion ; aujourd'hui, François Hollande aura du mal à faire oublier le pataquès qu'il a créé et le ridicule de sa situation.

La deuxième erreur aura été de se croire encore au temps de Valéry Giscard d'Estaing ou de François Mitterrand, d'imaginer qu'il pourrait, comme eux, s'offrir des escapades ou des vies parallèles, protégé par la souveraineté de la fonction autant que par le silence des médias. C'était mésestimer deux évolutions évidentes : la désacralisation de la présidence, à laquelle lui-même a ajouté sa pierre en revendiquant sa « normalité », et la dictature de la transparence imposée par Internet et l'hypermédiatisation.

Dans le contexte actuel, on doute, par exemple, que le spectacle du chef de l'Etat en galante compagnie emboutissant avec une Ferrari d'emprunt le camion d'un laitier, un petit matin de septembre 1974, n'aurait valu à « VGE » qu'un entrefilet moqueur dans le *Canard enchaîné* et des sourires entendus dans Paris. De même, on imagine difficilement que François Mitterrand aurait pu cacher pendant treize ans – de surcroît, faire protéger par les gendarmes de l'Elysée et loger aux frais de la République – sa deuxième famille, évoquée de façon allusive par *Minute* dès septembre 1981, et sa fille Mazarine, mentionnée de façon explicite par le même journal d'extrême droite en 1983, sans parler, à l'époque, des confidences à tout vent de Jean-Edern Hallier. Ce temps-là est révolu. A ses dépens, François Hollande a cru possible de l'ignorer.

Enfin, le chef de l'Etat a commis une lourde faute politique. L'année 2013 s'est soldée par l'effondrement de son image dans l'opinion et un doute insistant sur son autorité, autant que sur l'efficacité de la politique engagée pour sortir le pays de la crise qu'il traverse. A l'aube d'une année périlleuse, scandée par trois rendez-vous électoraux (municipales, européennes et sénatoriales) et dominée par des perspectives économiques peu encourageantes, il paraissait déterminé à reprendre la main et à affirmer, enfin, une présidentialité flageolante : ses vœux de Nouvel An avaient marqué ce changement de ton et fixé un cap plus clairement assumé. La conférence de presse du 14 janvier devait le confirmer. C'est cet indispensable travail de recrédibilisation qu'il a pris le risque de ruiner par ses incartades privées.

Quoi qu'il dise, ce mardi, de quelque audace dont il fasse preuve dans ses propositions, le président de la République aura le plus grand mal à effacer les interrogations des Français sur son insaisissable personnalité.

5 février 2014

La droite, otage du populisme chrétien

Le peuple de droite a pris goût à la rue. Dimanche après dimanche, il ne se lasse plus de battre le pavé pour crier sa rage, son désespoir ou, à tout le moins, son exaspération. Le 19 janvier, les militants anti-avortement les plus virulents défilaient en scandant « Oui à la vie ! ». Le 26 janvier, c'était « jour de colère » pour tout ce que la droite la plus radicale compte de tribus éparses, du Printemps français aux néonazis d'Alain Soral, en passant par les catholiques intégristes ou les activistes du GUD. Le 2 février enfin, les cortèges de La Manif pour tous ont envahi les rues de la capitale pour dénoncer la « familiphobie » supposée du gouvernement.

Associer ces trois mobilisations relève d'un scandaleux amalgame, se récrieront les intéressés. De fait, à première vue, il n'y a rien de commun entre l'ambiance paroissiale et, si l'on ose dire, « bon genre » de La Manif pour tous, la hargne du mouvement « pro-vie », et le furieux déferlement, inédit depuis des lustres, de slogans antisémites, racistes ou homophobes proférés le 26 janvier.

Pourtant, au-delà de ces différences évidentes, au-delà des nuances dans le procès fait à la gauche en général et au président de la République en particulier, un ressort profond et puissant anime et rapproche ces diverses composantes de la droite militante : la défense bec et ongles de la famille traditionnelle.

Comme lors du combat contre le mariage pour tous, il y a un an, toute réforme en la matière – réelle, supposée ou fantasmée – est ressentie comme un accélérateur de décadence, une menace intolérable contre des valeurs essentielles, une sourde et sournoise entreprise de démolition de la dernière institution capable de nous protéger contre les dérèglements de l'individualisme contemporain. Patrick Buisson, qui reste l'un des meilleurs analystes de la droite française, saluait il y a quelques mois cette réaction de défense, qualifiée de « populisme chrétien ».

Dans cette conception, effectivement inspirée de la doctrine de l'Eglise, il existe un « ordre naturel » qui régit l'organisation sociale, fonde le système de valeurs et assure la survie des sociétés et des civilisations. Etrange ordre naturel, en vérité. Il ne conduit pas seulement à défendre un unique modèle familial (un père, une mère, un mariage, des enfants), à rebours de l'évolution des mentalités, des modes de vie et, tout simplement, de la réalité sociale à l'œuvre depuis plusieurs décennies.

Mais cette croisade entraîne également ses porte-drapeaux à considérer comme provocatrice toute initiative visant à faire de l'égalité entre les femmes et les hommes une réalité, et non plus seulement un principe pieusement proclamé par la Constitution et la législation. Car c'est bien, là, le trait commun de toutes les réactions épidermiques observées ces dernières semaines.

Ainsi, lors de l'examen récent du projet de loi « pour l'égalité entre les femmes et les hommes », les députés ont décidé de supprimer la notion, aussi connotée que dépassée, de gestion « en bon père de famille » (qui figurait encore dans le code civil), pour la remplacer par gestion « raisonnable ». Mais il se trouva des voix à droite, dans l'hémicycle de l'Assemblée comme sur des sites plus radicaux, pour dénoncer ce « totalitarisme linguistique » de la gauche !

Le même texte modifie-t-il, à la marge, le congé parental pour inciter les deux parents, et notamment les pères, à le partager ? Les animateurs de La Manif pour tous ont immédiatement dénoncé « la réduction du congé parental », alors que c'est à peu près l'inverse : le congé de six mois a été doublé si le second parent le prend et celui de trois ans a été réduit de six mois si le second parent ne le prend pas.

Ce projet de loi, encore, corrige de façon symbolique la loi Veil sur l'interruption volontaire de grossesse. En 1975, pour tenter d'apaiser la violente opposition qu'il suscitait, ce texte réservait le droit à l'avortement à « la femme que sa grossesse place dans une situation de détresse ». Quarante ans plus tard, la réalité a eu raison de cette notion désuète et les députés ont ouvert le droit à l'IVG à « la femme qui ne souhaite pas poursuivre une grossesse », sans avoir à se justifier. Cela a pourtant suffi pour que les plus militants, à droite, dénoncent cette « banalisation » de l'IVG et pour que l'UMP refuse de voter ce texte.

Que dire, enfin, de l'ahurissante polémique déclenchée par ces droites militantes pour dénoncer, urbi et orbi, la « théorie du genre » dont l'éducation nationale menacerait nos chères têtes blondes ! La rumeur prolifère si bien sur les réseaux sociaux qu'aucun démenti ne semble, à ce jour, capable de l'éteindre. Pour ceux qui l'entretiennent, faire comprendre aux enfants les préjugés et stéréotypes filles-garçons qui sont à l'œuvre dès l'école et structurent, dès le plus jeune âge, les inégalités entre les sexes n'est rien d'autre que de l'incitation à la débauche, ou peu s'en faut…

Tous ces exemples le démontrent : l'ordre naturel a bon dos. Comme depuis des décennies, lors des combats sur le droit de vote des femmes, sur l'autorité parentale, sur la contraception et l'avortement ou sur le pacs et le mariage pour tous, il légitime la résistance acharnée de tous ceux qui ne supportent pas la mise en œuvre effective de l'égalité entre les sexes dans la vie politique, économique et sociale. Et qui réfutent, contre vents et marées, ce qui devrait apparaître, au XXIe siècle, comme une évidente exigence de liberté et de dignité pour les femmes.

5 mars 2014

Le serpent de mer du remaniement

Quand le Parlement est en jachère, quand le temps politique est suspendu à la négociation du pacte de responsabilité et aux résultats des élections municipales, quand l'action publique est tétanisée par la perspective d'économies budgétaires drastiques, il ne reste, pour alimenter la gazette, que le feuilleton du remaniement.

Nous en sommes là. Palmarès des ministres sortants, concours de beauté des entrants putatifs, défilé des premier-ministrables en puissance, supputations et confidences, pronostics savants sur le supposé calendrier présidentiel, injonctions péremptoires du genre « Hollande n'a plus le choix », la panoplie complète est de mise. C'était déjà le grand jeu à la fin de 2013, quand le gouvernement paraissait à bout de souffle. C'est, de nouveau, celui du printemps.

Jeu dérisoire, sans aucun doute. Personne n'ignore, en effet, que le chef de l'Etat est seul maître en la matière et qu'il entretiendra le mystère sur ses intentions jusqu'au moment même d'une éventuelle décision. Le pouvoir de nomination est au cœur de ses attributs présidentiels et, comme tous ses prédécesseurs, il en préserve jalousement l'exercice solitaire, quand bien même il fait mine de consulter les uns ou les autres. Prétendre le deviner relève, à ce stade, de la cartomancie. En ces affaires, ceux qui savent, s'il y en a, se taisent, et ceux qui chuchotent et papotent ne savent rien, ou peu s'en faut.

En outre, sans mésestimer le poids des personnalités, des talents et des compétences, chacun sent bien qu'un changement d'équipe gouvernementale, voire de chef d'équipe, ne modifiera pas, en profondeur, le discrédit actuel du pouvoir exécutif. Au-delà de l'effet de curiosité momentané, un remaniement ne corrigera, par miracle, ni la panne de résultats dont il souffre ni l'étroitesse de la majorité sur laquelle il s'appuie. Bien malin qui pourrait préjuger que tel ou tel nouvel attelage serait plus performant ou convaincant que l'actuel. Seuls les postulants aux maroquins en sont persuadés, ce qui est dans la nature des choses.

Jeu nuisible et toxique, également, que celui du remaniement fantasmé et ressassé dans tous les palais nationaux. Car il entretient un climat délétère et fragilise, chaque jour davantage, une équipe qui n'a vraiment pas besoin de ça. L'expérience de Nicolas Sarkozy devrait pourtant être instructive. Pendant des mois, en 2010, l'ancien président avait annoncé un prochain changement de gouvernement. Il n'avait réussi qu'à déclencher une longue empoignade entre le locataire de Matignon, François Fillon, et celui à qui le président avait fait miroiter la fonction, Jean-Louis

Borloo. Au bout du compte, il avait dû se résoudre, sans gloire, à reconduire M. Fillon.

Rien ne dit qu'il n'en sera pas de même avec l'actuel premier ministre. Critiqué et brocardé de tous côtés, Jean-Marc Ayrault fait preuve, en effet, d'une abnégation de marathonien. Usé et fatigué, lui ? « Pas du tout », vient-il de répondre crânement dans les colonnes du Parisien. Mieux, au risque de relancer les « commentaires » qu'il feint de négliger, il a repris cette vieille antienne du « gouvernement resserré » qui aurait ses faveurs.

Tous ses prédécesseurs en ont rêvé ; bien peu l'ont fait. Si l'on excepte quelques gouvernements d'attente (entre élections présidentielle et législatives), seuls trois premiers ministres ont réussi, depuis 1958, à former des équipes comptant moins de 30 ministres et secrétaires d'Etat : Georges Pompidou, entre 1962 et 1967 (28), Edouard Balladur, en 1993 (29), et le champion, Lionel Jospin, avec 26 ministres, entre 1997 et 2000. L'actuel gouvernement Ayrault se situe, avec 39 membres, exactement dans la moyenne des équipes depuis plus d'un demi-siècle.

Enfin, ce serpent de mer du remaniement témoigne d'un sérieux inconfort institutionnel. Tant que la durée du mandat présidentiel a été de sept ans, déconnectée de la durée quinquennale des législatures, la dyarchie du pouvoir exécutif a obéi à une certaine logique : le président était supposé s'occuper de l'essentiel et du temps long, tandis que le premier ministre, seul responsable devant le Parlement, était censé gérer l'intendance et le quotidien. On sait que la pratique fut aussi variée que les titulaires de ces fonctions et qu'elle n'empêcha pas les tensions, concurrences et rivalités entre l'Elysée et Matignon. Mais l'apparence était celle de la complémentarité.

Depuis l'instauration du quinquennat présidentiel et d'un calendrier électoral qui place les législatives dans l'ombre portée de la présidentielle, ce dispositif est bancal. Le pouvoir du chef de l'Etat a été renforcé au point de ramener le chef du gouvernement au rang de « collaborateur », selon l'expression de Nicolas Sarkozy, qui a clairement assumé cette nouvelle répartition des rôles. De style moins impérieux, habitué depuis longtemps à travailler en confiance avec Jean-Marc Ayrault, François Hollande a cru possible de revenir en arrière. En vain, et au prix de nombreux flottements dans la conduite de l'Etat.

Il en a pris acte, au point que les deux dossiers-clés, sur la réussite desquels repose la fin de son mandat (pacte de responsabilité et réduction de la dépense publique) sont pilotés directement, ou presque, par l'Elysée. Plus discrète qu'hier, la férule présidentielle n'en est pas moins réelle. Dès lors, remanier suppose de répondre, au préalable, à cette question embarrassante : à quoi doit et peut servir le premier ministre dans la Ve République hyperprésidentielle ?

4 juin 2014

Crise politique ou crise de régime ?

La crise dans laquelle se débat la France semble sans fin et sans fond. Rien ni personne ne paraît en mesure de l'enrayer. Ni de répondre à ces questions, devenues lancinantes : jusqu'à quel point le crédit et l'autorité des principaux acteurs publics peuvent-ils s'effondrer sans ébranler le système politique lui-même ? Jusqu'où la défiance et l'exaspération peuvent-elles enfler sans provoquer une crispation majeure ?

A première vue, les apparences sont sauves. Le président préside, devise avec Pierre Soulages de la puissance du noir à accrocher la lumière, engage une vaste réforme des collectivités territoriales, négocie à Bruxelles et reçoit les grands de ce monde pour commémorer le débarquement du 6 juin 1944. Quant au gouvernement, il gouverne, met la dernière main à ses arbitrages budgétaires, amorce le débat sur la réforme pénale et ouvre le chantier de la dépendance.

Chacun, pourtant, sait bien ce que cette façade ne masque plus : l'impuissance du pouvoir, la déliquescence de l'opposition, l'évanescence des règles du jeu politique.

Tout y contribue. L'asthénie persistante de l'économie française, la crue ininterrompue du chômage, le gonflement inexorable de la dette publique démentent, mois après mois, les promesses de redressement du pays. Depuis deux ans dans les sondages, depuis deux mois dans les urnes, François Hollande paye cet échec au prix fort : impopularité sans précédent, déroute des socialistes et de la gauche aux municipales de mars et aux européennes de mai[1]. Sauf de Gaulle en Mai 68, jamais un président de la Ve République ne s'était trouvé dans une telle position de faiblesse. Son lien avec le pays est rompu, sa majorité étriquée tire à hue et à dia, sa capacité d'agir est sapée, son autorité compromise.

Cette panne de résultats n'explique pas tout. S'y ajoute une crise morale qui menace – si ce n'est déjà fait – de rompre le contrat de confiance entre les citoyens et les responsables politiques. Il y a un an, l'affaire Cahuzac avait fait voler en éclats la capacité proclamée de la gauche à défendre honnêteté, rigueur et équitable répartition des efforts, bref les

1. La gauche enregistre une sévère défaite aux élections municipales des 23 et 30 mars 2014 : elle perd 160 des 509 villes de plus de 10 000 habitants qu'elle dirigeait. Aux élections européennes du 25 mai, le PS chute à 14 % des voix, largement distancé par le Front national (24,9 %) et l'UMP (20,8 %).

valeurs républicaines. Faute inexcusable, mais individuelle, avait plaidé le pouvoir.

On ne peut en dire autant du scandale qui secoue aujourd'hui l'UMP et a déjà provoqué la démission contrainte de son président, Jean-François Copé. Chaque jour qui passe ajoute son lot de révélations sur la valse des millions, des fausses factures et des entorses aux lois sur le financement politique qui ont accompagné la campagne de Nicolas Sarkozy, en 2012. Ce n'est pas seulement la droite qui en subit l'opprobre, mais l'ensemble des responsables politiques (jugés corrompus par deux Français sur trois) et des partis (qui n'inspirent plus confiance qu'à 15 % d'entre eux).

Autant que l'impuissance à sortir le pays de l'ornière où il s'enfonce depuis dix ans, cette folle irresponsabilité nourrit donc la crise politique. On pourrait n'y voir qu'une affaire d'hommes, de dirigeants sans vision, imagination ni courage pour affronter les défis actuels. Ou n'en tirer qu'un constat de décès de partis anémiés et fossilisés, incapables de mobiliser les énergies, d'animer le débat public, de faire le lien entre corps social et corps politique, et d'inventer l'avenir. Mais cela n'explique pas tout de l'impasse actuelle.

Les institutions, à l'évidence, y ont aussi leur part. Longtemps, le régime fondé par le général de Gaulle a donné au pouvoir exécutif le temps et les moyens d'agir et lui a fourni une assurance tout risque contre les crises, qui n'ont pas manqué. Longtemps, l'élection présidentielle a structuré le débat entre droite et gauche et leur alternance au pouvoir.

Or, à bien des égards, tout cela appartient au passé. Le temps et les moyens d'agir ? Ils ont été rognés de tous côtés : par le quinquennat, mis en œuvre depuis 2002 ; par l'érosion des pouvoirs de l'Etat dans un monde globalisé ; par l'accélération du temps médiatique qui soumet les dirigeants à la dictature de l'instant. L'assurance tout risque pour l'exécutif ? Elle continue à protéger le président et à garantir sa légitimité. Pas son autorité, tant elle l'isole, asphyxie sa relation avec le pays, l'enferme dans ses certitudes, voire dans ses échecs. Ce n'est pas nouveau, mais c'est plus vrai que jamais.

L'élection présidentielle – et les législatives qui en découlent –, enfin. Pièce maîtresse des institutions, elle menace d'en devenir le maillon faible. D'abord parce qu'elle occupe tous les esprits, jusqu'à l'obsession. On le constate à l'UMP, minée depuis deux ans par l'absence de leader incontesté et par la lutte sans merci de tous les caciques, petits ou grands, pour s'imposer d'ici à 2017. Ce n'est pas moins évident au PS, où la question urticante est désormais posée de la capacité du président à se représenter.

Ensuite, le scrutin présidentiel structure et impose des majorités qui n'en sont plus vraiment, majorités de circonstance plus que d'idées, de conquête plus que d'exercice du pouvoir. Il entretient une sorte de guerre civile froide, obsolète et paralysante.

Enfin, conçue sur le mode d'un affrontement binaire, toute la logique de la présidentielle devient caduque dans un paysage tripolaire, avec un Front national qui n'est plus seulement un élément perturbateur, mais un sérieux concurrent pour le second tour. Cette perspective pèse déjà directement sur le débat d'orientation de l'UMP (à droite toute ou recentrée ?) et de manière plus insidieuse sur l'avenir du chef de l'Etat.

Nous en sommes là. L'on peut se rassurer en rappelant que les crises et les changements de régime, nombreux, ont toujours résulté, en France, de guerres extérieures, civiles ou coloniales. Mais rien ne garantit que la crise économique – sans précédent depuis un siècle – où le pays est englué n'est pas une forme de guerre tout aussi corrosive pour les institutions.

27 août 2014

La gauche peut mourir, la droite aussi

Le président et le premier ministre aux abois, en panne de confiance et de résultats, la gauche en état de décomposition avancée, la droite toujours dans le coma et un Front national qui espère, chaque jour un peu plus, tirer les marrons du feu : ainsi peut-on résumer la situation politique au terme de cet été pourri. C'était déjà le cas avant la sévère crise gouvernementale qui vient d'éclater. C'est encore plus évident depuis.

Constat excessivement pessimiste ? Nullement. Il suffit, pour s'en assurer, de prendre un peu de champ et de comparer le paysage dessiné par les élections européennes de mai à celui qui prévalait cinq ans auparavant. Ce scrutin a beau être singulier, marqué par une très forte abstention et propice au vote protestataire, il constitue la dernière prise de température du corps électoral et donne la mesure de l'impasse politique actuelle.

Pour la gauche, alors dans l'opposition, 2009 paraît l'année de toutes les recompositions. Miné par ses échecs présidentiels et ses divisions, le PS chute lourdement, talonné par des écologistes rassemblés et en pleine ascension ; un an plus tard, ils créeront Europe Ecologie – Les Verts, avec l'ambition d'être le deuxième pilier de la gauche française. C'est aussi à ce moment-là que se constitue le Front de gauche, autour de Jean-Luc Mélenchon et des communistes : « Dans cinq ans, nous devancerons les socialistes », claironnent-ils. Quant au Nouveau Parti anticapitaliste, avec Olivier Besancenot, il offre un nouveau visage à l'idéal révolutionnaire.

De tous ces plans sur la comète, ne restent, aujourd'hui, que des illusions perdues : l'ensemble des gauches n'a jamais été aussi faible, divisé, impuissant. Besancenot a jeté l'éponge et le NPA est sorti du radar. Les partenaires du Front de gauche ont perdu leur pari, stagnent dans les urnes, reconnaissent leur « échec » et sont en instance de divorce. Par la grâce du PS, les écologistes ont accédé au pouvoir en 2012. Deux ans plus tard, les voilà en pleine crise : les uns, comme Cécile Duflot, défrisés par l'expérience gouvernementale et décidés à retrouver leur pureté adolescente ; les autres, notamment parlementaires, convaincus qu'une démarche réformiste au côté du PS reste la seule voie pertinente.

La crise existentielle n'est pas moindre au PS. Déserté par ses électeurs, dérouté par le début de mandat de François Hollande, tétanisé par le cap économique fixé par le chef de l'Etat au début de l'année[1], il est, lui aussi, écartelé. Entre ceux, majoritaires, qui assument bon gré, mal gré, la rude médecine présidentielle et les « frondeurs » qui dénoncent un reniement des credo de la gauche et réclament une autre politique, plus juste et plus efficace, la guérilla était déclarée depuis des mois.

La crise brutale de ces derniers jours risque fort d'envenimer ce conflit : la réponse cinglante du président et du premier ministre aux critiques des ministres de l'économie et de l'éducation est logique, dès lors que l'autorité de l'exécutif était en jeu. Mais l'éviction du nouveau gouvernement de tous ceux qui ne soutiennent pas la « ligne », à commencer par Arnaud Montebourg et Benoît Hamon, est autant un aveu de faiblesse que de force. Elle va apporter arguments et renforts de poids aux malgré-nous du hollandisme et fragiliser un peu plus une majorité déjà branlante. Gouverner par gros temps dans ces conditions relève de plus en plus de la gageure.

Et la droite, pendant ce temps-là ? Sa situation n'est guère plus brillante. En 2009, malgré la violente crise économique et le discrédit du président Sarkozy, l'UMP et ses alliés tenaient encore le haut du pavé. Le MoDem de François Bayrou préservait, tant bien que mal, l'illusion de son indépendance.

---

1. Lors d'une conférence de presse, le 14 janvier 2014, François Hollande a présenté son « Pacte de responsabilité ». A rebours des credo socialistes, il a assumé que « c'est l'offre qui fait la demande » et annoncé une vigoureuse politique de soutien aux entreprises pour relancer la croissance et tenter de faire refluer le chômage.

Et le Front national s'effondrait, avec à peine plus de 6 % des suffrages.

Cinq ans plus tard, ce paysage est chamboulé. Toujours traumatisée par son échec de 2012, déchirée par ses impitoyables guerres internes, suspendue aux intentions de Nicolas Sarkozy et menacée par la justice, l'UMP ne parvient à tirer aucun bénéfice de la situation calamiteuse du pouvoir – c'est même le contraire. Les tribus centristes (UDI divers et variés et MoDem) restent une nébuleuse sans chef incontesté ni stratégie ferme. Seul le Front national, repris en main par Marine Le Pen, va de l'avant, s'organise, marque des points dans l'opinion et engrange les succès électoraux, réunissant un quart des électeurs qui se sont déplacés le 25 mai.

Au point de modifier complètement l'équation présidentielle de 2017, déjà au centre de toutes les spéculations. Car tout le monde l'admet désormais : hors accident comme en 2002, la présidentielle se jouait pour l'essentiel, jusqu'à présent, entre la droite républicaine et la gauche socialiste, en duel au second tour. En 2017, cela a toute chance d'être un match à trois dans lequel l'extrême droite fera tout pour s'inviter au tour décisif.

Le premier ministre et le premier secrétaire du PS, Jean-Christophe Cambadélis, ont averti sans détour, au début de l'été, que « la gauche peut mourir ». Jean-Luc Mélenchon vient d'admettre que Mme Le Pen « va y arriver ». Et cette menace est présente chez tous les postulants à droite. S'ils ne parviennent pas, d'ici là, à surmonter les guerres de positions, de postures et d'ambitions qui les minent, s'ils ne sont pas capables de recoller les morceaux de leurs camps respectifs, l'UMP comme le PS sont menacés de marginalisation. Pour l'heure, rien n'indique qu'ils s'y emploient.

17 septembre 2014

Sarkozy, ou le retour du cap Nègre

Ce fut, voilà bientôt deux siècles, un épisode fameux de la geste nationale : le retour de l'île d'Elbe, triomphal, de l'empereur Napoléon. Plus modestement, certes, mais précédé de vivats similaires des barons, grognards et sans-grade de la droite, voici annoncé, presque enclenché, le retour du cap Nègre du président Sarkozy. Demain, claironnent ses thuriféraires, il aura reconquis l'UMP, après-demain, la France !

Quoi qu'on pense de l'homme, de son style et de son bilan, ce retour imminent de Nicolas Sarkozy au premier plan de l'arène politique est, d'abord, une bonne nouvelle pour la droite. Depuis sa défaite de 2012, en effet, l'ancien président n'a cessé de la paralyser.

En coulisses, ses interventions ont empêché quiconque de s'imposer à la tête de l'UMP et de tourner la page du sarkozysme, comme en témoigne l'échec de François Fillon à l'automne 2012 et l'empoignade dévastatrice qui s'est ensuivie. Absent omniprésent,

M. Sarkozy n'a pas manqué une occasion, depuis, d'adresser messages et « cartes postales » aux militants de son parti pour entretenir leur espoir de son retour. Même ses déboires lui ont permis de vérifier la fidélité d'une bonne partie du « peuple de droite » : celui-ci n'a-t-il pas déboursé plus de 11 millions d'euros, à l'été 2013, pour éponger ses dettes, après l'invalidation de ses comptes de campagne par le Conseil constitutionnel ?

La décision de M. Sarkozy de briguer la présidence de l'UMP, le 29 novembre, aura donc le mérite de sortir ce parti de la pétaudière dans laquelle il est enferré. Avant même son officialisation, elle a conduit bon nombre de caciques, y compris les plus critiques il y a peu, à mettre une sourdine sur leurs haines recuites et leurs ambitions, et à se ranger derrière lui. De Jean-François Copé à Laurent Wauquiez, de Nathalie Kosciusko-Morizet à François Baroin, de Dominique de Villepin à Jean-Pierre Raffarin, chacun, déjà, vole au secours de la victoire annoncée.

Mieux, si son succès futur ne fait guère de doute, M. Sarkozy va devoir faire face, en la personne de Bruno Le Maire, à un jeune challengeur tenace et talentueux. C'est la garantie que le débat – sur le passé comme sur l'avenir – ne sera pas escamoté. A preuve, le petit livre mi-confession, mi-profession de foi – *A nos enfants* (Gallimard, 136 p., 9 €) – que le député de l'Eure vient de publier. D'une plume acérée, celui-ci solde ainsi l'échec de 2012 : « Nous ne savions pas avec assez de fermeté où nous voulions emmener la France. La volonté et la détermination ne suffisent pas à effacer les obstacles, il faut aussi une méthode nouvelle, elle manquait, et une clarté totale sur les objectifs, ils restaient flous. » Il n'est pas sûr que M. Sarkozy ne fasse qu'une bouchée de cet effronté[1] !

Le retour au premier plan de l'ancien président est aussi une bonne nouvelle pour le pays. Depuis deux ans, en dépit du délitement de la présidence de François Hollande, la droite n'a pas été capable d'assumer sérieusement et efficacement son rôle d'opposant. En capilotade ou en apesanteur, elle a laissé le champ libre au Front national, qui ne s'est pas fait prier pour prétendre aux premiers rôles et apparaître comme une alternative possible, voire crédible, à la gauche.

A la tête de l'UMP, avec son énergie et son expérience, Nicolas Sarkozy sera – du moins on l'espère – un contradicteur de poids pour Marine Le Pen. Et, pour une gauche en plein désarroi, un repoussoir commode et un utile fédérateur.

C'est pour lui-même, en réalité, que le retour de l'ancien président est une moins bonne nouvelle : il va devoir sortir des ambiguïtés confortables qu'il entretient depuis deux ans. Car la reprise en main de l'UMP ne lui assure pas, loin de là, la reconquête de l'Elysée à laquelle il aspire. Pour espérer réussir, il devra relever cinq défis.

Le premier est d'image et de stature. Il imaginait de patienter assez pour revenir, dans un ou deux ans, appelé par le devoir, en sauveur de la patrie

1. De fait, le 29 novembre 2014, Bruno Le Maire recueillera 29,2 % des suffrages des adhérents de l'UMP qui ont participé à l'élection de leur président.

en danger. Le voilà conduit par les circonstances (l'affaire Bygmalion et la démission de Jean-François Copé) à se poser en syndic d'une UMP en faillite – financière, morale et politique. Bernadette Chirac, sainte patronne de la droite, a pointé le problème sans détour : « Ce n'est plus de son niveau. »

Le deuxième est d'organisation. M. Sarkozy, dit-on, veut « tout changer » : non seulement rebâtir une UMP « new look », mais fédérer l'ensemble des droites et des centres, afin de garantir la présence de son candidat au second tour de la prochaine présidentielle. C'était déjà l'ambition de l'UMP en 2002, et cela a échoué. Il suffit d'entendre les réactions, hérissées, des candidats à la présidence de l'UDI, également en jeu en novembre, pour mesurer la gageure.

Le troisième défi en découle. Pour construire un projet capable de convaincre des Français toujours très réticents à son égard, l'ancien président ne devra pas seulement dresser le bilan lucide de son quinquennat, mais aussi surmonter les contradictions profondes qui divisent son camp. Entre libéraux et colbertistes, entre souverainistes et européistes, entre républicains et nationalistes, entre « droite forte » et centre soft, la martingale est plus qu'improbable.

Le quatrième défi sera d'écarter les candidats concurrents à la présidentielle de 2017 – pour l'heure, Xavier Bertrand et, surtout, François Fillon et Alain Juppé. Selon son habitude, M. Sarkozy feint de pouvoir écarter ces obstacles d'un revers de main. Nul doute, pourtant, qu'avec les uns ou les autres ce sera un combat sans merci.

Enfin, il lui faudra sortir indemne des multiples procédures judiciaires dans lesquelles son nom est cité, directement ou indirectement. Et la présidence de l'UMP ne le protégera nullement, peut-être même au contraire, de cette redoutable épée de Damoclès.

Bref, on le voit, le retour du cap Nègre sera tout sauf une promenade de santé.

29 octobre 2014

Mouvements browniens

N'étant pas botaniste écossais, comme Robert Brown qui analysa le phénomène en 1827, ni mathématicien émérite capable de le mettre en savantes équations, pas davantage physicien nobélisable spécialiste des processus stochastiques, on s'en tiendra à une définition de béotien : le mouvement brownien est celui qui agite de façon apparemment chaotique les particules en suspension dans un liquide, quand une grosse molécule s'y trouve entrechoquée avec de plus petites.

Cela décrit assez bien ce qui se passe, ces temps-ci, dans le bocal politique. Les grosses molécules sont parfaitement identifiées. A gauche, François Hollande, caparaçonné par les institutions, mais paralysé par une impopularité abyssale, discrédité par ses échecs sur l'essentiel (croissance et chômage), ballotté par tous ceux qui, déjà, le tiennent pour mort. A gauche toujours, Manuel Valls, farouche procureur des totems et tabous qui minent son camp, inlassable avocat du mouvement et de la réforme, mais urticant au possible pour bon nombre de ses « amis ».

A droite, depuis quelques semaines, Nicolas Sarkozy, revenu en fanfare sur le devant de la scène, avant de se heurter à ceux, plus coriaces que prévu, qui contestent sa prééminence et n'entendent lui laisser le champ libre ni pour la présidence de l'UMP ni pour la présidentielle de 2017. A l'extrême droite, enfin, Marine Le Pen, portée par ses succès électoraux, habile conquérante dont la menace pèse, chaque jour un peu plus, sur tous les autres.

Et, tout autour, une agitation incessante, des martingales improbables, des spéculations aléatoires. Dissolution et cohabitation, prédit avec gourmandise le centriste François Bayrou. Recomposition en profondeur du paysage politique, analyse froidement le maire de Bordeaux, Alain Juppé. Référendums à tout bout de champ, préconisent les audacieux. Agonie du Parti socialiste, voire de la gauche, proclament, avec les mines de circonstance, croque-morts ou héritiers présomptifs.

A l'origine de ce mouvement brownien, l'on trouve, bien sûr, la faiblesse inédite du pouvoir exécutif, l'inquiétante fragilité de sa majorité et, plus globalement, la défiance de plus en plus manifeste des citoyens à l'égard des gouvernants, d'aujourd'hui ou d'hier. Mais s'y ajoute un mélange des genres qui embrouille, plus encore, la situation.

A l'UMP, comme chez les socialistes, trois échéances, en effet, se superposent, se télescopent et se parasitent : la réorganisation de ces partis, actuellement en chantier ; les primaires chargées en 2016 de désigner les principaux candidats de gauche et de droite à la prochaine élection présidentielle ; et cette élection elle-même, en 2017.

Or, ces trois rendez-vous ne s'emboîtent pas comme d'impeccables poupées gigognes. Ils obéissent à des calendriers, à des logiques et à des électorats distincts. A trop le mésestimer, les uns et les autres ajoutent à la confusion actuelle.

C'est à l'UMP que cet enchevêtrement est le plus évident. En se portant candidat à la présidence du parti et en anticipant son triomphe dans cette compétition, Nicolas Sarkozy a, d'emblée, préempté la place de candidat naturel de la droite en 2017. « Je reviens, avec mes idées, pour parler à la France dans son ensemble. Pour lui rendre un espoir », assure-t-il le 3 octobre. C'est, sans ambiguïté, le ton d'un candidat à la présidentielle.

Mais, en confondant vitesse et précipitation, l'ancien président a brouillé son message immédiat. En donnant à penser que son élection à la tête de l'UMP ne serait qu'une formalité – et un tremplin –, il a, en réalité, offert un espace à ses deux concurrents, Bruno Le Maire et Hervé Mariton, qui plaident, non sans succès, auprès des adhérents, pour que le futur président du parti s'y consacre à plein temps.

En laissant ses proches assurer, initialement, qu'une primaire à droite ne s'imposerait même pas, sinon pour ratifier sa candidature comme en 2006, il a renforcé la détermination d'Alain Juppé, de François Fillon et de Xavier Bertrand, ses concurrents déjà déclarés pour ce deuxième rendez-vous. Au point de devoir en rabattre et accepter le principe d'une primaire largement ouverte à l'ensemble des sympathisants de droite.

L'agitation n'est pas moindre chez les socialistes. Tout témoigne que, dans bien des têtes, la bataille de l'après-Hollande est engagée. A ceci près que le président de la République est installé à l'Elysée pour plus de deux ans encore, sauf accident, et que cela impose quelque prudence à tous les postulants à sa succession.

Comme on l'a constaté ces derniers jours, l'empoignade se déroule donc sur le terrain idéologique, entre deux gauches qui ne cessent de s'affronter depuis des lustres : la « vraie », adossée au principe de l'Etat-providence, attachée à une social-démocratie désormais assumée, nostalgique de la gauche plurielle, incarnée par Martine Aubry ; et la « nouvelle », « pragmatique, réformiste et républicaine », ouverte à des alliances avec tous les « progressistes », y compris du centre, défendue haut et fort par le premier ministre.

Cette bataille déterminera le centre de gravité du PS, et c'est tout l'enjeu du prochain congrès socialiste et de la date même de sa convocation. Mais chacun a déjà l'œil fixé sur les échéances suivantes : une éventuelle primaire, si François Hollande renonçait à se représenter ou était trop affaibli pour s'imposer sans discussion, et, au-delà, le leadership de la gauche pour les années à venir.

D'ici à 2017, le mouvement brownien n'est pas près de se calmer.

5 novembre 2014

Hollande peut-il s'en sortir ?

Grand amateur de football, François Hollande sait qu'un match n'est jamais perdu avant le coup de sifflet final. C'est l'espoir ténu auquel cet éternel optimiste est condamné à se raccrocher, tant la première moitié de son mandat a été calamiteuse, tant la seconde s'annonce périlleuse.

Trente mois après son entrée à l'Elysée, trente mois avant le rendez-vous de 2017 qu'il a fixé pour juger de son action, la question s'impose en effet : qu'est-ce qui peut encore sauver son quinquennat de l'échec cinglant que chacun prédit, à son de trompes dans l'opposition, et de façon de moins en moins discrète dans son propre camp ?

Le premier remède tient en un mot qui fait florès, en ce moment, dans les allées du pouvoir : la pédagogie. Le premier ministre le soulignait dans son entretien récent à *L'Obs* : « Nous aurions dû faire dès 2012 un constat plus clair sur la situation de la France, sur sa triple crise de croissance, de la dette et des déficits, de confiance. Tout part de là. » En écho à Manuel

Valls, le ministre du travail, François Rebsamen, insistait au même moment : « On aurait dû faire preuve de plus de pédagogie, ne pas laisser penser que les choses se feraient plus vite qu'elles ne se font. »

Sans doute. Mais c'est pleurer sur le lait versé. Car François Hollande s'est déjà employé, à maintes reprises, à fixer et refixer son cap, à détailler le contenu de sa boîte à outils. Pas moins de quatre grandes conférences de presse ont été organisées à cet effet, la dernière en date le 18 septembre. Le chef de l'Etat affectionne, à l'évidence, l'exercice. Mais c'est peu dire qu'il n'a pas permis jusqu'à présent de convaincre les Français du bien-fondé de sa politique économique : plus de 80 % d'entre eux en sont mécontents, de l'ordre de 15 % seulement lui font confiance.

Pour l'heure, le verdict est sans appel. Le président parle, il n'est plus entendu. Le rendez-vous organisé jeudi 6 novembre sur TF1 pour renouer le dialogue avec le pays a donc déjà des allures d'énième oral de rattrapage.

Le second remède paraît évident : pour que la parole présidentielle retrouve quelque crédit, il faudrait que la réalité et des résultats probants viennent l'étayer. Chacun sait que ce n'est pas le cas. La croissance ? Elle est à l'arrêt ou presque. Le chômage ? Depuis mai 2012, il a progressé de près d'un demimillion d'inscrits en catégorie A à Pôle emploi, un « échec » selon l'aveu du ministre du travail. La dette et les déficits ? La première flirte avec la barre des 2 000 milliards d'euros, les seconds paraissent irréductibles. Et, pour l'heure, rien n'indique une amélioration déterminante en 2015 sur aucun de ces fronts.

Mais il ne faut pas surestimer l'impact que pourraient avoir de bons résultats économiques. Plusieurs trimestres de solide redressement, au bas mot, seraient nécessaires pour que les Français commencent à y croire. Et encore ! Il suffit, pour s'en convaincre, d'observer la situation actuelle de Barack Obama. Au prix, il est vrai, de lourdes inégalités, l'économie américaine a retrouvé un rythme de croissance de quelque 3 % par an, le chômage touche moins de 6 % de la population active grâce à la création de quelque 10 millions d'emplois en cinq ans, les Etats-Unis ont restauré compétitivité industrielle et leadership technologique. Et pourtant, le président américain n'en tire aucun profit, sa cote de confiance est au plus bas et les candidats démocrates aux élections de mi-mandat du 4 novembre font tout pour s'en démarquer.

Le troisième remède est tout aussi aléatoire : il consiste, contre vents et marées, à poursuivre le mouvement des réformes, ne serait-ce que pour démentir le constat d'impuissance ou conjurer l'impression de paralysie. C'est le mot-clé de Manuel Valls. Plus prudemment celui du chef de l'Etat, et l'on verra, le 6 novembre, jusqu'où il est prêt à suivre le tempo de son premier ministre.

Il reste que, selon les mots de ce dernier, « réformer, c'est difficile, il y a toujours des résistances, car beaucoup de Français, dans le public comme dans le privé, ont peur d'être déclassés, de perdre leur situation ». Avant de toucher les bénéfices de la réforme, il faut donc qu'elle soit engagée, votée par le Parlement, effectivement mise en œuvre, et que les citoyens, tels saint Thomas, puissent en mesurer les effets positifs annoncés. S'il s'agit de changements en profondeur, comme la réforme territoriale en cours d'examen, c'est l'affaire de quelques années. Ce qui nous mène très au-delà de 2017.

Le dernier remède, enfin, consisterait – au-delà des objectifs comptables fixés par le gouvernement, et qu'il ne parvient d'ailleurs pas à tenir (réduction des déficits publics, inversion de la courbe du chômage…) – à redonner du souffle et du sens à la politique menée. Martine Aubry, récemment, a bien résumé le problème : « Aujourd'hui, une raison profonde du malaise est que les Français ne comprennent pas quelle société nous voulons construire, le sens donné à l'action et les valeurs qui la fondent. » La charge est sévère, mais juste. Et elle est d'autant plus embarrassante pour le chef de l'Etat que c'est l'enjeu même de l'élection présidentielle de tracer un projet de société. Bref, à mi-mandat, il est trop tard ou trop tôt pour fixer un tel dessein.

François Hollande en est-il réduit à attendre l'heure du verdict ? Pas encore. Le cours d'un match peut être renversé, une première mi-temps affligeante peut être effacée par une seconde mieux maîtrisée. Cela suppose, comme on dit sur les terrains de football, une ténacité de tous les instants, un « mental » à toute épreuve, quelque but chanceux, des adversaires qui se mettent à « déjouer »… Appelons ça la Providence !

6 décembre 2014

La droite en quête de projet

Depuis samedi 29 novembre, l'UMP a donc un nouveau chef. Et non des moindres : Nicolas Sarkozy a été, de droit ou de fait, le « patron » de la droite depuis une décennie, et il entend bien s'imposer à nouveau comme son champion pour la présidentielle de 2017. Après deux années désastreuses qui ont placé le principal parti de droite en situation de quasi-faillite politique et financière, c'était la condition préalable à sa reconstruction. Mais c'est loin d'être la seule, et M. Sarkozy a fixé sa feuille de route sans tarder. D'abord, « rassembler » une famille déchirée par d'impitoyables rivalités. Ensuite, réinventer un parti « moderne » sur les ruines de l'UMP. Enfin, « trouver des idées nouvelles » capables de convaincre des Français « qui ne croient plus en rien ».

Ce troisième chantier ne sera pas le moins ardu : après dix années de pouvoir et deux années d'opposition, la droite apparaît sans cap clair, sans projet pour le pays, éclatée en sensibilités multiples et contradictoires, écartelée entre le populisme réactionnaire mais conquérant du Front national et le centre droit, qui n'entend pas abdiquer ses valeurs humanistes et européennes. Plus que jamais, elle ressemble à une auberge espagnole où chacun propose ses recettes, plus ou moins neuves, sans véritable doctrine ni unité de vues.

Le nouveau président de l'UMP n'y est pas pour rien. En 2007, il se targuait, non sans raison, d'avoir « gagné la bataille des idées » : sa campagne victorieuse reposait sur une réflexion – consistante sur le rôle du travail dans la société, sur les travers du modèle français ou sur le mérite comme fondement de l'égalité. Mais cette orientation libérale bon teint n'a résisté ni à l'exercice du pouvoir et à son tourbillon de réformes souvent partielles ou inabouties, ni à la crise économique qui mine le pays depuis 2008, ni aux sirènes maurrassiennes d'un Patrick Buisson, conseiller à l'Elysée pendant ces cinq années. Avec un pragmatisme sans limite, le libéral Sarkozy est redevenu étatiste, européen protectionniste et moderniste conservateur.

Cet opportunisme idéologique s'est vérifié pendant la campagne pour la présidence de l'UMP qui vient de s'achever : sa volte-face sur l'abrogation de la loi Taubira sur le mariage pour tous, concédée à une salle militante, est éloquente, tout comme sa volonté, en bout de course, de « réconcilier la droite avec elle-même » alors qu'il prétendait, deux mois plus tôt, « dépasser le clivage droite-gauche ». Le président de l'UMP navigue à vue, au gré des humeurs de l'opinion, et depuis longtemps. « Il ne croit pas au poids et au pouvoir des idées, estime le philosophe Marcel

Gauchet. Cela contribue à la léthargie intellectuelle de la droite, tant le pouvoir inhibiteur de Sarkozy sur son camp est puissant. »

L'intellectuel en veut pour preuve la manière dont l'ancien président a imposé, depuis 2012, une sorte d'omerta sur le bilan de son mandat. Un examen lucide et collectif aurait bien sûr été salutaire, mais Nicolas Sarkozy est « réfractaire à toute autocritique », note M. Gauchet, et tous ses concurrents ayant été ses ministres, donc comptables de son action, se trouvent peu ou prou « paralysés ». Léthargie intellectuelle ? On entend déjà les uns et les autres se récrier ! Les candidats déclarés à la prochaine élection présidentielle (Xavier Bertrand, Alain Juppé, François Fillon), le candidat implicite (Nicolas Sarkozy) ou le compétiteur de poids dans la récente élection interne à l'UMP (Bruno Le Maire) n'ont-ils pas commencé à mettre sur la table des pistes de réflexion, voire des propositions plus élaborées ? C'est indéniable.

En matière de politique économique et budgétaire, notamment. Avec une intensité variable, tous (à l'exception notable de M. Le Maire, qui refuse cette « course à l'échalote », dangereuse pour les fonctions régaliennes de l'Etat) préconisent une réduction accélérée de la dépense publique, qui représente aujourd'hui 57 % du PIB. Elle serait, grosso modo, ramenée à 50 % en cinq ans – M. Sarkozy proposant d'en faire une règle constitutionnelle, soumise à référendum. En clair, l'Etat, la Sécurité sociale et les collectivités locales devront économiser 100 milliards d'euros sur cinq ans (110 pour M. Fillon), soit le double de l'effort engagé par le gouvernement.

Tous entendent aussi alléger le poids de la fiscalité, notamment sur les entreprises : François Fillon se veut le plus « radical » puisqu'il propose de ramener de 33 à 25 % l'impôt sur les sociétés, de réduire les charges sur les entreprises de 50 milliards d'euros, de rendre la fiscalité du capital incitative et de supprimer l'impôt de solidarité sur la fortune ; le tout serait compensé par une hausse de 3,5 % de la TVA.

Pour réduire la dépense publique, les principaux leviers envisagés par les candidats sont sans surprise. Ils souhaitent, en premier lieu, réduire le nombre de fonctionnaires (rétablissement du non-remplacement d'un départ à la retraite sur deux pour M. Sarkozy, de deux sur trois pour M. Juppé, diminution de 500 000 à 600 000 en cinq ans pour M. Fillon), mais aussi leur coût pour l'Etat. Sur ce point, Xavier Bertrand est le plus imaginatif : chez les nouveaux entrants, le statut de la fonction publique ne serait conservé que pour ceux qui exercent des fonctions régaliennes (armée, police, justice...), les autres étant embauchés sous contrat de droit privé. Le second levier est celui des retraites : le report de l'âge légal est à l'ordre du jour – 63 ans pour M. Sarkozy, 65 ans pour MM. Fillon et Juppé, 65 ans dans le cadre d'un système à points complété par un dispositif de capitalisation pour M. Bertrand.

On retrouve ces convergences dans bien des domaines. Pour restaurer la compétitivité des entreprises françaises et retrouver une croissance durable, tous préconisent, selon la formule d'Alain Juppé, de sortir du « carcan des 35 heures » – soit en souplesse dans le cadre de négociations d'entreprise, comme MM. Sarkozy et Bertrand, soit de façon plus volontariste, comme M. Fillon. De même, tous promettent de simplifier de façon drastique le code du travail et d'engager une réforme en profondeur du système éducatif français, « combat prioritaire pour le redressement de la nation » selon Bruno Le Maire. Elle passerait par une réelle décentralisation du système, des responsabilités accrues pour les chefs d'établissement, des parcours scolaires plus individualisés, un développement vigoureux de l'apprentissage…

Cet inventaire rapide et incomplet en témoigne : dès à présent, les principaux responsables de l'UMP ne manquent pas de propositions de réforme et ils assurent qu'ils les affineront dans les mois à venir. Mieux, le président Sarkozy propose de soumettre les plus controversées (loi Taubira sur le mariage pour tous, lutte contre l'« assistanat », modulation de l'assurance-chômage ou politique migratoire) au vote des adhérents. S'agit-il pour autant d'« idées nouvelles », comme le souhaite M. Sarkozy ? On peut en douter. L'orientation tracée s'inscrit en effet dans le droit-fil de celle qui a prévalu entre 2007 et 2012.

La droite, certes, assure qu'elle ira courageusement, demain, au bout de ses intentions et, sur bien des sujets, elle pousse le curseur du libéralisme sensiblement plus loin qu'hier. Mais cela n'efface pas l'impression tenace de ressassement ou de recyclage d'une boîte à outils que l'on propose seulement d'utiliser avec davantage d'énergie. Sans parvenir à redonner du sens à l'action, à éclairer l'avenir, à tracer les contours d'un projet global capable de répondre aux mutations et aux attentes profondes du pays. Au point de justifier la sobre remarque de

Nathalie Kosciusko-Morizet, lors d'un récent séminaire au Centre de recherche de Sciences Po (Cevipof) : « Les partis politiques apparaissent déconnectés de la société. »

Dominique Reynié, directeur de la Fondation pour l'innovation politique (Fondapol), le confirme : « Depuis deux ans, la droite a moins travaillé qu'elle n'a été travaillée par des forces extérieures. » La « révolution culturelle » amorcée par une gauche de gouvernement plus libérale en matière économique est « un premier ébranlement pour la droite, car elle la place face à un adversaire qui dit et commence à faire ce qu'elle-même disait qu'il fallait faire sans le faire ». La droite institutionnelle est en outre confrontée, depuis deux ans, à une sorte de « spontanéisme de droite », surgi de la société, qu'elle n'a su « ni inspirer ni contrôler », ajoute M. Reynié. Ainsi du mouvement entrepreneurial, libéral et antifiscaliste des « pigeons », à l'automne 2012, ou du mouvement très conservateur d'inspiration religieuse de La Manif pour tous, ou encore de celui des « bonnets rouges » contre les portiques de l'écotaxe, porteur d'une autre dimension, antiparisienne et antiétatique, de la culture de droite.

Dans les trois cas, souligne M. Reynié, la droite s'est trouvée prise de court, ballottée, à la remorque de ces mouvements qu'il qualifie d'« insurrection de longue durée » dont le message est clair : nous prenons notre destin en main puisque l'Etat ainsi que ceux qui le dirigent ou l'ont dirigé en sont incapables. Mais ce ne sont pas les seuls facteurs de déstabilisation de la droite. Elle est confrontée, « depuis trois ou quatre ans, à une sorte de glissement de terrain de la société elle-même vers la droite, et vers une droite qui ne se planque plus, qui assume ses valeurs », selon l'expression de François d'Orcival, le directeur de *Valeurs actuelles*, qui s'est fait le chantre de cette mutation. Droitisation de la droite ? Bruno Le Maire récuse l'assertion, mais Xavier Bertrand et d'autres la confirment : « La société française est plus à droite que la classe politique de droite. »

Bien des indicateurs vont dans ce sens. « La radicalisation de la base électorale de l'UMP est manifeste depuis quelques années », juge Frédéric Dabi, directeur général adjoint de l'IFOP. Son collègue Jérôme Fourquet en dresse une analyse minutieuse dans une étude pour la Fondation Jean-Jaurès (« FN et UMP : électorats en fusion ? »). Il en ressort une forte crispation sur l'immigration (« Il y a trop d'immigrés en France ») et sur la sécurité (« On ne se sent en sécurité nulle part »), deux thèmes qui sont au cœur du logiciel du Front national. Chercheuse à Sciences Po, Nonna Mayer aboutit à la même conclusion dans le dernier rapport de la Commission nationale consultative des droits de l'homme : l'« indice de tolérance » à l'égard des étrangers a brutalement chuté depuis 2009. Cette « montée des préjugés xénophobes », du « rejet » de l'autre « sous toutes ses formes » (notamment les musulmans) et de « l'attitude ethnocentriste-autoritaire » est particulièrement sensible dans l'électorat de droite.

Sur ce terrain comme sur d'autres, le Front national marque des points dans la bataille des idées, bien aidé depuis 2010 et le discours de Grenoble, et plus encore lors de la campagne de 2012, par Nicolas

Sarkozy lui-même. Il a continué d'enfoncer le clou ces dernières semaines, estimant que « l'immigration est un sujet majeur car elle menace notre façon de vivre ». Désormais – à l'exception d'Alain Juppé, qui a durci son discours mais qui reste clairement réfractaire aux « stigmatisations xénophobes » du FN –, les ténors de l'UMP rivalisent de fermeté sur ce terrain. Remise en cause du droit du sol, restriction du droit au regroupement familial, quotas d'immigration voire constitutionnalisation de la « capacité d'accueil de la France », suppression de l'aide médicale d'Etat, généralisation de la rétention administrative pour les demandeurs d'asile, remise en cause des accords européens de Schengen : la surenchère est générale, pour le plus grand profit, à n'en pas douter, de Marine Le Pen.

Accrochée à son tropisme économique libéral, bousculée par la société, menacée par l'extrême droite, voilà donc la droite déboussolée, en pleine incertitude existentielle. Les trois droites de René Rémond (légitimiste, orléaniste et bonapartiste) sont obsolètes, assure ainsi le philosophe et ancien ministre Luc Ferry. A ses yeux, le paysage idéologique s'est recomposé autour « d'une droite « schumpétérienne », européenne, humaniste et libérale au plan sociétal, d'une droite souverainiste keynésienne, eurocritique et très conservatrice au plan sociétal, et d'une droite « organiciste », pour qui la loi naturelle guide le corps social. Le problème, ajoute-t-il, est que ces trois droites sont « irréconciliables ». Le politologue Gaël Brustier note d'ailleurs l'incapacité de la droite, débordée par un « mouvement conservateur inédit depuis 1945 », à élaborer une « synthèse ». « Nous ne sommes d'accord sur rien », confirme sombrement le député UMP Henri Guaino. Julien Vaulpré, un bon observateur puisqu'il a fait partie de l'équipe du projet de Nicolas Sarkozy en 2007 et l'a suivi à l'Elysée pour suivre l'opinion, résume bien le défi : « La droite doit retrouver un espace idéologique propre, centré sur l'avenir et la modernité. Si elle en est réduite à se définir de façon négative, comme un FN bien-pensant ou une gauche plus libérale, elle est coincée. »

Deux facteurs, puissants mais contradictoires, aggravent la difficulté actuelle des droites à reformuler un projet. Le premier est la défiance profonde des citoyens à l'égard des responsables politiques. Comme Bruno Le Maire, Xavier Bertrand ou Alain Juppé, le jeune Maël de Calan le dit sans détours : cet animateur de La boîte à idées – un think tank créé en 2012, qui ambitionne de suppléer une direction des études de l'UMP indigente – est catégorique : « La droite des valeurs, obsédée par la conquête du pouvoir, est vouée à l'échec. Le vrai enjeu, c'est l'exercice du pouvoir, et la seule voie, c'est la droite des solutions, capable de proposer des réformes concrètes, documentées, expliquées et susceptibles de convaincre les Français que l'on peut vraiment, enfin, régler leurs problèmes. C'est la dernière occasion de le démontrer. »

Le second risque pour la droite est, selon Marcel Gauchet, la « tentation de la paresse » : « Pourquoi se casser la tête quand la gauche est aussi affaiblie ? » Beaucoup en sont conscients, et s'en inquiètent. « Ce serait une erreur de croire que le pouvoir est à portée de main, avertit Bruno Le Maire. Ce qui nous menace, c'est une flambée générale du Front national. » De même, Xavier Bertrand redoute que l'illusion d'une reconquête facile ait un effet émollient. « Si on ne fait pas l'effort de repenser notre projet et de restaurer notre crédibilité, on peut gagner demain mais on sera balayés ensuite. » Pour l'heure, Nicolas Sarkozy semble imperméable à ces sombres pronostics. Comme le dit joliment Luc Ferry, « Nicolas n'est pas un homme de réflexion, mais de réflexes ». Cela a été sa force, hier. Cela peut faire le malheur de la droite, demain.

13 janvier 2015

Le pire n'est pas toujours sûr

Il ne faut pas désespérer des Français. On les disait inquiets, anxieux, frileux, doutant d'eux-mêmes et méfiants des autres. Après trois jours de sang et de larmes, de stupeur douloureuse, de sidération révoltée, après ces quelques dizaines d'heures où trois terroristes auront, de sang-froid, au nom d'un djihad mortifère, décimé l'équipe de *Charlie Hebdo*, exécuté des policiers et assassiné les clients d'un supermarché juif, ils ont démontré le contraire. Dans un rassemblement sans précédent, digne, émouvant, rassurant.

Par millions, dans la capitale et toutes les villes du pays, dimanche 11 janvier, ils ont dit non à la barbarie et au fanatisme. Jamais les places de République et de la Nation, à Paris, n'avaient si bien porté leur nom. Jamais Voltaire, pourfendeur de tous les obscurantismes voilà plus de deux siècles et dont l'esprit inspirait les dessinateurs de Charlie, n'avait reçu plus bel hommage, sur le boulevard auquel il a donné son nom. De tous âges, conditions, origines et croyances, ils ont fait face, refusé l'innommable et défendu l'essentiel – la liberté qui fonde la démocratie.

Il ne faut pas davantage désespérer de la France. On la dit volontiers paralysée, incapable d'affronter les crises qui la minent, divisée contre elle-même. Près d'une cinquantaine de chefs d'Etat et de gouvernement sont venus lui dire, au premier rang du peuple parisien, qu'elle reste, à leurs yeux, la patrie de la Liberté, de l'Egalité et de la Fraternité. Et ceux qui n'étaient pas à Paris étaient nombreux, dans les capitales du monde entier, pour manifester leur solidarité. Là encore, la mobilisation a été aussi exceptionnelle que réconfortante.

Il ne faut donc pas désespérer de l'avenir. Et l'on veut croire que ce sursaut des consciences – individuelles et collectives, nationale et internationale – marquera, comme l'a dit le premier ministre Manuel Valls, « un avant et un après ». C'est désormais le défi des responsables de ce pays : être à la hauteur des attentes exprimées par ses citoyens.

Ils l'ont été face au choc de cette semaine insensée. A commencer par le président de la République. Dès les premières minutes qui ont suivi la tuerie de *Charlie Hebdo* jusqu'à la cérémonie, dimanche soir, à la Grande Synagogue de Paris, en passant par le sommet planétaire improvisé dans l'après-midi, il a su trouver le ton, employer les mots et faire les gestes qui s'imposaient, marier émotion et solennité, gravité et détermination. Incontestable commandant en chef pendant ces heures périlleuses, il a été sur tous les fronts, entouré par le premier ministre et le ministre de l'intérieur, impeccables dans la tourmente. Trois jours durant, il aura incarné l'unité de la nation. C'est son rôle, il l'a pleinement assumé. Cela laissera, sans aucun doute, une trace dans l'esprit des Français.

Les responsables de l'opposition, pour leur part, ont su faire passer l'unité nationale avant l'habituel combat politique. L'épreuve que traversait le pays le leur imposait. Ils ne se sont pas dérobés, quoiqu'il leur en coûte. A l'exception de la présidente du Front national, défenseure auto-proclamée du peuple mais incapable de s'associer au rassemblement parisien qu'elle a qualifié, dimanche à Beaucaire, de « grande machine à blanchir les consciences ». Et commodément oublieuse qu'elle est la plus acharnée pour attiser les peurs, nourrir les ostracismes et faire l'amalgame – inacceptable – entre terrorisme, islam et immigration.

Mais dès aujourd'hui, sauront-ils, les uns et les autres, rester à la hauteur ? Au-delà de l'émotion, gouvernement, majorité et opposition républicaine sauront-ils engager le débat aussi urgent qu'indispensable sur les remèdes à apporter au traumatisme subi par le pays ? C'est leur responsabilité. Elle reste à démontrer.

Déjà, d'innombrables questions se posent sur la capacité de la France à faire face à la menace terroriste. Le chef de l'Etat a souligné que nous n'en « avons pas fini » avec elle. Le premier ministre a admis qu'il y avait eu des « failles » dans le dispositif de surveillance et de protection, entre les mailles duquel sont passés les trois assassins qui ont commis les tueries de la semaine passée. Le ministre de l'intérieur a organisé, dès dimanche, une réunion de ses homologues européens, auquel s'était joint le ministre de la justice américain ; ils ont convenu de se retrouver à Washington, dans un mois, pour renforcer leur coopération.

Mais il faut aller au bout de cette « lucidité », pour reprendre le mot partagé par Manuel Valls, dès vendredi, et Nicolas Sarkozy, lundi 12 janvier au matin. Une nouvelle fois se posera la question de l'équilibre entre le respect des libertés démocratiques et l'efficacité de la réponse policière, à l'échelle de la France et à celle de l'Europe. Une nouvelle fois celle des moyens de détection dont disposent les services de sécurité français, une nouvelle fois celle de la politique pénale, en dépit des innombrables lois adoptées ces dernières années.

Au-delà, une question plus large et plus lourde encore est posée : comment la France a-t-elle pu en arriver là ? Comment a-t-elle pu secréter une telle haine à son endroit, non pas seulement de groupes terroristes proche-orientaux, mais de jeunes qui ont grandi sur son sol ? Pourquoi la République se laisse-t-elle gagner par un racisme latent et un antisémitisme odieux ? Comment empêcher que toute la communauté des musulmans de France ne soit prise en otage par les djihadistes qui ont armé le bras des assassins parisiens ? Comment, enfin, redonner pleinement sens à l'idéal républicain ? Chacun mesure que ce sera un effort difficile et de longue haleine. Un effort vital, cependant, si l'on veut lutter sérieusement contre toutes les pestes identitaires qui rongent ce pays.

21 janvier 2015

Une certaine idée de la France

Les foules immenses qui ont envahi Paris ou le moindre bourg de France le 11 janvier, après les tueries de *Charlie Hebdo*, de Montrouge et du magasin juif de la porte de Vincennes. L'émotion poignante, deux jours plus tard, dans la cour de la préfecture de police, pendant l'hommage du président de la République aux trois policiers assassinés lors de cette mortelle équipée djihadiste. L'élan saisissant qui a accueilli, le 13 janvier encore, dans l'hémicycle de l'Assemblée nationale, le discours du premier ministre saluant « la France debout » dans l'épreuve. Plus que d'autres, ces trois moments ont scandé le sursaut des Français contre la barbarie terroriste. Comme si, sous le choc, la nation retrouvait brutalement la mémoire, renouait le fil de son histoire, reprenait conscience de sa singularité. Comme si, aux antipodes des polémiques récentes sur ce terme même, le traumatisme redonnait sens à son identité.

L'on croyait volontiers cet attachement viscéral des Français à leur pays émoussé, tant ils ronchonnaient, déprimaient, voire se délectaient de leur déclin annoncé par des imprécateurs patentés. L'on imaginait ce patriotisme obsolète, au-delà des commémorations rituelles, des images sépia des « poilus » de 1914 ou des figures panthéonisées de la Résistance. L'on pensait ce sentiment d'appartenance laminé par la mondialisation, les ravages de la crise économique, le triomphe du « chacun-pour-soi ».

Quant à l'utopie des révolutionnaires de 1789, elle avait pris, semblait-il, un sacré coup de vieux. La liberté – de penser, de s'exprimer, de publier, de caricaturer, de circuler, de se réunir, de s'associer… ? A force de banalité, elle finissait par paraître une évidence, du moins pour ceux qui en ont les moyens. L'égalité ? Depuis belle lurette, elle se résumait à des invocations solennelles. Quant à la fraternité, elle avait valu à Ségolène Royal un accueil moqueur, voire apitoyé devant tant de ringardise, lorsqu'elle avait tenté, voilà quelques années, de la remettre au goût du jour.

Bien servi par la plume d'Henri Guaino, Nicolas Sarkozy avait su, en 2007, renouer le fil de cette histoire ou, du moins, en tisonner les braises. De même François Hollande, en 2012, s'était employé à redonner quelques couleurs au « rêve français ». Mais dans les deux cas, cela sentait trop la rhétorique obligée, presque l'exercice de style, le temps d'une campagne électorale, fugace et sans lendemain.

Il aura fallu les tueries parisiennes, sinistres et ciblées – des dessinateurs parce qu'ils étaient libres de leurs dessins, des policiers parce qu'ils étaient policiers, des juifs parce qu'ils étaient juifs – pour que cette histoire, ces valeurs et les combats qui les ont imposées depuis plus de deux siècles reprennent sens. Terrible mais salutaire logique. Au-delà de l'œcuménique mais minimaliste « Je suis Charlie », au-delà de la diversité des sentiments qui les animaient, voire des ambiguïtés de leur engagement, c'est cela que les Français ont voulu défendre : une certaine et impérieuse idée de la France.

En première ligne, François Hollande et Manuel Valls l'ont compris, exprimé et assumé. L'opinion ne s'y est pas trompée, qui leur accorde, d'un coup, un crédit inimaginable il y a quelques jours encore. Pour autant, s'ils ont su se réinscrire dans le grand récit national, ils n'en ont pas encore écrit la suite. Retrouver la mémoire est la condition nécessaire, mais non suffisante, pour (re)construire un avenir.

Car le défi est impressionnant. Pour les gouvernants, comme pour leurs opposants. L'on songe, évidemment, au renforcement des dispositifs de sécurité, afin de faire face à une menace inédite, aussi furtive que mondialisée. Le premier ministre a dit l'essentiel, à ce propos : oui aux mesures exceptionnelles, non aux mesures d'exception. On verra, dès le prochain conseil des ministres, ce qu'il en est.

Mais ce défi suppose aussi de redonner vigueur et réalité, ici, maintenant, aux principes inscrits depuis le XIXe siècle aux frontons de la République. La liberté, à commencer par celle de s'exprimer ? Elle n'est pas discutable, dès lors qu'elle fonde la démocratie. La laïcité, notre singulière et précieuse religion civique ? Elle est au cœur de la liberté offerte à chaque culte de s'exercer et à chaque citoyen de croire ou de ne pas croire. Ce n'est pas davantage négociable. Or on a pu mesurer, dans la tourmente de ces derniers jours, combien ces deux valeurs cardinales sont, hors de France, mal comprises, contestées, ou récusées sans merci. Combien elles doivent être protégées.

L'égalité, et l'exigence qu'elle fixait à la République de donner sa chance à chacun ? L'on sait qu'elle est devenue un vain mot, tant sont criantes nos fractures sociales, scolaires, territoriales. Ainsi de l'emploi, protégé pour beaucoup, précaire ou inaccessible pour des millions d'autres. Ainsi de l'école, qui est parvenue, en quelques décennies, à former une grande majorité des jeunes et à leur ouvrir les portes de l'université ; mais qui rejette sur le carreau, chaque année, 150 000 d'entre eux, sans autre avenir que l'exclusion. Ainsi de ces territoires perdus de la République que sont devenues bien des banlieues déshéritées. La fraternité, enfin ? Plus que jamais, elle est un combat vital, si l'on veut éviter que la communauté nationale, républicaine, ne se dissolve au profit de tribus ethniques ou religieuses, ou, selon la formule de Régis Debray, « de sectes et de mafias ».

Bref, le sursaut des citoyens et la mémoire de l'essentiel dont il témoigne imposent aux dirigeants de redonner sens au politique. Sans masquer qu'il s'agit d'une épreuve de longue haleine, mais sans tarder à l'engager. Faute de quoi, tout est à craindre de ceux qui attisent les peurs et les haines.

28 janvier 2015

Banlieues : « apartheid » et amnésie

Selon la formule du président de la République lorsqu'il l'a nommé à Matignon, Manuel Valls a donc « fait du Valls ». En dénonçant, le 20 janvier, l'« apartheid territorial, social, ethnique » à l'œuvre dans les banlieues françaises les plus déshéritées, le premier ministre a été fidèle à lui-même, adepte des mots qui bousculent, provoquent ou fâchent pour mieux se faire entendre.

Apartheid ! Que n'avait-il dit ! La France n'est en rien comparable à l'Afrique du Sud et au racisme d'Etat qui y a prévalu pendant des décennies, ont souligné les spécialistes, à juste raison. C'est « une insulte à la République », ont fustigé d'éminents responsables de l'UMP (Nathalie Kosciusko-Morizet ou Bruno Le Maire), tandis que leur président, Nicolas Sarkozy, pourtant friand lui aussi des formules à l'emporte-pièce, exprimait sa « consternation » devant pareille « faute ». Cette polémique est cruellement révélatrice. Tout se passe, en effet, comme si chacun se sentait obligé de parler cru et de crier fort pour mieux masquer son embarras, voire sa mauvaise conscience, tant le problème soulevé par le premier ministre est connu, documenté… et irrésolu.

Trente ans de politiques de rénovation urbaine et de soutien aux banlieues « sensibles », trente ans également de politiques de ségrégation positive à l'école grâce aux zones d'éducation prioritaires n'y ont pas changé grand-chose et, en tout cas, pas l'essentiel : ce cocktail redoutable de chômage, de pauvreté, d'échec scolaire et d'immigration qui a fait de ces dizaines de quartiers des « territoires perdus de la République ».

Et, désormais, des terres de mission pour le prosélytisme religieux, en l'occurrence musulman, le plus radical.

Au cas où les responsables publics seraient victimes d'amnésie, rappelons que le diagnostic est aussi ancien qu'implacable. En mai 1998, dans ces colonnes (puis à la tribune de l'Assemblée nationale en 1999), le ministre de l'intérieur de l'époque, Jean-Pierre Chevènement, dressait ce réquisitoire : « En moins d'un quart de siècle, la France s'est cassée. L'explosion du chômage et de la précarité transforme insidieusement certains de nos quartiers en quasi-ghettos. S'y concentrent les populations en difficulté, particulièrement celles qui sont nées des dernières vagues de l'immigration. La montée des communautarismes accompagne la ghettoïsation des quartiers. Le social s'"ethnicise", et l'extrême droite en fait son miel. Ainsi s'édifie sous nos yeux un modèle de société inégalitaire qui est aux antipodes des valeurs républicaines. Le projet de citoyenneté, censé fonder notre République, tourne de plus en plus à vide. »

On croirait du Valls, jusque dans la conclusion : « Il faut donc se donner tous les moyens de lutter sur le long terme contre l'apartheid spatial et social. »

Six ans plus tard, en 2004, c'est un autre constat que dressait un rapport de l'inspection générale de l'éducation nationale, coordonné par Jean-Pierre Obin, sur « Les signes et manifestations d'appartenance religieuse dans les établissements scolaires ». Sa conclusion était sans détour : « Pour la première fois dans notre pays, la question religieuse se superpose, au moins en partie, à la question sociale et à la question nationale ; et ce mélange, à lui seul détonant, entre en outre en résonance avec les affrontements majeurs qui structurent désormais la scène internationale. »

Le rapport décrivait ces quartiers où « se sont déjà édifiées des contre-sociétés closes dont les normes sont le plus souvent en fort décalage, voire en rupture avec celles de la société moderne et démocratique qui les entoure ».

Pour ces populations, précisait-il, « il ne s'agit nullement d'un repli identitaire des plus anciens, mais bien d'une identité de substitution qui se diffuse d'abord parmi les jeunes » et les conduit « vers le ressentiment, le repli et parfois la radicalisation ». « Des organisations, le plus souvent structurées sur le plan international, prospèrent sur ce terreau et assurent à cette identité "musulmane" une promotion efficace. » Les rapporteurs appelaient les pouvoirs publics à un effort d'ensemble pour « remonter le courant », faute de quoi ils craignaient « que les nécessaires mesures de défense de la laïcité soient une nouvelle fois vécues, notamment par ces élèves, comme discriminatoires et les confortent dans leur sentiment d'injustice ». Au lendemain des attentats djihadistes de Paris, le constat est d'une actualité plus cinglante que jamais.

Un troisième cri d'alarme – parmi bien d'autres – est venu des élus locaux. Ainsi, en novembre 2007, Claude Dilain, Stéphane Gatignon et François Puponni, maires de Clichy-sous-Bois, Sevran et Sarcelles, lancent une mise en garde très claire : deux ans après les violentes émeutes de l'automne 2005, « non seulement les choses n'ont pas changé, mais elles empirent. Cela ne peut plus durer. Le temps des diagnostics, des analyses et de la compassion est terminé. Aujourd'hui, il est impératif d'agir, et d'agir vite. Malgré l'opiniâtreté des élus de terrain et du monde associatif, la situation ne cesse de se dégrader… ».

Trois ans plus tard, en avril 2010 dans ces colonnes, le même Claude Dilain revenait à la charge de façon poignante : « Qu'attendons-nous ? De nouvelles émeutes ? Que la cocotte-minute explose ? J'ai honte d'être le représentant impuissant de la République française. »

Quant à Nicolas Sarkozy, il n'avait pas de mots assez forts pour présenter, le 8 février 2008, sa « nouvelle politique pour les banlieues » : « Vingt ans d'efforts, d'intelligence et de générosité n'ont pas réussi à empêcher que les fractures se creusent » dans ces quartiers où se concentrent tous les handicaps, toutes les difficultés. « Ce n'est pas seulement l'idée que nous nous faisons de la laïcité, c'est l'avenir de notre démocratie et d'une certaine idée de la République qui est en jeu. » « Tant de problèmes n'ont que trop duré », lançait, martial, le président de la République du moment, avant d'appeler à la mobilisation de toutes les politiques publiques pour « briser la logique du ghetto » et « empêcher que le communautarisme, les tribus et les bandes finissent par miner définitivement la République ». « Nous n'avons pas le droit d'échouer », concluait-il. Manuel Valls pourrait reprendre à son compte un tel engagement.

Depuis vingt ans, on le voit, ce n'est donc pas la lucidité qui a fait défaut. Mais bien le courage, à gauche comme à droite, de faire ce que l'on dit et d'y consacrer les moyens et la ténacité nécessaires. Sans quoi les diagnostics les plus percutants apparaîtront plus que jamais, chez les responsables publics, comme le masque de leur impuissance.

1er avril 2015

Obsolescence de la gauche

Le poids des chiffres est accablant. Au premier tour du scrutin départemental, le 22 mars, l'ensemble de la gauche avait recueilli à peine plus du tiers des suffrages, un des étiages les plus bas de son histoire contemporaine. Au second tour, elle a perdu 28 départements, soit près de la moitié de ceux qu'elle détenait depuis 2011.

Le choc des symboles n'est pas moins éloquent. Quand des forteresses du socialisme tombent, comme le Nord et les Bouches-du-Rhône, quand de vieilles terres de conquête comme les Côtes-d'Armor de Claudy Lebreton basculent à droite, quand sont perdus les fiefs de François Hollande (Corrèze), de Laurent Fabius (Seine-Maritime), de Ségolène Royal (Deux-Sèvres), de Manuel Valls et du frondeur Jérôme Guedj (Essonne), de Martine Aubry (Nord) ou d'Arnaud Montebourg (Saône-et-Loire), quand le Territoire de Belfort, autrefois apanage de Jean-Pierre Chevènement, s'effondre, quand le PCF ne conserve plus qu'un seul département

(Val-de-Marne), c'est toute la gauche qui est touchée de plein fouet.

D'autant que cette lourde défaite est la quatrième en un an, après les municipales désastreuses de mars 2014, les européennes calamiteuses de mai et les sénatoriales perdues de septembre. Voilà quelques mois, le premier ministre et le premier secrétaire du PS avaient sonné le tocsin, dans l'espoir de rameuter leurs troupes : « La gauche peut mourir », avaient alerté Manuel Valls et Jean-Christophe Cambadélis. Chaque scrutin, désormais, semble accréditer cette sombre prophétie.

Les plus optimistes – y compris à l'Elysée – peuvent bien se raccrocher au constat que ces élections intermédiaires sont le plus souvent cruelles pour la majorité au pouvoir, accusée de tous les maux du moment. Les mêmes peuvent tenter de se rassurer en rappelant que la gauche a connu pires raclées électorales, comme aux cantonales, législatives et européennes de 1992-1994, avant de renaître de ses cendres dès 1997. L'on assisterait, en quelque sorte, à une fin de cycle, douloureuse, certes, mais pas dramatique.

On peut en douter, tant le mal semble profond. Tout y contribue. Une sévère crise de résultats, d'abord, qui ruine la crédibilité du pouvoir exécutif. Il faudra bien plus que les timides signes d'amélioration actuels pour effacer le bilan des trois premières années de mandat de François Hollande : un demi-million de chômeurs supplémentaires, une croissance atone, une brutale ponction fiscale, des déficits et une dette publique incompressibles. Impuissante face à la crise et ses ravages sociaux, tétanisée par la mondialisation, incapable de redéfinir ce que pourrait être une politique économique à la fois conforme à ses valeurs et adaptée aux enjeux du temps présent, la gauche de gouvernement apparaît, au choix, inopérante ou obsolète. Elle en paie lourdement le prix dans les urnes.

S'y ajoute une profonde crise structurelle. Depuis un quart de siècle, le communisme municipal et cantonal avait été largement rayé de la carte politique. Aujourd'hui, c'est le socle historique – existentiel, pourrait-on dire – du socialisme municipal et départemental qui est ébranlé, voire menacé. Aux municipales de 2014, le PS a perdu, en solde net, 133 des 371 villes de plus de 9 000 habitants (sur les 1 018 que compte la France) qu'il administrait jusque-là. En un an, le PS aura perdu quelque deux mille conseillers municipaux et plusieurs centaines de conseillers départementaux. Autant de précieux cadres intermédiaires et relais locaux qui lui feront défaut à l'avenir.

Quant au désormais mythique « peuple de gauche », il a fondu comme neige au soleil. Au premier tour de la présidentielle de 2012, l'ensemble des candidats de gauche ne rassemblait plus que 41 % du vote des ouvriers (29 % pour M. Hollande) et 46 % du vote des employés (28 % pour M. Hollande). A l'inverse, le Front national s'est imposé, depuis vingt ans, comme le premier parti ouvrier de France, et il ambitionne de le devenir chez les employés.

Et que dire de la crise strictement politique qui mine aujourd'hui la gauche et le PS ! Plus que jamais, leurs divisions ont pesé dans leur échec aux départementales. Les lendemains de défaite n'étant jamais propices aux réconciliations, chacun, déjà, réitère les griefs ressassés depuis des mois : le premier ministre pour dénoncer les divisions mortifères, les frondeurs socialistes pour réclamer urgemment un changement de cap économique, le Front de gauche pour fustiger un gouvernement qui n'a, à ses yeux, plus rien de gauche, tandis que les écologistes ne savent plus à quel saint se vouer.

Or, ces aigreurs tenaces témoignent de désaccords qui sont trop sérieux pour n'être pas durables. Sur la politique économique, le rôle et les moyens de l'Etat-providence, sur la construction européenne toujours plus décriée, sur l'école qui ne parvient pas à tenir sa promesse émancipatrice, sur la laïcité, enfin, qui peine à faire barrage aux communautarismes, les divergences idéologiques se creusent, de plus en plus inexorables.

Chacun sait que la forte progression du FN chamboule les habitudes électorales : en 2017, il n'y aura que deux places pour trois au second tour de la présidentielle. C'est donc dès le premier tour que les candidats de la gauche, de la droite et de l'extrême droite devront rassembler leur camp pour ne pas être éliminé. La gauche, à l'évidence, n'en prend pas le chemin. Il faut « refonder totalement le PS, tout recommencer à zéro », a conclu le socialiste Julien Dray, le 30 mars. Il reste à peine deux ans pour réussir cette résurrection. Ou plutôt cette prouesse.

15 avril 2015

FN : la rupture ne solde pas l'héritage

Trahison, provocation, règlements de comptes, détournement d'héritage, pulsions de mort : la crise qui secoue le Front national depuis quelques jours rassemble tous les ingrédients d'une impitoyable et pathétique saga familiale, digne des meilleures séries télévisées. Ou des pires. Chacun dans son rôle, les principaux acteurs jouent à la perfection. D'abord le vieux chef, Jean-Marie Le Pen, toujours président d'honneur de son parti, brandissant la devise des parachutistes (« Etre et durer ») pour lancer, dans *Rivarol*, l'assaut contre sa fille et à peu près tout ce qu'elle a entrepris depuis qu'il lui a passé le flambeau. Et agitant ses obsessions pétainistes et poujadistes comme autant de grenades dégoupillées.

Ladite fille du chef, ensuite, qui joue les offensées (« son but est de me nuire »), dénonce cette « spirale entre stratégie de la terre brûlée et suicide politique » et le prive du dernier combat qu'il comptait mener aux élections régionales de décembre en Provence-Alpes-Côte-d'Azur. Lui, encore, qui réplique, avec ce goût du jeu de mots qu'il affectionne : « Marine Le Pen souhaite ma mort, peut-être, c'est possible, mais elle ne doit pas compter sur ma collaboration »... Pendant ce temps-là, la petite-fille, Marion Maréchal-Le Pen, députée du Vaucluse, ainsi que les conjoints et pièces rapportées, tous caciques de la tribu Le Pen, tentent d'éviter les balles perdues, ou de porter le coup de grâce.

Devant un scénario aussi ahurissant, l'on pourrait s'en tenir à l'adage, mi-goguenard mi-cynique de Le Pen père, dans son entretien à *Rivarol* – « Peu importe que l'on parle de nous en bien ou en mal. L'essentiel, c'est qu'on en parle ! » – et fermer le ban. On pourrait aussi s'interroger sur les ressorts intimes de ce psychodrame familial, mais la psychanalyse mérite mieux ! Quant à la nécessité vitale, selon l'expression consacrée, de « tuer le père » pour s'imposer définitivement, elle correspond, certes, à la réalité de cette crise et de ses protagonistes, mais elle est loin d'en épuiser le sens politique.

Au premier abord, et sans préjuger de rebondissements imprévisibles avec ce diable d'homme qu'est M. Le Pen, la présidente du Front national et ses proches sont les grands bénéficiaires de l'affrontement. Déjà, Jean-Marie Le Pen a renoncé à conduire la liste du FN dans la région PACA, qu'il revendiquait vigoureusement il y a quelques jours encore. De même, il a pu mesurer son isolement au sein de son propre mouvement : hormis son ancien bras droit, Bruno Gollnisch, aucune voix significative n'a pris sa défense. Et les enquêtes, cruelles, ont indiqué que l'immense majorité des sympathisants frontistes lui conseillent de prendre sa retraite.

Marine Le Pen peut donc pousser son avantage. Depuis son élection, il y a quatre ans, à la présidence du Front national, elle s'est employée à normaliser son parti, le respectabiliser et le débarrasser des vieux oripeaux qui lui collaient à la peau et lui interdisaient tout espoir de conquête du pouvoir. Pour mieux priver ses adversaires de leurs arguments habituels, elle a d'abord désamorcé le procès en antisémitisme qui était fait au FN : les camps de la mort nazis, assurait-elle à peine élue en 2011, n'ont pas été un « détail de l'Histoire », selon l'expression répétitive de son père, mais « le summum de la barbarie ». Puis, contre tous ceux qui contestaient au FN sa qualité de parti républicain, elle n'a cessé d'adresser une ode permanente à la République et de se placer sous l'égide de la Déclaration des droits de l'homme et du citoyen. Qui dit mieux !

En assumant la rupture avec son père, elle entend bien parachever la démonstration : dédiabolisé, « son » Front national se veut le grand parti de la « droite patriote » et du peuple abandonné par l'« UMPS », non un avatar de l'extrême droite française. A ce détail près, c'est le cas de le dire, que cette posture reste une imposture.

En effet, si Marine Le Pen peut sanctionner son père et tenter de l'évincer de toute responsabilité, elle ne le fait que pour des raisons tactiques : par ses provocations répétées, estime-t-elle, Jean-Marie Le Pen menace d'entraver le développement du Front national et sa marche espérée vers le pouvoir ; là est, aux yeux de la fille, la « faute politique » du père. En revanche, hormis l'antisémitisme et un pétainisme désuet, la présidente du FN n'a jamais renié l'essentiel de l'héritage qu'elle a reçu.

Et cet héritage est bien celui d'une extrême droite nationaliste, profondément xénophobe – obsédée par la « décadence » de la société française et le déclin du « monde blanc » face au « torrent de l'immigration » et, désormais, du péril islamiste –, agressivement réactionnaire, brutalement protectionniste, violemment hostile à la construction européenne et à la mondialisation, favorable enfin à un pouvoir autoritaire et démagogique, dont Vladimir Poutine constituerait, de nos jours, un exemple achevé.

Sur tous ces points fondamentaux, Marine Le Pen a, peu ou prou, policé son discours. Mais, pas plus aujourd'hui qu'hier, elle ne s'est démarquée du legs paternel. C'est la grande ambiguïté de sa démarche. Celle qui la porte. Donc celle qu'il faut, sans cesse, démasquer et dénoncer.

3 juin 2015

La revanche interdite

Tout candidat à l'élection présidentielle en rêve : pouvoir s'appuyer sur un parti solide, capable de mobiliser des militants dévoués, des relais actifs dans le pays et des financements consistants ; mais, en même temps, pouvoir bénéficier d'un courant puissant de l'opinion publique qui, au-delà du cercle des militants, le désigne comme le champion capable de faire gagner son camp.

C'est, évidemment, la martingale gagnante. Celle, par exemple, qui avait permis à Nicolas Sarkozy, alors président de l'UMP, de tout balayer sur son passage en 2007. Face à lui, la candidate socialiste Ségolène Royal, longtemps portée par les faveurs de l'opinion publique, n'était pas parvenue à surmonter les réticences tenaces de son parti, et cela n'avait pas été l'un de ses moindres handicaps.

La même mésaventure avait condamné Edouard Balladur en 1995 : quatre mois encore avant l'échéance, la victoire lui était promise par les sondages, mais la fracture de la droite avait fini par affaiblir ses soutiens, casser son élan et redonner sa chance à Jacques Chirac, inamovible président du RPR depuis vingt ans. A l'inverse, en 2011, bien que première secrétaire du PS, Martine Aubry avait été battue lors de la primaire socialiste : les sondages faisaient de François Hollande un meilleur candidat pour affronter et battre Nicolas Sarkozy, et les sympathisants de gauche leur avaient donné raison.

Pour l'heure, à droite comme à gauche, aucun des candidats déclarés ou putatifs à la présidentielle de 2017 ne détient ces deux cartes maîtresses : qui tient son parti n'a pas – ou pas encore – les faveurs du pays, et inversement.

Alain Juppé vient d'en faire le constat, d'une de ces formules carrées qu'il affectionne. Au lendemain du congrès fondateur des Républicains, le maire de Bordeaux a bien résumé le rapport des forces entre lui-même et Nicolas Sarkozy, à dix-huit mois de la primaire qui désignera le prochain candidat de la droite : « Nicolas Sarkozy a le parti ; moi, pour l'instant, j'ai l'opinion. » De fait, six mois après avoir reconquis la présidence de l'UMP, Nicolas Sarkozy a indéniablement resserré son emprise sur son parti. Il en a changé le nom et les statuts, il va rapidement en remanier la direction, et l'on peut lui faire confiance pour en faire une puissante machine de guerre à sa dévotion.

Pourtant, tous les sondages témoignent que les Français continuent à le tenir en lisière. Sa cote de confiance plafonne entre 30 % et 40 % depuis des mois, et si elle est, évidemment, beaucoup plus élevée chez les sympathisants de droite (entre 65 % et 70 %), elle ne progresse pas davantage dans cet électorat. Pis encore, selon une enquête de l'institut Odoxa pour *Le Parisien* du 30 mai, 72 % de l'ensemble des sondés (et même 31 % des sympathisants de l'UMP) ne souhaitent pas que l'ancien président se représente en 2017.

A l'inverse, Alain Juppé, homme de droite « ouvert, pas sectaire », selon sa propre définition, caracole dans les sondages. Son niveau de bonnes opinions distance de 10 à 27 points, en mai, celui de M. Sarkozy, et il fait au moins jeu égal avec ce dernier chez les sympathisants de droite. Mieux encore, selon une enquête Odoxa réalisée les 21 et 22 mai pour *Le Parisien* – enquête très décriée par les partisans de M. Sarkozy, mais que la Commission nationale des sondages vient de valider sans réserve –, c'est Alain Juppé qui remporterait nettement, avec 55 % des voix, la primaire à droite si elle avait lieu aujourd'hui... Mais le maire de Bordeaux sait bien, et les sifflets qui l'ont accueilli au congrès du 30 mai le lui ont rappelé, qu'il ne peut, pour l'heure, compter sur le soutien de son parti et en est réduit à organiser sa « petite PME » en marge des Républicains.

Ce qui est vrai à droite ne l'est pas moins à gauche. Le congrès du Parti socialiste, à la fin de cette semaine à Poitiers, devrait assurer à François Hollande une solide rampe de lancement pour une nouvelle candidature présidentielle. Après l'approbation de la motion majoritaire par 60 % des suffrages et l'élection très confortable de Jean-Christophe Cambadélis au poste de premier secrétaire, le président de la République n'a plus à craindre, dans l'immédiat, de contestation majeure dans son camp. Mais c'est peu dire que le soutien de l'opinion lui fait défaut. Après un sursaut en janvier, à la suite des attentats parisiens, sa cote de confiance stagne entre 20 % et 30 %, et jusqu'à 77 % des Français souhaitent qu'il ne se représente pas, selon l'institut Odoxa.

Il reste que cette dialectique entre le soutien des partis et celui du pays est d'autant plus complexe que les partis sont faibles et l'opinion imprévisible. Les Républicains et le PS ont beau se fixer pour objectif de mobiliser 500 000 adhérents en 2017, leur réalité est beaucoup moins grandiose : moins de 70 000 socialistes ont participé au vote sur les motions avant le congrès de Poitiers et moins de 100 000 Républicains aux votes sur le nom et les statuts de leur nouveau parti. En outre, cela fait belle lurette que les partis politiques ont cessé d'être de fertiles laboratoires d'idées pour leur candidat – comme on le voit à droite, chaque postulant veille jalousement sur les think tanks et groupes de réflexion avec lesquels il prépare son propre projet.

Quant à l'opinion publique, elle est encore très loin d'être mobilisée par la prochaine élection présidentielle. Mais il est tout de même instructif de constater que trois Français sur quatre récusent, aujourd'hui, une nouvelle candidature de François Hollande ou de Nicolas Sarkozy, et donc un match revanche entre les deux candidats de 2012. Or les Français ont déjà démontré qu'ils n'aiment pas les duels trop annoncés. C'était en 2002, et chacun se souvient du résultat, calamiteux.

2 septembre 2015

Champs de ruines

Méfiance, ennui, voire dégoût pour la politique, défiance abyssale envers les partis, lourd discrédit des gouvernants : les symptômes de la crise du politique sont connus. Des enquêtes régulières attestent que le mal s'enkyste dans la société française. De scrutin en scrutin, la progression de l'abstention le confirme. La rentrée 2015 ne risque guère d'inverser la tendance, tant la scène politique est apparue, ces derniers jours, confuse et artificielle. Comme une caricature d'elle-même.

Prenez les écologistes. En vingt ans, ils ont anéanti toutes les attentes qu'ils avaient pu susciter. Ils prétendaient faire de la politique autrement, ambitionnaient de devenir, à côté des socialistes, le deuxième pilier d'une gauche progressiste et européenne, et se voulaient les inventeurs d'un nouveau modèle de développement respectueux de la planète et économe de ses ressources. Un instant, cela parut en bonne voie : avec 16 % des voix aux élections européennes de 2009, ils firent jeu égal avec le PS, avant d'entrer, en 2012, au gouvernement, à l'Assemblée nationale et au Sénat.

Depuis, ils ont sombré. Déchiré par les prétentions et les ambitions, les querelles de chapelle ou de famille, partagé entre réformisme, autonomie et radicalité, écartelé entre alliance avec le PS et attirance pour le Front de gauche – ce qui revient, dans les deux cas, à jouer les supplétifs –, qui plus est inaudible au moment même où se prépare, à Paris, la grande conférence internationale sur le climat, le parti écologiste est devenu un « astre mort », selon l'épitaphe des deux présidents de groupe parlementaire qui viennent de le quitter avec fracas.

Lors de leur grand-messe annuelle de La Rochelle, les socialistes ont, eux, sauvé les apparences. Le premier ministre a, littéralement, mouillé sa chemise pour défendre son action et celle du président de la République, plaider le volontarisme et la persévérance, invoquer les valeurs de la gauche, inviter chacun à « penser l'avenir », bref tenter de remobiliser des troupes déboussolées.

Mais ce discours énergique n'a masqué ni les divergences idéologiques ni l'impasse stratégique qui paralysent le PS. Entre les frondeurs, attachés au traditionnel credo keynésien de la gauche et rétifs au pacte de responsabilité passé depuis deux ans avec les entreprises, et les « réformateurs », désireux de déverrouiller davantage les carcans qui brident l'économie française, les ponts sont coupés. Et le prochain chantier de la réforme du code du travail, confirmé par M. Valls, leur fournira, à n'en pas douter, un nouveau terrain d'affrontement.

Quant à l'impasse stratégique, elle paraît, pour l'heure, sans issue. Le premier ministre et le premier secrétaire du PS, Jean-Christophe Cambadélis, ont eu beau mettre en garde contre la « fragmentation » de la gauche, sonner le tocsin contre la droite et l'extrême droite, et appeler au rassemblement dès le premier tour des élections régionales de décembre, ils ont eu beau esquisser la constitution, pour 2017 et au-delà, d'une « grande alliance populaire », cela ne convainc ni n'entraîne. Et pour cause : non seulement la dérive des écologistes sonne le glas de tout dispositif sérieux de gauche plurielle, mais, surtout, il est pour le moins irénique d'espérer réinventer une union de la gauche quand, depuis vingt ans, le peuple de gauche s'est délité sous l'effet de la crise et dispersé dans les urnes.

C'est sans compter, en outre, avec l'incessant réquisitoire du Front de gauche contre le gouvernement. Mais on frise, là aussi, la caricature. Ainsi quand Jean-Luc Mélenchon se réjouit de la clarification en cours chez les Verts et en déduit que « l'union de l'opposition de gauche va s'accélérer », il serait plus convaincant s'il parvenait, au moins, à établir des rapports moins crispés et soupçonneux avec son allié communiste… Comme les socialistes, l'« autre gauche » prend aisément ses désirs pour la réalité. Et personne n'est dupe.

Caricature, encore, du côté du Front national. Bien sûr, Marine Le Pen, sa présidente, doit faire oublier l'empoignade furieuse qui l'oppose à son père depuis des mois. Est-ce une raison pour singer le vieux chef de l'extrême droite comme elle vient de le faire à

Brachay (Haute-Marne), lors de son meeting de rentrée. En se déclarant « terrifiée du laxisme de nos gouvernants » face à la « déferlante migratoire », en accusant gauche et droite d'avoir mené la France à « une déchéance complète », en dénonçant rien moins que « l'euro-dictature », elle témoigne d'une rage et d'un goût pour l'invective médiocre, dont on imagine mal qu'ils puissent la conduire, un jour, à l'Elysée.

Dans ce paysage sinistré, la droite apparaîtrait presque comme un havre de paix ! La main sur le cœur, Nicolas Sarkozy s'emploie à reconquérir celui de « Madeleine », allégorie de ces électeurs qui l'ont abandonné pour rejoindre le FN. En quête d'amour, Alain Juppé s'efforce de susciter celui des enseignants, dans un livre chaleureux et intelligent (*Mes chemins pour l'école*, JC Lattès). Courageusement, tant il prêche dans le désert, François Fillon poursuit l'élaboration minutieuse de ce que pourrait être une rupture libérale assumée. Bruno Le Maire entretient la flamme du renouveau que Nathalie Kociusko-Morizet tente de lui chiper. Jean-François Copé, lui-même, ne désespère pas de retrouver quelque faveur.

Calme trompeur. La perspective d'un triomphe électoral de la droite aux régionales impose à tous la prudence. Aucun des candidats déclarés ou putatifs à la primaire de l'automne 2016 ne veut apparaître comme l'agresseur, donc le diviseur. Mais ce cap passé, les hostilités seront engagées, sans merci. Eviteront-elles, mieux qu'à gauche ou à l'extrême droite, postures, impostures et caricatures ? On le souhaite. Mais on en doute.

14 octobre 2015

Ça ne se passera pas comme ça

Sans attendre le résultat des élections régionales de décembre et, encore moins, le verdict de la primaire de la droite en novembre 2016, l'élection présidentielle de 2017 surplombe et détermine déjà l'ensemble de la vie politique française. Depuis que le chef de l'Etat est élu au suffrage universel, l'enjeu de ce scrutin-roi impose ce calendrier précoce : sauf scrutins imprévus (en 1969, après la démission de De Gaulle, et en 1974, après la mort de Pompidou), le sort de toutes les présidentielles a commencé à se jouer deux ans avant l'échéance.

Rien de surprenant, donc, que le compte à rebours de 2017 soit engagé. On le constate tous les jours. A gauche, le président de la République ne s'est pas contenté de désamorcer le débat sur la désignation du prochain candidat socialiste par une éventuelle primaire. Depuis la rentrée de septembre, il est en précampagne permanente. Il ne se passe pas un jour, ou presque, sans qu'une inauguration, un déplacement, une rencontre ou un discours ne lui donne l'occasion d'occuper le terrain et d'esquisser le profil de rassembleur réaliste qu'il aimerait présenter aux Français dans dix-huit mois.

De même, Nicolas Sarkozy tient pour acquis que Les Républicains, reconstruits à sa main depuis un an, sont « la seule alternative au Front national ». Dès à présent, il considère que « François Hollande, c'est fini ». Quant à ses concurrents pour l'investiture de la droite, il s'efforce de leur dicter, à coups de votes des adhérents, ce que devrait être le programme commun de son camp. Avec l'espoir d'en apparaître, demain, comme le champion naturel.

L'extrême droite, enfin, a l'avantage de n'être embarrassée ni par ces problèmes de chef ni par des incertitudes de posture. Marine Le Pen semble n'avoir pas perdu de plumes dans le règlement de comptes qui l'a opposée à son père ; mieux, elle en a profité pour renforcer son emprise sur le parti. Elle martèle ses obsessions nationalistes avec plus d'agressivité que jamais, jusqu'à insulter le président de la République, qualifié de « vice-chancelier », devant Angela Merkel et les parlementaires européens. Quant à 2017 : « Je me vois au second tour et je ferai tout pour que cela arrive », assure-t-elle.

Bref, aux yeux de beaucoup, à commencer par les intéressés, le casting des premiers rôles, qui se disputeront les deux places de finalistes de la prochaine présidentielle, est arrêté. Eternel Cassandre, François Bayrou a raison de le déplorer. « Je ne veux pas, je n'accepte pas qu'on se retrouve devant la triple impasse Hollande, Sarkozy, Le Pen », a-t-il lancé, dimanche 11 octobre, sur Europe 1. Mais le président du MoDem aurait dû pousser le raisonnement jusqu'au bout. Car ce qui est vrai des premiers rôles l'est également des seconds. Fort du « crédit acquis auprès des Français » et de son « expérience », M. Bayrou ne cache plus guère son désir d'en découdre une nouvelle fois, la quatrième. Il en est de même pour celui qui l'avait devancé en 2012, Jean-Luc Mélenchon : en dépit des disputes avec ses camarades communistes, il s'impatiente, se prépare et assure « travailler comme s'[il] allai[t] devoir être candidat ».

Ce n'est donc pas un tiercé, mais carrément un quinté identique à celui de 2012 qui s'annonce. Les électeurs supporteront-ils sans broncher l'exacte répétition d'une pièce à laquelle ils ont déjà assisté ? On n'en croit rien, même si l'on se souvient que François Mitterrand ou Jacques Chirac ne l'emportèrent qu'à leur troisième tentative… Autre temps, autres mœurs. Prenons donc le risque de la prédiction : ça ne se passera pas comme ça. D'une manière ou d'une autre, les Français – ou les événements – vont se charger de déjouer ce scénario.

Comment ? On ne saurait le dire. Mais rappelons une évidence : à ce stade, seule la présidente du Front national est assurée de concourir. Ce n'est pas le cas de Nicolas Sarkozy puisqu'il a dû se résoudre à organiser une primaire. Il va donc devoir affronter plusieurs candidats de poids – Juppé, Fillon, Le Maire… –, ce qui rend le résultat beaucoup plus aléatoire que lors de la primaire PS de 2011 dont les deux finalistes ne faisaient guère de doute. En outre, cette primaire largement ouverte est calibrée pour accueillir de l'ordre de 3 millions d'électeurs de la droite et du centre ; quand bien même M. Sarkozy « bétonnerait » le noyau dur des Républicains (175 000 adhérents), cela ne lui assure qu'un modeste tremplin.

Quelle que soit sa détermination, François Hollande n'est pas, non plus, à l'abri des mauvaises surprises. Lui-même a lié son sort à la décrue du chômage qui, mois après mois, se fait toujours attendre. Il en est donc réduit à croiser les doigts pour que les mesures de soutien à la croissance adoptées depuis deux ans finissent par payer, pour que la timide reprise actuelle se consolide en 2016, enfin pour qu'aucune nouvelle tempête financière – désormais redoutée par beaucoup – ne vienne balayer ces plans sur la comète.

Ajoutons que si l'on se trompe, si le remake du match Hollande-Le Pen-Sarkozy se confirme, alors cela se passera mal. Car les Français seraient invités à départager trois candidats qu'une forte majorité d'entre eux récusent ou ne jugent pas à la hauteur de la fonction : Nicolas Sarkozy, parce que le président des Républicains n'efface en rien, jusque dans son camp, la déception et le rejet qu'il a suscités à l'Elysée ; François Hollande, parce que ses électeurs de 2012 sont nombreux à s'estimer trompés et que les autres le honnissent ; Marine Le Pen, parce que deux Français sur trois la jugent sectaire et incapable de gouverner le pays. Raison de plus pour penser que les Français ne s'y résoudront pas. Mais l'on admet que c'est faire preuve de beaucoup d'optimisme.

18 novembre 2015

Métamorphoses de François Hollande

Qui aurait pu imaginer que François Hollande vivrait un tel mandat ? Qui aurait pu prédire que cet homme prudent et placide, cet habile chef de parti, ce barreur de petits temps, ce « capitaine de pédalo » moqué méchamment par Jean-Luc Mélenchon, devrait affronter autant de tempêtes et qu'il saurait y faire face, sans hésiter à changer de voilure, sans craindre de changer de cap ? Pas grand monde, sans doute, hormis lui-même.

Il vient d'en faire une nouvelle démonstration, au lendemain des sinistres attentats terroristes qui ont endeuillé la France le 13 novembre. Devant les parlementaires réunis en Congrès à Versailles trois jours plus tard, le président de la République a inauguré, en quelque sorte, son cinquième mandat en moins de quatre années passées à l'Elysée.

Le premier, en 2012, fut celui de la désillusion, en trois saisons : le printemps de la victoire et du « changement, c'est maintenant », l'été indolent et en apesanteur, l'automne ravageur du gouvernement d'amateurs et du chef de l'Etat flottant dans son costume, ballotté par l'ampleur de la crise et de la tâche. Le résultat fut sans pitié : en moins de temps qu'il ne faut pour le dire, le président perdit l'essentiel de son crédit. Pour l'opposition, l'affaire fut dès lors entendue, il n'était pas à la hauteur. Et, jusque dans son camp, beaucoup doutèrent de son autorité.

Le deuxième Hollande surgit le 11 janvier 2013, pour mieux démontrer le contraire. Ce jour-là, il décide d'engager les armées françaises dans une opération à haut risque au Mali : il s'agit de stopper les colonnes de groupes djihadistes qui menacent de s'emparer de la capitale, Bamako, et espèrent constituer, au cœur de l'Afrique subsaharienne, une base logistique pour des opérations terroristes à travers le monde. Dans *Les Guerres du président* qu'il vient de publier au Seuil, notre collègue David Revault d'Allonnes décrit de façon saisissante cette « étonnante métamorphose » : en quelques heures, en quelques jours, l'homme du compromis et du consensus, toujours tenté de temporiser pour esquiver les conflits, « s'est pourtant révélé un chef de guerre sans états d'âme », martial dans l'expression et fonceur dans la décision.

Après le général en chef entre en scène, un an plus tard, le PDG de l'entreprise France. Le 14 janvier 2014, après avoir tant louvoyé face à la crise, après avoir avancé à pas de loup dans cette direction, il tranche, fixe enfin ses priorités et trace le cap de sa politique économique. Sans craindre de bousculer les credo de la gauche, il lui explique que c'est l'offre qui nourrit la demande, les entreprises qui créent l'emploi et le coût excessif du travail qui plombe la compétitivité. Et qu'il faut tirer les conséquences fiscales et budgétaires de ce pacte de responsabilité. Laissant la droite embarrassée de voir le chef de l'Etat engager la politique qu'elle préconisait sans l'oser et le patronat stupéfait d'avoir été si bien entendu, M. Hollande se pose, dès lors, en président rassembleur, au-dessus des querelles idéologiques ou partisanes, « réaliste, réformiste, mais surtout patriote, car il s'agit de l'avenir de la France », assure-t-il ce jour-là.

Un an encore, et surgit ce terrible mois de janvier, l'équipée sanglante de trois terroristes djihadistes, la tuerie de *Charlie Hebdo* puis celle de l'Hyper Cacher, la France sidérée, traumatisée, meurtrie par cette incompréhensible barbarie. Dans l'instant, M. Hollande se métamorphose de nouveau et s'impose en père de la nation, régalien et compassionnel. Président protecteur dans la tourmente, fermement épaulé par le premier ministre et le ministre de l'intérieur, coordonnant nuit et jour la traque des assassins, il trouve les mots forts et les gestes justes pour faire front, rassurer le pays, mobiliser les citoyens et incarner cet « esprit du 11 janvier » qui conduira des millions de Français et tous les grands de ce monde ou presque à défiler pour défendre la République.

L'Histoire, depuis, s'est accélérée. Les terroristes n'ont pas attendu le prochain mois de janvier pour scander à nouveau, et de façon plus dramatique encore, la présidence hollandaise. Les trois équipes de tueurs qui ont semé la terreur au cœur de la capitale et de sa banlieue dans la soirée du 13 novembre, qui ont assassiné froidement, méthodiquement, indistinctement

129 personnes, Français et étrangers, qui ont eu le malheur de croiser leur route ce soir-là – sans oublier les quelque 350 blessés –, ces huit djihadistes ont fait naître le cinquième Hollande : le président de guerre.

Et ce président-là constitue une sorte de synthèse des précédents. Depuis l'opération au Mali, il est animé, selon ses mots devant le Congrès, d'une « détermination froide » et « impitoyable » pour « mettre toute la puissance de l'Etat au service de la protection » des Français, de l'« éradication » du terrorisme et de la « destruction » de l'Etat islamique en Syrie et en Irak, désigné comme le commanditaire des attentats.

Comme lors de l'adoption du pacte de stabilité, il se veut d'un réalisme à toute épreuve : ainsi, il n'hésite pas à reprendre à son compte des propositions de la droite en matière de sécurité, passant outre d'éventuelles crispations à gauche. Enfin, à l'instar de l'esprit du 11 janvier, il en appelle à l'unité nationale et au rassemblement républicain, au-delà des divisions partisanes et contre les « surenchères et dérives ».

Reste pour le président Hollande, quel que soit le terrain sur lequel il se déploie, à obtenir des résultats, tangibles et convaincants. Sans cette ultime métamorphose – celle de l'efficacité –, les précédentes auront été vaines.

16 décembre 2015

La présidentielle à qui perd gagne

Les élections ont trois fonctions : désigner des élus, valider le projet du vainqueur, clarifier le rapport des forces entre les différents courants politiques. Le scrutin régional a rempli les deux premières. Dès vendredi 18 décembre pour les régions qui n'ont pas changé de frontières (Bretagne, Centre-Val-de-Loire, Corse, Ile-de-France, Pays de la Loire, Provence-Alpes-Côte-d'Azur) et le 4 janvier pour les sept autres, des présidents seront désignés, des exécutifs constitués et leur programme engagé.

En revanche, loin de clarifier le paysage politique, le scrutin l'a rendu plus complexe, confus et imprévisible. A seize mois de la prochaine élection présidentielle, cela explique le mélange d'incertitude, de soulagement et de frustration qui prévaut dans chaque camp. Chacun, en effet, peut trouver dans les résultats des 6 et 13 décembre autant de raisons de se rassurer que de s'inquiéter.

La droite, d'abord. Face à un pouvoir affaibli et à une gauche divisée, elle espérait bien poursuivre dans les régions la razzia opérée dans les villes en 2014, puis dans les départements en mars 2015. Au soir du premier tour, sidérée, elle a craint le pire. Avec à peine plus de 27 % des suffrages, soit 3 points de moins que le total UMP-centristes, déjà calamiteux, de 2010, elle a enregistré son plus mauvais score électoral depuis des décennies. Devancée par le Front national dans six régions et par les socialistes dans deux autres, confrontée à des triangulaires meurtrières, elle pouvait craindre un échec cinglant.

Au soir du second tour, elle l'emporte dans sept des douze régions métropolitaines (hors Corse). Et pas n'importe lesquelles, puisque, grâce notamment au succès de Valérie Pécresse en Ile-de-France, les territoires qu'elle va gouverner rassemblent les deux tiers de la population française et génèrent les trois quarts du produit intérieur brut national. Ce n'est pas le « grand chelem » dont elle rêvait, mais sa victoire est indéniable. A ceci près qu'elle la doit, en Provence et dans le Nord, au retrait des socialistes dont les électeurs se sont massivement reportés sur ses candidats pour faire barrage au FN ; et, en Ile-de-France, au renfort d'un gros contingent d'électeurs frontistes qui ont arbitré en sa faveur contre la gauche.

La gauche, ensuite. Confrontée au vote sanction qui frappe régulièrement le parti au pouvoir lors des élections intermédiaires, affaiblie par les divisions profondes entre les socialistes, les écologistes et le Front de gauche, partant partout en ordre dispersé, elle redoutait le pire depuis des mois. En l'emportant dans cinq régions, elle fait mieux que sauver les meubles.

Mais à quel prix pour les socialistes ! Les voilà, du fait de leur retrait en Provence et dans le Nord, rayés de la carte – en tout cas absents des conseils régionaux – dans deux régions considérées comme des bastions depuis des lustres. L'époque est révolue où le contrôle des « Bouches du Nord », selon l'expression consacrée, garantissait la victoire dans les congrès du PS, à commencer par celle de François Mitterrand à Epinay en 1971. Ce n'est pas tout : avec quelque 500 conseillers élus, les socialistes voient leurs troupes régionales fondre de moitié. Après les déroutes récentes aux municipales et aux départementales, le PS est en passe de perdre ce maillage territorial qui, bon an mal an, faisait sa force depuis bientôt quarante ans. Ce sont de puissants relais qui lui manqueront en 2017.

Que dire, en outre, de l'échec des écologistes et plus encore du Front de gauche à incarner, ensemble ou séparément, une alternative sérieuse au PS. Les uns et les autres sont ramenés à leurs niveaux les plus bas (6,7 % pour les premiers, à peine plus de 4 % pour les seconds) et renvoyés à leurs impasses respectives. Au point d'hypothéquer leur capacité à concourir à la présidentielle.

Le Front national, enfin. Au soir du premier tour, il triomphait ou presque. Dans le Nord, en Provence et dans le Grand Est, la victoire semblait à portée de main et, avec elle, la démonstration que les Français ne récusaient plus sa capacité à gouverner. La forte mobilisation des électeurs de droite comme de gauche, autant que le front républicain dans le Nord et en Provence, l'a laissé sur le carreau. Faute d'alliés et d'une crédibilité suffisante, toujours en butte au rejet d'une nette majorité de Français, le FN ne parvient pas à atteindre la majorité au tour décisif et reste un parti d'opposition.

Mais quelle opposition ! Avec plus de 6,8 millions de voix, le parti d'extrême droite a battu son record de la présidentielle de 2012, il a consolidé et fidélisé son électorat, il a progressé partout entre les deux tours (à l'exception de l'Ile-de-France) et fait élire 358 conseillers qui accéléreront son implantation et sa professionnalisation. De scrutin en scrutin depuis trois ans, il est devenu un parti national, puissant dans ses bastions, présent dans toutes les régions, pénétrant tous les secteurs de la société française, imposant ses thématiques.

Nous en sommes là : une droite faible mais victorieuse, une gauche sauvée des eaux mais exsangue, une extrême droite battue mais conquérante. Chaque camp peut y trouver motif à persévérer dans son être, la droite immédiatement replongée dans ses guerres de chefs et en panne de projet, la gauche toujours en quête de résultats probants et d'indispensables alliances, le FN sans autre perspective que de faire exploser la droite. Celui des trois qui aurait l'imagination et le courage de modifier sa ligne de conduite prendrait un avantage décisif. On peut craindre, en réalité, qu'ils ne poursuivent sur leur lancée. C'est l'assurance que la présidentielle va se préparer dans un épais brouillard et se jouera à qui perd gagne.

20 janvier 2016

Président en état d'urgence

Le sort du président de la République se joue maintenant. Il ne lui reste plus que quelques semaines, trois à quatre mois tout au plus, pour modifier la perception que les Français ont de son bilan et pour poser les bases crédibles d'une nouvelle candidature présidentielle, dont personne ne doute qu'il s'y prépare. Passé l'été, il sera trop tard. La primaire de la droite monopolisera, alors, le débat public, avant que ne s'engage la campagne présidentielle elle-même.

François Hollande le sait mieux que quiconque, il est en état d'urgence. D'une part l'état d'urgence décrété le soir des attentats du 13 novembre 2015 et qu'il entend inscrire dans la Constitution, pour lutter contre le terrorisme djihadiste et garantir au pays que tout est fait pour assurer sa sécurité. D'autre part, « l'état d'urgence économique et sociale » – en clair, la lutte contre le chômage – annoncé le 31 décembre et dont il vient de préciser le plan de bataille.

Dans les deux cas, il a trois mois pour convaincre. Dans les deux cas, cela relève de la gageure. Car le chef de l'Etat s'est sérieusement compliqué la tâche. Qu'avait-il besoin, en effet, le 16 novembre devant le Congrès, d'ajouter cette histoire de déchéance de nationalité au menu de la révision constitutionnelle destinée à formaliser et encadrer l'état d'urgence ? Cette manœuvre abracadabrante visait à piéger la droite en reprenant l'une de ses propositions. Elle a eu pour résultat de hérisser une bonne partie de la gauche et de créer un imbroglio inextricable.

Alors que le débat parlementaire sur ce texte est prévu dans trois semaines à l'Assemblée nationale et un mois plus tard au Sénat, c'est un véritable concours Lépine constitutionnel qui est ouvert. A l'Elysée, à Matignon, à l'Assemblée, au Parti socialiste, on est encore en train de chercher la formule magique qui permettrait de concilier l'inconciliable : dire sans le dire que cette déchéance de nationalité ne peut viser que les binationaux (condamnés pour des actes de terrorisme) et crée donc deux catégories de Français, au mépris des principes fondamentaux de la nationalité.

A supposer même que cette formule soit trouvée, encore faudra-t-il que l'Assemblée et le Sénat adoptent la réforme constitutionnelle dans les mêmes termes (c'est la règle en la matière), ce qui suppose une bienveillance inédite de la part de la majorité sénatoriale de droite. Puis il sera nécessaire que les trois cinquièmes des parlementaires l'adoptent lors d'un Congrès, en avril ou mai, ce qui est tout sauf acquis.

A chacune de ces étapes, l'affaire peut capoter et le chef de l'Etat serait la première victime d'un tel échec. Quand bien même, enfin, cette révision de la Constitution serait votée, gageons que le président aura dilapidé dans cette ténébreuse affaire l'essentiel du crédit reconquis en novembre grâce à l'autorité dont il a fait preuve face aux attentats djihadistes.

La situation du chef de l'Etat n'est guère plus brillante sur le terrain de « l'état d'urgence économique et sociale ». Personne ne peut lui reprocher de décréter la mobilisation générale contre le chômage, comme il l'a fait lundi 18 janvier devant le Conseil économique, social et environnemental. Personne ne peut contester l'utilité de développer massivement la formation, notamment pour les chômeurs de longue durée ; ni la nécessité d'ouvrir plus largement les portes de l'apprentissage, notamment pour les jeunes qui ne trouvent pas leur voie dans les filières d'enseignement classiques ; ni l'intérêt de simplifier et de favoriser l'embauche, notamment dans les petites et moyennes entreprises ; ni la pertinence de confier aux régions un rôle plus stratégique et opérationnel en matière d'emploi. Beaucoup, enfin, peuvent partager sa volonté de redéfinir le modèle social français, à égale distance d'un « libéralisme sans conscience et d'un immobilisme sans avenir ».

Mais les bonnes paroles ne suffiront évidemment pas. Et pour cause, puisque la réalité est calamiteuse. Le nombre de chômeurs inscrits à Pôle emploi en catégorie A (ceux qui n'ont aucun travail) a atteint 3 575 000 en novembre 2015, en progression de 630 000 (+ 17 %) depuis juin 2012. Au-delà, l'ensemble des inscrits à Pôle emploi (outre les catégories A, ceux qui ont une activité réduite et précaire, ceux qui sont en stage, en formation ou sur des emplois aidés...), s'élève à 6 143 000 pour la France métropolitaine, en progression de 1,1 million depuis juin 2012.

Après tant de promesses envolées et d'engagements sans effet, il n'est pas surprenant que les Français ne croient plus aux mirages. Même les plus bienveillants peuvent, à juste titre, se demander pourquoi cet état d'urgence n'a pas été décrété plus tôt. Ou pourquoi le pacte républicain pour l'emploi, proposé en décembre par Jean-Pierre Raffarin et applaudi par Manuel Valls, est aussitôt tombé dans les oubliettes.

Quant aux plus critiques, ils regrettent déjà le manque d'audace du chef de l'Etat, la trop grande timidité ou le flou trop habile de certaines de ses annonces, ou encore son refus de s'inspirer de modèles étrangers pourtant performants, au motif qu'ils « seraient rejetés ». Et tous soupçonnent non sans raison, malgré ses dénégations, que l'obsession du chef de l'Etat est d'obtenir, avant tout et à tout prix, cette fameuse inversion de la courbe du chômage à laquelle il a lié son sort.

Sa seule chance de commencer à convaincre serait d'engranger, enfin, des résultats. Cela suppose que les mesures annoncées soient mises en œuvre assez énergiquement, et par tous les acteurs concernés, pour que leur impact soit perceptible sur le terrain avant l'été et se prolonge à l'automne. C'est, pour lui, une urgence absolue. Les Français jugeront sur pièces.

16 mars 2016

2016, année foutoir

Puisque la ministre de l'éducation nationale, Najat Vallaud-Belkacem, ne s'interdit pas la grossièreté pour éluder les questions embarrassantes (« bruits de chiotte », a-t-elle lancé le 8 mars à propos d'états d'âme supposés du premier ministre), on peut donc s'autoriser quelque trivialité pour qualifier la situation politique du moment : quel foutoir ! On ne sait pas encore si le printemps sera vraiment chaud. Mais il est acquis qu'il sera confus comme rarement et que l'année qui nous sépare de la présidentielle reste, à ce stade, parfaitement indéchiffrable.

C'est souvent le cas, dit-on. Les exemples ne manquent pas de ces destinées, prometteuses un an avant l'échéance, qui finissent en eau de boudin : ce fut le cas pour Michel Rocard en 1980, Raymond Barre en 1987, Edouard Balladur en 1994, Lionel Jospin en 2001, ou Dominique Strauss-Kahn en 2011. Mais nous sommes, aujourd'hui, très au-delà de tels accidents de parcours. Car l'incertitude, l'inquiétude ou le trouble règnent dans les trois partis qui peuvent prétendre qualifier leur champion(ne) pour le second tour de la présidentielle de 2017.

La principale zone de dépression se situe à gauche. La raison première en est simple : le président de la République ne s'impose pas comme le candidat naturel de son camp. Cela ne faisait aucun doute pour Valéry Giscard d'Estaing en 1981, François Mitterrand en 1988 ou Jacques Chirac en 2002 – pour ces deux derniers, grâce à des cohabitations qui leur avaient permis de reprendre leur élan. Quant à Nicolas Sarkozy, sa candidature de 2012 n'a suscité aucune contestation, même si les doutes ne manquaient pas sur ses chances de l'emporter.

Rien de tel pour François Hollande. Sans précédent, sa situation d'extrême faiblesse rend sa candidature aléatoire et ses perspectives de succès très minces. Dans l'opinion, son crédit est retombé au plus bas, entre 16 % de confiance selon la Sofres et 25 % pour l'IFOP. Son bilan sur le front économique et social ne lui garantit aucun socle solide de reconquête : la croissance reste à la traîne et le chômage au plus haut, alors qu'il a fait de l'amélioration de l'emploi une condition impérative pour briguer un second mandat.

Lancinants depuis trois ans, ces seuls constats sont déjà de nature à déboussoler son camp et à susciter les gestes de défiance, qu'il s'agisse de la précandidature de Jean-Luc Mélenchon ou du projet de primaire lancé par la gauche de la gauche. Mais les initiatives récentes du chef de l'Etat ont achevé de désorienter ou de hérisser la gauche. Elles se voulaient audacieuses ou habiles. Elles ont brutalement révélé de profondes fractures : morale, avec le débat sur la déchéance de nationalité pour les auteurs de crimes (et de délits) en lien avec le terrorisme ; sociale, avec le projet de réforme du code du travail qui a réussi à braquer tout le monde ou presque avant même d'être présenté en conseil des ministres. Fracture environnementale programmée, enfin, quand le projet de référendum sur le projet d'aéroport de Notre-Dame-des-Landes (Loire-Atlantique) sera engagé. Dans les trois cas, cela risque fort de se terminer, au mieux, par des bricolages en forme de sauve-qui-peut.

Le chef de l'Etat peut, dès à présent, constater les dégâts. Au premier tour des trois élections législatives partielles, organisées le 13 mars dans l'Aisne, le Nord et les Yvelines, l'effondrement des candidats socialistes est impressionnant : ils n'ont retrouvé qu'un cinquième de leurs électeurs d'il y a quatre ans. Sombre présage pour le scrutin de 2017.

La droite peut se réjouir de ce climat de « fin de règne », pour reprendre la formule de Nicolas Sarkozy. Mais, en dépit d'un usage intensif de la méthode Coué, le président des Républicains sait bien que la situation n'est ni plus claire ni beaucoup plus brillante dans son camp. L'avalanche de candidats à la prochaine primaire de la droite – huit postulants déclarés, sans compter M. Sarkozy lui-même –, témoigne qu'il n'est pas davantage le candidat naturel de la droite que M. Hollande ne l'est de la gauche.

Cette « crise de leadership », dixit Jean-François Copé, et la compétition méfiante qu'elle suscite empêchent, pour l'heure, le parti Les Républicains (LR) de construire un projet alternatif, collectif et convaincant. En outre, la bouderie de plus en plus ostensible des centristes de l'UDI et de leur président, Jean-Christophe Lagarde, risque au bout du compte de laisser les candidats LR régler leurs comptes entre eux. Sans même parler des aléas judiciaires qui continuent à le menacer, il est certain que M. Sarkozy imaginait une configuration beaucoup plus souriante et solide il y a quinze mois, lorsqu'il a reconquis la présidence de son parti.

Quant au Front national, il peut sembler en position de force. Sa candidate ne fait aucun doute, et Marine Le Pen paraît assurée de franchir l'obstacle du premier tour de 2017. Mais c'est la suite qui sème le trouble dans les rangs du parti d'extrême droite. En dépit de son enracinement et de ses succès électoraux depuis trois ans, il n'apparaît toujours pas comme un parti capable de gouverner le pays : selon le baromètre annuel du *Monde*, publié le 6 février, 36 % des Français lui accordent cette crédibilité. C'est beaucoup, c'est trop, mais ce n'est pas suffisant, faute d'alliés. Avec, à la clef, cette question existentielle : ou bien le FN se cantonne dans son splendide isolement et reste un opposant radical mais impuissant, ou bien il évolue, assouplit son programme notamment économique et il risque de se couper du noyau dur de son électorat.

Faiblesse à gauche, incertitude à droite, trouble à l'extrême droite : il est difficile d'imaginer climat plus imprévisible. Ni plus délétère.

23 mars 2016

La déchéance en déshérence

Goût du risque et conception ludique de la politique ? Ou défaut de lucidité et faiblesse de conception ? Toujours est-il que François Hollande a le chic pour se fourrer dans des situations inextricables, comme s'il voulait refaire sans cesse la démonstration de son habileté à s'en dépêtrer. Jusqu'à présent, il s'en était tiré, tant bien que mal. Avec la réforme constitutionnelle en cours d'examen au Parlement – singulièrement avec sa disposition sur la déchéance de nationalité pour les auteurs d'actes terroristes –, le président de la République risque fort de toucher aux limites de l'exercice.

L'initiative était risquée. Mais l'Elysée peut plaider, à bon droit, que la situation était exceptionnelle. Au lendemain des terribles attentats djihadistes du 13 novembre 2015 à Paris, les Français attendaient du chef de l'Etat une riposte à la hauteur du défi. Quant au pouvoir exécutif, il pouvait craindre que le pays traumatisé ne se laisse aller à des réactions irrationnelles, notamment contre la communauté immigrée et musulmane de France. Il fallait donc frapper fort, marquer les esprits, souder la communauté nationale. C'est ce que fit François Hollande devant le Congrès, le 16 novembre 2015, en annonçant une réforme hautement symbolique, destinée non seulement à donner valeur et définition constitutionnelles à l'état d'urgence, mais aussi à inscrire dans la Loi fondamentale le principe de la déchéance de la nationalité française pour les auteurs de crimes terroristes, dès lors qu'il s'agirait de personnes nées françaises et détenant une autre nationalité.

Quatre mois plus tard, « l'unité nationale » invoquée en novembre a volé en éclats, les « clivages partisans » qu'il s'agissait de dépasser ont retrouvé tout leur tranchant et le président est menacé de perdre sur tous les tableaux : il a fracturé la gauche, puis réveillé la droite, sans convaincre les Français.

Il fallait, en effet, être bien téméraire pour penser que la gauche avalerait sans broncher une mesure sortie tout droit de l'arsenal de l'extrême droite et de la droite dite décomplexée. Ce fut évident avant même la présentation du texte en conseil des ministres, le 23 décembre 2015. Et plus encore au début de l'année, lors de son examen par l'Assemblée nationale. Pour bon nombre d'électeurs, de militants, d'élus – et jusque dans les rangs du gouvernement, comme en témoigne la démission, le 27 janvier, de la ministre de la justice Christiane Taubira –, la lutte résolue contre le terrorisme ne pouvait justifier le renoncement au principe cardinal de l'égalité des citoyens, fondement de la République inscrit à l'article 2 de la Constitution.

Le gouvernement a eu beau se contorsionner, réécrire son texte, supprimer la référence aux binationaux, prévoir que toute personne condamnée pour un crime (et désormais un délit) terroriste pourrait être déchue de la nationalité française, et expliquer, dans le même temps et contre toute logique, qu'il refusait l'éventualité de créer des apatrides, le mal était fait. Le 10 février, grâce au soutien d'une partie de la droite, le texte a, certes, été approuvé par 317 voix contre 199. Mais pas moins de 119 députés socialistes ont refusé de l'approuver et 83 d'entre eux, soit le double des habituels « frondeurs », ont voté contre.

De même, il fallait être bien irénique pour imaginer que la droite, majoritaire au Sénat, ferait au gouvernement le cadeau de voter ce texte conforme, condition indispensable pour qu'il soit ensuite soumis au Congrès et définitivement adopté. Piégée par le président le 16 novembre, la droite n'a pas manqué l'occasion de lui renvoyer la pareille. De fait, avec ce mélange de subtilité et de perversité propre au Palais du Luxembourg, la majorité sénatoriale a, grosso modo, rétabli la proposition initiale du chef de l'Etat, réintroduit la distinction entre nationaux et binationaux, et réservé la déchéance à ces derniers au motif de ne pas créer d'apatrides. Mardi 22 février, c'est cette mouture qui sera, à n'en pas douter, approuvée par le Sénat.

Voilà donc François Hollande en fort mauvaise posture : il n'a le choix qu'entre de mauvaises solutions pour en sortir. Renvoyer le texte à l'Assemblée nationale et poursuivre la « navette » parlementaire ? C'est courir le risque de crisper davantage les positions et de laisser en déshérence un projet qui, à force de compromis laborieux et de débats abscons, a perdu sa force symbolique initiale aux yeux de Français déboussolés, indifférents ou railleurs.

Arrêter les frais et renoncer à ce projet, soit pour sa totalité, soit pour la mesure sur la déchéance de nationalité, en ne conservant que la constitutionnalisation de l'état d'urgence ? C'est admettre le fiasco de l'entreprise ou de sa disposition la plus emblématique. Envisager, enfin, un référendum qui permettrait de passer outre les chicanes parlementaires ? A supposer qu'il y songe, ce serait tout bonnement suicidaire, compte tenu du discrédit dont souffre le chef de l'Etat dans l'opinion publique.

Reste à habiller au moins mal cet échec. Et à masquer au mieux cette impuissance. Le premier ministre a commencé à le faire en reprochant vivement au Sénat d'avoir refusé la recherche d'un consensus. Nul doute que le chef de l'Etat peut être tenté de lui emboîter le pas, de prendre les Français à témoin et de faire porter le chapeau à la droite. Mais qui sera dupe ?

Car chacun sent bien que, dans cette affaire, c'est l'autorité de chef de guerre de François Hollande qui est en jeu. Elle lui est reconnue depuis 2013, du fait des interventions extérieures de la France contre le djihadisme au Sahel et au Proche-Orient. Il est en passe d'en perdre une bonne part dans la guerre intérieure contre le terrorisme. Cruel bilan.

13 avril 2016

Macron l'enchanteur !

Randonne-t-il au centre ? Roule-t-il pour Hollande ? Court-il à la rencontre de son propre destin ? Ou les trois à la fois ? Les spéculations n'ont pas manqué depuis qu'Emmanuel Macron a lancé son mouvement, En marche !, le 6 avril. Il est vrai que la situation est baroque : un jeune homme de 38 ans, ministre depuis vingt mois à peine, sans mandat ni fief, seulement armé d'une popularité atypique et d'une ambition sans complexe, se permet de dresser un constat d'échec du gouvernement dont il est membre, et de faillite de la gauche à laquelle il assure appartenir. Sans démissionner, pour aller au bout de son audace. Sans être renvoyé, pour prix de son effronterie.

On verra où le mène cette aventure. Mais il serait prématuré de la balayer, dès à présent, d'un revers de main. Car l'initiative a été conçue soigneusement pour cocher toutes les cases du désenchantement démocratique actuel, et tenter d'y répondre. Case numéro 1 : l'étiolement des partis politiques. Cela fait belle lurette qu'ils ont cessé d'être porteurs d'idées neuves, mobilisateurs d'énergies collectives. Ils parlent, comme dirait le premier ministre, une « langue morte ». Ils se confinent dans un entre-soi stérilisant. Ils ont même perdu assez de crédit pour devoir céder à la procédure des primaires leur dernière fonction, la sélection de leurs candidats.

Case numéro 2 : le dérèglement de la boussole qui, depuis des décennies, fixait le cap des engagements individuels et collectifs. Certes, le clivage entre droite et gauche n'a pas disparu et nombre de Français continuent à s'y raccrocher. Mais c'est faute de mieux, car chacun sent qu'il n'épuise plus le champ du débat et du combat politiques. Clivages territoriaux, entre les métropoles et leurs périphéries, clivage européen, clivage de la mondialisation sont venus brouiller, en profondeur, le paysage, les repères et les références.

Case numéro 3, enfin : l'impuissance publique. Les électeurs, fort logiquement, ne supportent plus les renoncements ou les reniements des élus, à peine tournée la page de l'élection. Jacques Chirac en a payé le prix après 1995, François Hollande aujourd'hui. Mais les citoyens supportent moins encore de constater la paralysie des gouvernants, de droite comme de gauche, devant quelques problèmes lancinants qui minent le pays : chômage de masse, ascenseur social en panne, système éducatif encalminé, intégration des populations immigrées en échec. Ils en tirent – toutes les enquêtes le démontrent – la conclusion que les responsables politiques ne s'occupent ni des vrais sujets ni de l'intérêt collectif.

Avec un aplomb de jeune premier, c'est à tout cela qu'Emmanuel Macron se fait fort de s'attaquer.

Les partis ? Débordés par un mouvement horizontal, original, gratuit, effervescent. Le clivage droite-gauche ? Dépassé par un appel à toutes les bonnes volontés, d'où qu'elles viennent à l'exception de l'extrême droite. L'impuissance publique ? Débloquée par des choix, dit-il, à la fois « radicaux » et « consensuels »...

S'il n'était pas ministre, qui plus est du gouvernement de Manuel Valls sous la présidence de François Hollande, Emmanuel Macron ne détonnerait pas dans les Nuits debout de la place de la République et autres lieux. Le constat est le même : ça suffit ! L'ambition, similaire : refaire le monde. La méthode, comparable : mettre l'imagination collective au pouvoir. Ministère et magistère de la parole devraient pouvoir s'accorder, à l'exception des solutions, dont on doute qu'elles convergent.

A ceci près, justement, que Macron est ministre, engagé, quoiqu'il en dise avec trop d'insistance, dans une démarche personnelle et caressant un fantasme qui n'est pas nouveau : l'union des gens raisonnables, décidés à abolir une géographie politique obsolète pour affronter, enfin, les grands problèmes du pays.

Il est vrai que cela correspond à une aspiration. Quand on les interroge (enquête Ipsos, *Le Monde* du 12 mars), les Français sont presque unanimes à souhaiter que les partis politiques de droite et de gauche travaillent ensemble pour proposer des solutions communes aux problèmes du terrorisme, de l'insécurité, de l'environnement, du chômage ou de l'immigration ; et ils sont encore nettement majoritaires pour penser que c'est possible.

Il y a là, aussi, un potentiel électoral. Crédité de tenir ce discours avec conviction et constance depuis quinze ans, François Bayrou en apporte la démonstration. Alors qu'il se consacre depuis deux ans à sa ville et n'intervient dans le débat national que de façon minimaliste, le maire de Pau conserve un réel capital. Selon l'enquête électorale du Centre de recherches de Sciences Po (*Le Monde* du 31 mars), il est crédité de 13 % des intentions de vote au premier tour de l'élection présidentielle dans l'hypothèse où Nicolas Sarkozy serait le candidat des Républicains, et de 8 % si c'était Alain Juppé. C'est tout sauf négligeable. Mais la démonstration est réversible : Bayrou, à trois reprises déjà, a butté sur la bipolarisation qu'il fustige.

En réalité, malgré son originalité affichée et la nouveauté de son promoteur, l'entreprise du ministre de l'économie paraît, à ce stade, plus symptomatique du marasme où est plongée la gauche que porteuse du remède qui lui permettrait d'en sortir. A un an du scrutin de 2017, chacun pressent que l'élection se jouera entre la droite et l'extrême droite. Pour conjurer le sort, la gauche s'en remet aux miracles : celui qui sauverait François Hollande de la déroute, ou celui qui permettrait à Emmanuel Macron de réinventer la politique d'un coup de baguette magique. Il faut, pour y croire, la foi du charbonnier.

4 mai 2016

Le vieil homme et sa fille

Depuis un an, depuis que la rupture est consommée entre Jean-Marie Le Pen et sa fille, on est tenté de s'en tenir là : une inexpiable querelle familiale, une habile captation d'héritage, les malédictions lancées par l'ancêtre contre sa progéniture indélicate et le silence implacable que celle-ci lui oppose. L'habituel rendez-vous du 1er mai du Front national a offert, dimanche, un nouvel épisode de ce drame bourgeois.

D'un côté, entouré de ses derniers fidèles, le fondateur du FN n'a pas eu de mots assez ronflants pour dénoncer son exclusion, comparée à la « décapitation du roi Louis XVI » – ce qui, soit dit en passant, en fait étrangement le descendant en droite ligne de l'Ancien Régime… Et il n'a pas eu de mots assez cinglants pour fustiger la « dérive politique » dont sa fille est coupable, cette dédiabolisation qui « était au mieux un leurre, au pire une sottise suicidaire », reposant sur « un calcul de naïfs ou de traîtres » et dont il a prédit qu'elle conduirait à l'échec de Marine Le Pen

« au deuxième et peut-être même au premier tour » de la présidentielle de 2017.

De l'autre côté, ladite Marine a ostensiblement snobé ces objurgations paternelles. Elle n'en a pas dit un mot dans le long discours qu'elle a prononcé devant 2 000 de ses partisans, au terme du banquet qu'elle organisait à La Villette.

On peut donc hausser les épaules devant cette empoignade pathétique. On aurait tort. Car ces deux discours du 1er mai ont fourni, mieux que bien des analyses, la démonstration limpide de ce qui relie intimement le Front national d'aujourd'hui à celui d'hier et, tout autant, de ce qui les sépare.

S'il n'était pas aveuglé par le dépit, Jean-Marie Le Pen devrait en effet se réjouir de voir en sa fille une si digne héritière. Même invocation vibrante de Jeanne d'Arc puisque c'est la tradition, même violence dans le ton, même goût pour la formule qui cogne et le sarcasme canaille, même hantise de la « décadence » de la France millénaire, même appel emphatique au rassemblement des « patriotes » pour défendre sa souveraineté et son identité menacées, même condamnation des élites aveugles et de la « caste au pouvoir », même doigt vengeur pointé sur la racine du mal : l'immigration aberrante et le communautarisme destructeur qui en résulte. Aucun doute, la présidente du FN a été à bonne école. Elle a parfaitement assimilé la doctrine, les obsessions et la rhétorique de son père.

C'est l'ambition qui les oppose irrémédiablement. Celle de Jean-Marie Le Pen n'a jamais été de conquérir le pouvoir. « Dieu nous en garde ! » était sa formule fétiche. Depuis bientôt un demi-siècle, son rôle de grand perturbateur, de grand provocateur et de grand imprécateur a suffi à son bonheur. Et avec l'âge, il en revient à l'essentiel, à ses yeux : « l'ampleur tellurique de l'explosion démographique », « la dynamique des fluides » entre l'Europe sous-peuplée et le tiers-monde surpeuplé, « le danger mortel que représente l'immigration massive ». Si elle n'est pas enrayée, a-t-il lancé, en reprenant à son compte les thèses de Renaud Camus, elle « conduira mécaniquement à la submersion de nos pays et au remplacement de nos populations par des populations étrangères ». Bref, « le peuple doit se préparer au pire », « il ne doit pas s'attendre à l'apaisement ».

Or c'est précisément « une France apaisée » que promet et entend bâtir Marine Le Pen. Parce qu'elle veut le pouvoir et sait qu'on ne le conquiert jamais mieux qu'en promettant au peuple des lendemains qui chantent, plutôt que de sombres menaces. Son père se contentait de sonner le tocsin à toute volée. Elle alarme, elle aussi, mais pour mieux rassurer. Cette France apaisée, a-t-elle précisé d'emblée, n'est « pas un slogan, mais une ambition, une nécessité vitale ». Avant de fournir, demain, la musique de sa campagne dont le discours du 1er mai a été l'évident prologue, cette France apaisée structure désormais l'ensemble de son projet.

L'intention est claire : grâce à ce fil conducteur, la présidente du FN entend désamorcer la charge négative, défensive, agressive ou réactionnaire de chacune de ses orientations. Ainsi, la France apaisée sera celle de « la tranquillité publique sur tout le territoire », du

« rétablissement de l'Etat de droit », de l'éradication de la « gangrène du crime et du délit ».

Elle sera celle de « la souveraineté retrouvée », de la « fin de l'Europe de Schengen, Europe des voleurs et des receleurs », de la « refondation de A à Z de la politique du droit d'asile » et de « l'arrêt de toute forme, même légale, d'immigration ». Elle sera celle du retour, négocié avec Bruxelles, à la monnaie nationale puisque l'euro a échoué « sur toute la ligne ». Elle sera encore celle d'un « Etat fort, stratège et visionnaire » sur le plan économique. Cette France, enfin, sera celle de la « démocratie apaisée », donnant autant que nécessaire la parole au peuple par la voie du référendum.

Bref, il s'agit de positiver ! On aurait tort de prendre cette mise en scène à la légère. Elle témoigne, en effet, de la volonté tenace de Mme Le Pen de lever les deux obstacles – majeurs – qui bloquent sa marche vers le pouvoir. D'une part, son parti reste dangereux pour la démocratie, aux yeux de trois Français sur cinq. D'autre part, seul un gros quart des Français le jugent capable de gouverner le pays. Dans l'année qui vient, toute son entreprise va consister à convaincre du contraire, autant qu'il est possible, un nombre croissant d'électeurs. Pour mieux affronter l'autre candidat qui a fait de l'apaisement de la France l'un des piliers de son projet : ce « cher Alain Juppé », a-t-elle lancé avec gourmandise. Son père peut juger la démarche « suicidaire ». Elle est, en tout cas, charpentée et déterminée.

18 mai 2016

Politique et droit de cuissage

Personne ne peut l'ignorer depuis une huitaine de jours : le député écologiste Denis Baupin a été mis en cause publiquement, sur le site Mediapart et sur France Inter, par plusieurs élues ou collaboratrices de son parti qui l'accusent d'agression ou de harcèlement sexuels. S'il conteste les faits qui lui sont reprochés, M. Baupin n'en a pas moins été contraint, dès le 9 mai, de démissionner de ses fonctions de vice-président de l'Assemblée nationale. La justice est désormais saisie, et ce sera à elle de déterminer sa responsabilité ou sa culpabilité éventuelles.

Mais, dès à présent, cette « affaire Baupin » apparaît cruellement révélatrice. Et accablante pour le monde politique français en général et parlementaire en particulier. Le sexisme ordinaire n'est évidemment pas propre à cet univers-là. Le glissement insidieux de la gauloiserie à la grivoiserie, de la goujaterie à l'agression, à coups de blagues salaces, d'allusions ou de gestes humiliants, peut se rencontrer dans tous les milieux. Ainsi, une enquête du Défenseur des droits, en 2014, estimait qu'une femme sur cinq est confrontée à une situation de harcèlement durant sa vie professionnelle. Mais cette situation se produit d'autant plus aisément dans le microcosme et sous le microclimat politiques.

Et pour cause. La France a beau avoir inscrit dans la Constitution, en 1999, le principe de la parité en politique et confié à la loi le soin de « favoriser l'égal accès des femmes et des hommes aux mandats électoraux et aux fonctions électives », chacun sait que cette règle n'est strictement appliquée que lorsqu'elle est obligatoire. C'est le cas pour les élections municipales (dans les communes de plus de 1 000 habitants), régionales, européennes, ainsi que dans les circonscriptions sénatoriales qui élisent trois sénateurs ou plus au scrutin proportionnel, et dans les élections départementales où la règle de binômes homme-femme s'est appliquée pour la première fois en 2015. Ce n'est pas le cas, en revanche, dans les élections au scrutin uninominal : celles des députés et celles d'une partie des sénateurs, pour lesquelles les partis (ceux de droite notamment) préfèrent payer les pénalités financières prévues par la loi plutôt que d'en respecter le principe.

Le résultat est connu : avec 27 % de femmes à l'Assemblée nationale (depuis 2012) et 25 % au Sénat (depuis 2014), le monde parlementaire français reste, pour sa plus grande part, une chasse gardée des hommes. Historiquement et structurellement inégalitaire, il est d'autant plus propice à l'abus de position dominante que, hormis les élues, les femmes y occupent le plus souvent des fonctions d'assistantes, dépendantes, corvéables et vulnérables.

Mais cette « affaire Baupin » est également symptomatique du sentiment d'impunité qui continue à être celui d'un certain nombre d'élus ou de responsables politiques. Le monde politique est un monde clos, consanguin, un monde de l'entre-soi qui obéit aux règles à la fois opaques et archaïques du pouvoir que l'on peut résumer ainsi : la loi de la jungle entre mâles dominants. Et ce qui est vrai de la tribu politique en général l'est plus encore de chacune des tribus singulières et concurrentes que sont les partis ou les groupes parlementaires. Les témoignages des accusatrices de Denis Baupin sont, à cet égard, très éclairants sur le chantage qui protège efficacement les harceleurs. Non seulement leurs victimes peuvent être menacées de mesures de représailles directes sur leur collaboration, leur parcours ou leur carrière, mais elles sont incitées à se taire pour ne pas donner des armes aux adversaires et discréditer le parti dans lequel elles se sont engagées.

C'est cette loi du silence qui est en passe de voler en éclats. Il y a un an, déjà, une quarantaine de femmes journalistes avaient dénoncé, dans Libération, le sexisme ordinaire insupportable d'élus et de responsables politiques. Ce week-end, ce sont, à leur tour, dix-sept anciennes ministres, de gauche et de droite, qui ont pris la plume, dans Le Journal du dimanche, pour dire non à « l'impunité » : « Comme toutes les femmes qui ont accédé à des milieux auparavant exclusivement masculins, nous avons eu à subir et à lutter contre le sexisme. Ce n'est pas aux femmes de s'adapter à ces milieux, ce sont les comportements de certains hommes qui doivent changer », écrivent-elles.

A cet égard, « l'affaire Baupin » est doublement encourageante. D'une part, elle démontre que l'arrivée de femmes de plus en plus nombreuses, expérimentées et haut placées dans la hiérarchie du pouvoir gouvernemental ou parlementaire est en train, lentement mais sûrement, de rééquilibrer le rapport des forces entre les sexes. D'imposer égalité et respect en lieu et place de la dépendance et de la soumission. Et de renvoyer sur les hommes la charge de culpabilité que les femmes supportent depuis trop longtemps.

D'autre part, elle témoigne de l'exigence d'exemplarité de plus en plus forte à l'égard des responsables politiques. Plus ceux-ci sont discrédités – et les enquêtes ne manquent pas pour attester qu'ils le sont –, plus ils sont sommés d'être irréprochables, d'accorder leurs actes et leur comportement à leurs engagements et leurs discours et, pour ce qui est des élus, de respecter les lois qu'ils élaborent. En l'occurrence, celle d'août 2012 qui précise, dans le code pénal, la définition du délit de harcèlement sexuel et renforce les peines encourues, les portant à deux ans, voire trois ans d'emprisonnement et 30 000 euros à 45 000 euros d'amende.

Ce n'est pas une affaire de morale, moins encore d'on ne sait quel moralisme souvent invoqué quand il est question de conduites sexuelles. Mais, tout simplement, une question d'éthique, c'est-à-dire de respect d'autrui. Incompatible avec le droit de cuissage.

15 juin 2016

Le professeur et le don Juan

Il serait bien présomptueux de préjuger du résultat de l'élection primaire qui désignera, dans cinq mois, le candidat de la droite à la prochaine présidentielle. L'on ne connaît, en effet, ni le nombre total de prétendants – douze, à ce jour, après l'entrée en lice d'Henri Guaino[1], treize avec Nicolas Sarkozy dont l'engagement ne fait aucun doute –, ni ceux d'entre eux qui obtiendront les soutiens nécessaires pour concourir effectivement. En outre, aucune élection n'est jouée d'avance et rien ne dit que, le moment venu, Bruno Le Maire ou François Fillon se contenteront des seconds rôles qui leur semblent dévolus.

Mais, pour l'heure, c'est bien le duel entre Alain Juppé et Nicolas Sarkozy qui domine les débats.

---

1. L'ancien conseiller spécial de Nicolas Sarkozy à l'Elysée annonce, le 13 juin 2016, sa candidature à la primaire de la droite et du centre, mais il n'obtient pas les parrainages nécessaires. Il tentera de se présenter directement à la présidentielle avant de renoncer, faute, à nouveau, de parrainages suffisants.

Le paradoxe est d'ailleurs complet puisque les deux hommes ont en commun tout ce que, paraît-il, les Français récusent ou rejettent. A dix ans d'écart, ils ont fait leurs premiers pas dans le sillage de Jacques Chirac et ils arpentent la scène politique depuis trois ou quatre décennies. Ils y ont exercé toutes les fonctions possibles, maire, député, ministre, premier ministre ou président de la République. Ils y ont dirigé la même formation politique, hier le RPR ou l'UMP, aujourd'hui Les Républicains. Pour le renouvellement des responsables politiques, on repassera !

Ce n'est pas tout. Ils ont encore en commun l'expérience de l'impopularité et de l'échec. Pour Juppé, ce fut cette dissolution ratée de l'Assemblée nationale en 1997 qui plongea la droite dans l'opposition et le chassa de Matignon. Pour Sarkozy, ce fut cette réélection manquée à l'élection présidentielle de 2012, au terme d'un quinquennat décevant. Qu'ils se retrouvent aujourd'hui, en première ligne est une belle preuve d'ambition tenace ; mais dans la plupart des démocraties occidentales, ils auraient été invités à passer la main après de tels désaveux.

Il n'empêche. Les voilà face à face. Leur affrontement départagera deux conceptions de la droite. Celle de Nicolas Sarkozy se veut décomplexée, sans tabou, volontiers provocante. Celle d'Alain Juppé apaisée, ouverte, réfractaire aux emballements idéologiques. On l'a bien vu la semaine passée, à propos de la question de l'identité nationale.

Le 8 juin, dans le Nord, l'ex-président de la République a retrouvé les accents les plus enflammés de ses campagnes de 2007 et surtout 2012 pour fustiger « la maladie du renoncement » qui atteint les « élites », y compris à droite où certains se sont mis à « chanter la douce mélodie des accommodements raisonnables ». Contre la « tyrannie des minorités » et des communautés, attisée par l'immigration et l'islam, il a exalté une « politique de la nation qui devra défendre nos us et coutumes, notre langue, nos traditions culinaires, nos habitudes vestimentaires, défendre l'histoire de la France, son identité culturelle, et même spirituelle ».

La réplique d'Alain Juppé a été aussi argumentée que cinglante, le 12 juin, sur son blog : « Oui, je refuse d'avoir l'identité malheureuse, frileuse, anxieuse, presque névrotique. Pour moi, identité ne rime pas avec exclusion ni refus de l'autre. Je veux faire rimer identité avec diversité et unité. »

Et pour que les choses soient claires, le maire de Bordeaux n'a pas éludé la question de l'islam : « Ou bien l'on pense que la religion musulmane n'est pas soluble dans la République et alors il faut se préparer à une forme de guerre civile ; ou bien l'on est convaincu qu'il existe une lecture du Coran et une pratique de la religion musulmane compatibles avec nos valeurs, et il faut alors travailler avec détermination à poser des règles claires entre les musulmans qui partagent cette conviction et la République. »

Moins vif dans le ton, le même contraste distingue leurs politiques économiques. Mais au-delà de ces divergences – qui sont tout sauf anecdotiques –, et au-delà de personnalités aux antipodes l'une de l'autre tant l'un paraît pudique, distant et rigide quand l'autre se montre extraverti, empathique et opportuniste, ce sont deux figures classiques de candidats à l'élection présidentielle qu'incarnent Juppé et Sarkozy. Ce qui rend leur confrontation d'autant plus intéressante.

D'un côté, le professeur Juppé, rigoureux, sérieux, rationnel, n'admettant aucune familiarité des élèves-citoyens, faisant appel à leur jugement et récusant leurs fantasmes, impatient de leur faire partager sa compétence et de les faire progresser efficacement. Son visage se détend d'ailleurs dans l'instant où il évoque son « expérience magnifique » d'enseignement au Canada, il y a dix ans. Il a eu, dans ce registre, d'excellents devanciers, en la personne de Raymond Barre dans les années 1970-1980, d'Edouard Balladur ou de Lionel Jospin dans les années 1990.

De l'autre, le don juan Sarkozy, imaginatif et transgressif, mais pragmatique et méthodique, charmeur quand il n'est pas brutal, intimiste quand il n'est pas solennel, aussi sincère que cynique, bateleur de talent, orateur vigoureux qui n'aime rien tant que d'embarquer, emballer et faire rêver une foule de militants. A des degrés divers, le Giscard de 1974, le Chirac de 1995 et le Mitterrand de toutes les époques l'ont précédé dans ce donjuanisme politique. Laissons de côté de Gaulle, qui était un barde d'une autre époque, et Pompidou qui fut son dauphin.

L'Histoire démontre que les professeurs ont tous échoué dans leur quête de l'Elysée. Et que les séducteurs, en revanche, ont tous fini par l'emporter. Si Alain Juppé réussit dans son entreprise, il sera le premier à démentir cette sorte de fatalité. Si Nicolas Sarkozy échoue dans la sienne, il sera démontré qu'il n'est plus qu'un crooner sur le retour.

29 juin 2016

« Brexit », banco pour Le Pen ?

En novembre 2001, dans un éditorial intitulé « Le Pen en silence », *Le Monde* s'inquiétait du « mutisme calculé » de Jean-Marie Le Pen, le président du Front national (FN), au lendemain des attentats djihadistes contre le World Trade Center de New York. « Il tire parti de la crise internationale. Il exploite les peurs qu'elle peut faire surgir, ou resurgir », écrivions-nous.

Parmi les nombreuses causes qui ont conduit, six mois plus tard, au séisme du 21 avril 2002, l'on a quelque peu oublié celle-ci : la tragédie américaine avait donné une redoutable résonance historique au triptyque gagnant de l'extrême droite, islam, immigration, insécurité.

Quinze ans plus tard, l'Histoire semble se répéter, au profit désormais de Marine Le Pen, qui a succédé à son père à la tête du FN. Comme lui, elle peut espérer, en silence ou presque, tirer bénéfice des soubresauts internationaux et de leur impact en France. Mieux que lui, même, puisque ce n'est pas un mais plusieurs traumatismes qui ont secoué le pays ces derniers mois : les attentats islamistes à Paris, en janvier et en novembre 2015, la lancinante crise des réfugiés qui frappent aux portes de l'Europe, enfin le référendum britannique et la victoire du « Brexit » – la sortie du Royaume-Uni de l'Union européenne (UE) –, le 23 juin.

A chaque fois, elle a pu prétendre, selon sa formule, que « les faits lui donnent objectivement raison », et raison avant les autres. A chaque fois, elle a fait avancer ses idées et donné davantage de consistance au triptyque sur lequel elle entend mener sa campagne présidentielle de 2017 : sécurité, identité, souveraineté. Les attentats du 13 novembre 2015 en avaient déjà apporté la démonstration. La présidente du FN avait immédiatement mis en cause l'action du gouvernement et son impuissance à juguler efficacement la menace terroriste. De même, elle avait lié ces attentats à la crise des réfugiés – qualifiés de « migrants » pour mieux faire le lien avec sa dénonciation obsessionnelle du danger migratoire : « Un certain nombre de terroristes se seraient glissés parmi les migrants », avait-elle assuré, avant que les enquêtes le confirment pour certains d'entre eux.

Enfin, elle avait réitéré deux propositions : le rétablissement définitif des contrôles aux frontières françaises, puisque l'Europe de Shengen est incapable de protéger les siennes, et la déchéance de nationalité pour les binationaux coupables de djihadisme. Et quelle n'avait pas été sa surprise d'entendre le président de la République, François Hollande, reprendre solennellement cette dernière idée à son compte, le 16 novembre 2015, devant le Congrès, avant que trois mois de polémiques ne fassent capoter cette révision constitutionnelle. Coup double pour Mme Le Pen : le gouvernement a validé sa proposition, mais il s'est montré incapable de la mettre en œuvre.

Si cette affaire de la déchéance de nationalité a constitué un joli banco pour la présidente du FN, le résultat du référendum britannique sur l'Europe fait figure de super-banco. Divine surprise, là encore, puisque l'UE est, à ses yeux, la cause de tous nos maux et qu'il est donc urgent de proposer aux Français, par référendum, d'en sortir. Or, depuis qu'elle a engagé cette croisade, il y a trois ans, Mme Le Pen s'est heurtée non seulement à tous ceux, à gauche comme à droite, qui jugent cette stratégie gravement irresponsable et périlleuse, mais aussi à un embarras perceptible au sein de son propre mouvement, certains de ses responsables plaidant en faveur d'une attitude plus souple et moins dissuasive pour les électeurs de droite.

Début février, la direction frontiste a surmonté cette divergence en prenant pour modèle la démarche britannique : engager une négociation pour obtenir un statut dérogatoire au sein de l'UE, puis soumettre un tel accord à un référendum. Or, les Britanniques ont poussé le scénario jusqu'au bout : ils ont renégocié, puis ils ont dit non et ont opté pour la sortie de l'UE. Faisant ainsi la démonstration qu'un des trois grands pays européens pouvait décider de rompre les amarres. Mme Le Pen n'en espérait pas tant ! « Victoire de la liberté !, a-t-elle immédiatement exulté. Oui, il est possible de sortir de l'Europe. Comme je le demande depuis des années, il faut maintenant le même référendum en France et dans les pays de l'UE. »

Peu lui chaut que François Hollande ait sèchement récusé une telle hypothèse, lorsqu'il l'a reçue, le 25 juin, à l'Elysée. L'important est que son idée de référendum européen infuse dans le débat public, notamment chez les candidats à la primaire de la droite. Ainsi Bruno Le Maire a-t-il relancé sa proposition de consulter les Français sur un nouveau projet européen (et non sur la sortie de l'UE). De même Nicolas Sarkozy, qui jugeait cette procédure inadaptée il y a un mois, a déclaré qu'il « ne faut pas avoir peur du peuple ; si l'idée européenne ne supporte pas l'épreuve du référendum, c'est qu'on fait fausse route ». Quant à Alain Juppé, il a certes jugé « totalement irresponsable d'organiser un référendum aujourd'hui en France », mais il n'en a pas écarté la nécessité dans l'avenir.

Evidemment, l'exemple du référendum britannique pourrait bien revenir en boomerang sur Mme Le Pen. Si toute cette affaire tourne à la pantalonnade, si ceux qui l'ont engagée, à commencer par le premier ministre David Cameron, apparaissent comme de dangereux apprentis sorciers, si ceux qui ont employé les arguments les plus démagogiques et fallacieux pour l'emporter font figure d'imprévoyants cyniques, la présidente du FN sera renvoyée à sa propre irresponsabilité. Mais, dans l'immédiat, elle peut espérer imposer la question européenne et celle de la souveraineté nationale au cœur de la campagne présidentielle. Or, à droite comme chez les socialistes, c'est un terrain miné.

31 août 2016

Une primaire de chiffonniers

Nicolas Sarkozy n'a décidément rien perdu de son talent à électriser le débat public. Il est entré en lice il y a quelques jours à peine et, déjà, ça canarde dans tous les sens entre les candidats à la primaire qui doit désigner le champion de la droite pour 2017. C'est entendu, la politique n'est pas une affaire d'enfants de chœur ! Mieux vaut avoir le cuir tanné, surtout quand la fièvre présidentielle gagne tous les postulants à l'Elysée, et nous y sommes. Mais les Républicains ont mis, d'emblée, la barre très haut sur l'échelle des petites phrases assassines et des attaques venimeuses.

La palme revient à François Fillon, distancé dans les sondages et qui n'a plus rien à perdre. Bille en tête, il a invoqué la « dignité » de la fonction présidentielle pour mieux récuser la prétention de Nicolas Sarkozy à la briguer à nouveau : « Il ne sert à rien de parler d'autorité quand on n'est pas soi-même irréprochable. Qui imagine un seul instant le général de Gaulle mis en examen ? » L'hypothèse est effectivement incongrue ! Et non content de briser le tabou des embarras judiciaires de l'ancien président, Fillon a dénoncé « le concours Lépine des solutions les plus imbéciles, censées lutter contre le terrorisme », en particulier la création, prônée par Sarkozy, de centres de rétention pour les personnes soupçonnées de menées terroristes.

Au fil des meetings du week-end passé, ces tirs croisés n'ont épargné personne. « Je ne serai pas le candidat des compromis bancals, des demi-solutions et des dénis de réalité, sur l'immigration comme sur le reste ! », a lancé Nicolas Sarkozy. Et tant pis si sa proposition de suspendre le regroupement familial « a choqué quelques oreilles sensibles », par exemple celles d'Alain Juppé qui a jugé une telle mesure « inhumaine ». « Je refuserai toujours d'instrumentaliser les peurs, de flatter les bas instincts », a répliqué le maire de Bordeaux, tandis que Jean-Pierre Raffarin, d'ordinaire juge de paix de ces empoignades, en rajoutait une grosse louche : « On ne gouverne pas avec la haine. La haine, c'est la colère des faibles. » Quant à Bruno Le Maire, il a renvoyé dos à dos les « discours brutaux » de Sarkozy et « l'immobilité heureuse » de Juppé.

Egaré sur le champ de bataille présidentiel en 1988 et accablé par la tournure que prenait l'affrontement entre François Mitterrand et Jacques Chirac, Raymond Barre avait déploré une indigne « bataille de chiffonniers » – il est vrai que le président et le premier ministre en étaient venus à se traiter, à mots à peine couverts, de demeuré ou de gâteux. Du moins était-on dans l'emballement d'une fin de campagne. Nous n'en sommes, aujourd'hui, qu'au début de la pré-campagne, et les chiffonniers s'en donnent à cœur joie. Au point, s'ils n'y prennent garde, d'écœurer le peuple de droite appelé à les départager et de rendre plus qu'aléatoire, ensuite, le rassemblement de tous derrière le vainqueur. Quatre ans après la guerre Copé-Fillon, ce serait pour le moins calamiteux.

Ces crispations doivent beaucoup, évidemment, au choc des personnalités et des ambitions, au long compagnonnage conflictuel de trois d'entre eux (Fillon, Juppé et Sarkozy), aux rivalités recuites qu'il a suscitées, aux désirs de revanche qu'il a nourris. Mais ce combat de coqs est d'autant plus violent que deux stratégies s'y affrontent.

Comme il l'écrit dans son livre-programme *Tout pour la France* (Plon), la « conviction intime » de Nicolas Sarkozy est que l'élection présidentielle « se jouera sur l'identité française », menacée par l'immigration et l'intégrisme musulman notamment. Elle doit donc être « défendue et préservée », « c'est la première demande du peuple français », son « aspiration légitime ». Peu lui importe de se placer très exactement sur le terrain du Front national. Au contraire, puisqu'il veut reconquérir une partie de ses électeurs. Il l'écrit sans détour : « Dénoncer les extrêmes est sans doute utile, mais répondre à l'exaspération croissante du peuple français me paraît autrement plus nécessaire. »

Aucun de ses concurrents ne néglige ni ne minimise la question identitaire et le trouble qu'elle suscite. Mais ils n'entendent ni en faire l'alpha et l'oméga de leur projet, ni se laisser entraîner dans de redoutables surenchères, ni courir après le FN. « Pour redresser la

France, nous n'avons pas seulement besoin de symboles identitaires, mais aussi de marqueurs économiques », insiste François Fillon. Quant à la ligne dont Alain Juppé n'entend pas dévier, elle est claire : « Rassembler plutôt que vouloir exclure ou stigmatiser. »

Deux stratégies, donc. Mais aussi deux conceptions de la politique, où va se jouer la crédibilité de chacun. Parce qu'il est, au premier chef, comptable du bilan de son quinquennat, Nicolas Sarkozy est, là aussi, en première ligne. Il doit convaincre qu'il fera demain ce qu'il n'a pas su ou pas osé faire hier. Il s'y emploie avec énergie, proteste de sa détermination renforcée par l'expérience et se fait fort de « trouver la voie étroite entre les trop bons sentiments de la pensée unique et les raisonnements simplistes du populisme ».

Le problème est que, à lire ses propositions radicales tous azimuts, par exemple sur l'université, la démocratie sociale, la fonction publique et bien d'autres sujets, cette voie étroite entre pensée unique et simplismes populistes ressemble fort à la pensée magique : je veux, donc je peux. Cela avait fait illusion en 2007. Il ne saurait en être de même aujourd'hui. Et ses concurrents sont les premiers à le souligner.

Sur ces points essentiels, la primaire, se rassurent les optimistes, va avoir le mérite d'imposer de salutaires clarifications. A moins que la bataille de chiffonniers ne tourne, en trois mois, au jeu de massacre.

14 septembre 2016

Le jeu de cons des sept gauches

A gauche, l'histoire se répète, en pire. Reportons-nous à l'automne 2008. Isolé, esseulé, décrié, François Hollande quitte la direction du Parti socialiste après onze années alternant périodes fastes – la gauche plurielle des années Jospin, le quasi-grand chelem aux régionales de 2004 – et échecs vertigineux – le 21 avril 2002, la victoire du non au référendum de 2005 sur l'Europe. Le congrès du PS, à Reims, solde méchamment les comptes : le « tout sauf Ségolène Royal » permet à Martine Aubry d'arracher la victoire[1] et à Jean-Luc Mélenchon de claquer la porte du parti.

Automne 2016 : isolé, esseulé, vilipendé, François Hollande achève son mandat présidentiel après quatre années calamiteuses qui auront ramené la

1. Le 21 novembre 2008, au second tour de l'élection du premier secrétaire du PS, Martine Aubry ne devance Ségolène Royal que de quelques dizaines de voix. Acquis dans des conditions confuses, ce résultat est vivement contesté par Mme Royal et ses partisans.

gauche à son étiage le plus bas. Le « tout sauf Hollande » semble être l'ultime ressort d'une gauche en lambeaux, promise à l'élimination dès le premier tour de la prochaine élection présidentielle.

Et ce ne sont plus, comme pendant longtemps, deux gauches qui s'affrontent, celle de compromis et de gouvernement d'un côté, celle de rupture et d'opposition de l'autre. Mais bien sept gauches, morcelées, jalouses de leurs singularités autoproclamées, empêtrées dans leurs manœuvres et boursouflées d'ego. Le spectacle qu'elles ont donné, le week-end passé, à La Courneuve, où se tenait la traditionnelle Fête de L'Humanité, et à La Rochelle, où se retrouvaient les socialistes « frondeurs », est tout bonnement pathétique. Sept gauches, donc. Encore s'agit-il d'un décompte réducteur !

La gauche nostalgie, d'abord, comme la radio du même nom. On y passe de vieux tubes, tendance lutte des classes à Lutte ouvrière (LO) ou au Nouveau parti anticapitaliste (NPA) – les frères ennemis trotskistes ayant chacun, déjà, désigné leur candidat pour 2017 – ou style Jean Ferrat au Parti communiste, quand la montagne de la gauche était belle et le « Parti » installé en premier de cordée. Les contorsions actuelles du secrétaire national du PCF, Pierre Laurent, pour tenter d'éviter un ralliement contraint à la candidature de Jean-Luc Mélenchon disent assez l'effacement des communistes. A eux trois, LO, NPA et PCF ne représentent plus que les buttes-témoins d'un passé révolu.

Mélenchon, précisément, ou la gauche quinoa, cette « plante de l'avenir » dont le flamboyant

Jean-Luc a fait, dans les colonnes de Gala, le symbole de son combat contre « la production de protéines carnées » et, par extension, contre le coupable « productivisme ». Fort des 11 % de voix recueillies en 2012, l'ancien ministre et ancien sénateur ne s'est pas embarrassé de la « magouille » des primaires. Il s'est lancé depuis des mois, sabre au clair, contre « l'argent qui détruit tout » et la « barbarie sociale », convaincu de damer le pion, demain, aux socialistes en général et à François Hollande en particulier, puisque ce dernier est « pire que Sarkozy ».

La gauche « made in France » d'Arnaud Montebourg n'est pas moins forte en gueule et guère moins cinglante à l'encontre du président sortant : son quinquennat, assène l'ancien ministre de l'économie, est un « échec cuisant, parce qu'il a été placé sous l'égide du renoncement et du reniement ». Fermez le ban ! Reste à s'imposer. En solo et sans troupes ? Périlleux. Dans le cadre de la primaire socialiste ? Peut-être, mais à condition de ne pas en soutenir le vainqueur si, d'aventure, c'était François Hollande. Comme qui dirait, c'est flou, et quand c'est flou[2]...

D'autant que, sur le terrain de la critique de l'actuel président, la gauche grincheuse n'est pas en reste. A La Rochelle, ces socialistes frondeurs, partisans d'une « gauche de transformation », ont plaidé pour

2. Le 13 octobre 2011 sur RTL, entre les deux tours de la primaire de la gauche, Martine Aubry a cette formule choc pour dénoncer le manque de clarté de son adversaire, François Hollande : « Comme disait ma grand-mère, quand c'est flou, c'est qu'il y a un loup »...

une « grande primaire de toute la gauche et des écologistes ». Mais il y a un os : une telle compétition suppose, selon les termes de Christian Paul, député de la Nièvre, « une volonté collective sans faille ». Or c'est ce qui fait le plus défaut. Pour preuve, ils sont déjà trois candidats sur cet étroit créneau, Gérard Filoche, Benoît Hamon et Marie-Noëlle Lienemann.

D'ailleurs, l'espoir d'attirer les écologistes dans cette aventure est nul. Cette cinquième gauche – la gauche covoiturage, dont l'ancienne ministre Cécile Duflot est une adepte – n'entend pas laisser aux autres le plaisir de la chicane. Elle organise donc, en octobre, sa propre primaire, pour départager Mme Duflot et les trois eurodéputés Yannick Jadot, Michèle Rivasi et Karima Delli. On peut douter, c'est un euphémisme, que cette bataille picrocholine donne naissance au « grand mouvement majoritaire » que Cécile Duflot appelle de ses vœux.

A l'écart de ce maelström, mais y ajoutant sa dose de turbulences, la gauche start-up (ou stand-up si l'on préfère) est la dernière-née. L'ancien ministre de l'économie Emmanuel Macron en est l'autoentrepreneur, moderniste, « progressiste », transgressif, jetant les vieux partis et les anciens clivages par-dessus les moulins, et assez téméraire pour vouloir inventer la politique du XXIe siècle, la politique hors-sol. Il lui reste à sauter le pas d'une candidature.

Enfin, la gauche au pouvoir, la gauche Elysée-Matignon, pour l'heure unie dans la même adversité. Elle est partagée entre la feinte indifférence du président, convaincu qu'il trouvera bien le moyen de s'imposer, bon gré mal gré, à tout ce beau monde, et l'irritation croissante du premier ministre devant ces « petites ambitions puériles et irresponsables ».

Il est évident, en effet, que laisser prospérer ce jeu de cons, pardon ! cette pétaudière, est le plus sûr moyen de voir la gauche battue dès le premier tour de la présidentielle. Mais qui, au fond, s'en soucie réellement ? Pour la plupart des acteurs de cette mauvaise pièce, l'essentiel semble être la préparation de l'après-Hollande. Au risque d'un suicide collectif.

26 octobre 2016

Hollande, à ses risques et périls

François Hollande est décidément un animal politique très singulier. A la fin de l'été, déjà, les *Conversations privées avec le président*, d'Antonin André et Karim Rissouli (Albin Michel), puis le *« Ça n'a aucun sens »*, d'Elsa Freyssenet (Plon), avaient surpris : ces deux ouvrages de journalistes esquissaient la chronique du mandat en cours à partir de nombreuses rencontres avec le président de la République.

Gérard Davet et Fabrice Lhomme, deux confrères du *Monde*, ont poussé l'exercice beaucoup plus loin : les 660 pages de leur volumineux *« Un président ne devrait pas dire ça… »* (Stock), revisitent la plupart des événements qui ont marqué ce quinquennat et le font avec l'entière complicité du chef de l'Etat, qui a reçu les deux auteurs une soixantaine de fois depuis le printemps 2012 jusqu'à l'été 2016, soit une centaine d'heures de conversations enregistrées.

Il s'agissait donc d'une entreprise délibérée, parfaitement assumée, ritualisée en quelque sorte. Qu'il pleuve ou qu'il grêle, et il n'a pas manqué de grêler depuis son entrée à l'Elysée, François Hollande a maintenu cette « séance » mensuelle d'entretien avec les deux journalistes.

Le résultat est saisissant, à plus d'un titre. C'est peu de dire que cette avalanche de confidences, d'analyses et de commentaires délivrés par le président a jeté le trouble. D'abord, c'est inévitable, chez tous ceux – ministres, responsables politiques, collaborateurs – qui se trouvent bien souvent épinglés comme des papillons, au fil des événements auxquels ils ont participé et que décortique le chef de l'Etat. Aucun d'entre eux ne pouvait ignorer que son amabilité naturelle et son humour n'effacent en rien un regard d'entomologiste, auscultant froidement les fonctionnements, les forces et les faiblesses des uns et des autres. Mais le constater, écrit noir sur blanc, entre guillemets et à ses dépens, est une expérience qui peut être cruelle, voire humiliante.

Au-delà de ces blessures d'amour-propre, et l'on emploie l'expression dans son sens le plus dense, le trouble, à l'évidence, est beaucoup plus large, plus profond. Pour l'observateur de la scène politique, l'analyse clinique de son action par le président de la République, au plus près de son déroulement, des obstacles rencontrés, des solutions échafaudées, des replis, des embardées, des erreurs, des réussites, du hasard et de la nécessité, est passionnante. Pourquoi le cacher ! Les Mémoires des hommes politiques s'efforcent, a posteriori, de donner à l'histoire une cohérence gratifiante. François Hollande se livre, lui, à cet exercice à chaud, et sans filet.

Mais l'on peut facilement imaginer la perception qu'en auront bon nombre de lecteurs. Derrière cette volonté inlassable de s'expliquer et de plaider sa cause, l'aveu au moins implicite qu'il n'a pas su convaincre le pays. Derrière cette introspection de son pouvoir – et, tout autant, des accidents de parcours de sa vie privée dont il n'a pu empêcher la publicité –, une forme de narcissisme aux antipodes de la gravité, du secret même, dont les Français continuent à vouloir entourer la fonction. Derrière ces entretiens incessants avec les journalistes, une étrange solitude dont il ne se cache pas.

Les dégâts ont d'ailleurs été immédiats. Il y a peu, beaucoup, dans son camp, admettaient bon gré mal gré qu'il brigue un second mandat ; désormais, ils se posent la question de savoir si c'est encore possible et souhaitable.

De là à penser que ce livre serait une entreprise suicidaire, il n'y a qu'un pas, souvent franchi ces derniers jours. A tort, nous semble-t-il. Car l'on ne connaît guère de responsable politique moins anxieux que lui, plus imperméable à l'adversité, plus assuré de sa bonne étoile. Tout sauf suicidaire, donc. Pas davantage naïf, cela se saurait. Quand il s'inquiète, au cours de sa dernière conversation avec les auteurs, que son témoignage « puisse être exploité négativement », gageons que cela relève de la pirouette finale.

Il a donc pris ce risque, délibérément. Pourquoi ? La question intrigue, même si l'on est réduit aux conjectures – ou à la psychologie de comptoir ! La postérité ? Probablement. L'on sait François Hollande très soucieux de la trace qu'il laissera dans l'histoire, très attaché à mettre en valeur les quelques choix, gestes ou réformes qui signent une présidence. Après tout, en la matière, on n'est jamais si bien servi que par soi-même. Si Davet et Lhomme ont été à l'initiative, le président les a ensuite choisis comme mémorialistes.

La rationalité est une autre piste. Contre une perception dangereuse où tout ne serait que cynisme, manipulation, instrumentalisation ou complot, le professeur Hollande aurait voulu affirmer, preuves à l'appui, sa conception de la politique : un exercice rationnel, presque un art à ses yeux, où se conjuguent une capacité tenace d'arbitrage entre des contraintes, un plaisir véritable à surmonter les obstacles et un souci de l'efficacité sans cesse invoqué… sinon démontré durant son mandat.

La liberté, enfin, qui est sans doute l'essentiel. Comme chez François Mitterrand, sa référence permanente, son seul modèle. Le hasard veut qu'aient été publiés, au même moment, le journal et la correspondance de Mitterrand adressés à sa compagne Anne Pingeot. Or, au-delà de tout le reste, de la chronique d'une époque, du récit d'une passion, ces deux textes témoignent de l'extraordinaire détermination de l'ancien président à s'affranchir de toute contrainte, à imposer ses choix privés autant que publics, à affirmer son indépendance – jusqu'à la provocation ou à la désinvolture. A sa manière, à son échelle, François Hollande a pris la liberté de dire sa vérité. Quoi qu'il lui en coûte. Quoi qu'il en coûte à autrui. A ses risques et périls.

30 novembre 2016

Fillon, roi du faux plat ?

Voilà donc François Fillon désigné pour porter les couleurs de la droite à l'élection présidentielle de 2017[1]. L'essentiel a été dit de l'accélération spectaculaire qui lui a permis, lors des toutes dernières semaines de la campagne de la primaire, d'emballer brusquement une bourgeoisie française qui rêve de libéralisme économique grand teint et d'ordre moral de bon aloi, à l'instar de son lointain prédécesseur Georges Pompidou.

Plébiscité ou presque, il a franchi un pas important sur la route qui conduit à l'Elysée. Porté par une dynamique qui a mobilisé 10 % du corps électoral national, il bénéficie d'un élan prometteur. A condition d'éviter que le soufflé de sa candidature ne retombe aussi vite qu'il est monté. Or l'instauration

1. Largement en tête, avec 44 % des voix, du premier tour de la primaire de la droite et du centre le 20 novembre 2016, François Fillon l'emporte aisément contre Alain Juppé le 27 novembre, avec 67,5 % des suffrages.

des primaires a rendu encore plus complexe qu'auparavant la gestion du marathon présidentiel. Ce sont désormais deux courses de nature très différente qu'il faut enchaîner, en négociant au mieux cet entre-deux de quelques semaines qui sépare la campagne interne de la campagne nationale.

L'expérience prouve que ce faux plat peut être périlleux. A la même époque en 2006, Ségolène Royal triomphait, dans une primaire ouverte aux seuls adhérents du Parti socialiste. Elle avait tout bousculé sur son passage, déjoué tous les pronostics et écrasé dès le premier tour les « éléphants » Fabius et Strauss-Kahn. Deux mois plus tard, pourtant, le bénéfice de cette entrée en scène fracassante s'était singulièrement émoussé. Tout y avait contribué : une organisation trop personnelle, les méfiances tenaces entre l'équipe de campagne et le PS, quelques bourdes retentissantes de la candidate et un tempo trop lent qui avait laissé tout le temps au candidat de la droite, Nicolas Sarkozy, d'imposer son agenda. A l'automne, Ségolène Royal avait match gagné. Dès janvier, le vent avait tourné.

A un moindre degré, cinq ans plus tard, François Hollande avait connu un trou d'air comparable après sa victoire, à la mi-octobre, dans une primaire désormais ouverte à l'ensemble des électeurs. Deux mois durant, il avait dû s'affairer à d'infinies tractations pour bâtir une équipe de campagne à sa main, sans se couper d'un PS dirigé par Martine Aubry, son adversaire de la primaire ; pour engager des marchandages laborieux avec les écologistes, autant sur le programme que sur un accord électoral en vue des législatives ; pour résister enfin aux tirs croisés venus de la droite autant que de sa gauche, dont la célèbre apostrophe de Jean-Luc Mélenchon sur le « capitaine de pédalo » avait donné le ton. Avant de se lancer véritablement dans la campagne présidentielle en janvier, il avait perdu assez de crédit dans l'opinion pour redonner espoir aux partisans de Nicolas Sarkozy.

François Fillon n'ignore rien des risques de cette période intermédiaire. Et pour cause ! En 2006, il était très étroitement associé à la campagne victorieuse de Sarkozy, dont l'équipe avait su tirer le meilleur parti des erreurs de Ségolène Royal. En 2011, depuis Matignon, il n'avait pas été le dernier à canarder, tout au long de l'automne, les propositions « irresponsables » de François Hollande. Il est donc parfaitement averti de ce qui l'attend.

D'une part, son nouveau statut de favori de l'élection présidentielle fait de lui la cible de toutes les attaques. Y répondre coup pour coup serait un exercice épuisant, ne pas répliquer pourrait apparaître comme un manque de pugnacité. Il va donc devoir trouver un mode de défense élastique qui maintienne sa présence sans imposer une omniprésence lassante. D'autre part, le candidat Fillon va, à son tour, devoir s'activer en cuisine dans les prochaines semaines, ce qui n'est jamais le rôle le plus séduisant aux yeux des électeurs. Les chantiers qui l'attendent sont les mêmes que ses prédécesseurs.

Il lui faut, en effet, bâtir une équipe de campagne présidentielle qui préserve la solidité de la petite troupe de fidèles qui l'accompagnent depuis trois ans ou plus et, en même temps, y intégrer de nouveaux concours choisis parmi ceux qui l'ont rallié entre les deux tours. Ce genre d'exercice fait toujours plus de frustrés que de satisfaits. Il lui faut ensuite construire un attelage efficace entre l'équipe de campagne et Les Républicains. Or si chacun sait bien que le rassemblement est la condition nécessaire pour mobiliser les troupes militantes et espérer l'emporter, l'ampleur du succès du 27 novembre n'a pas effacé comme par magie les quatre années de guerres intestines qui ont déchiré la droite. Dans le même registre, le bouclage des investitures pour les élections législatives de juin 2017 est un dossier d'autant plus épineux qu'il déterminera la place des centristes dans la future majorité. Enfin, il a annoncé son intention de préfigurer rapidement son futur gouvernement : autre exercice de haute voltige entre les ambitions des uns et les déceptions des autres.

Pour aborder cette période, François Fillon dispose cependant d'un atout maître. Jusqu'à la fin janvier 2017, selon toute vraisemblance, la gauche va offrir au pays le spectacle d'un camp en proie à des forces centrifuges de plus en plus irrépressibles. Déjà, six candidats sont entrés en lice : Jean-Luc Mélenchon, Emmanuel Macron, l'écologiste Yannick Jadot, la radicale de gauche Sylvia Pinel et les deux trotskistes Philippe Poutou et Nathalie Arthaud. Quant à la primaire socialiste, elle est en passe de tourner au psychodrame ou au grotesque. S'il décide d'y participer, le président de la République serait opposé à deux de ses anciens ministres,

Arnaud Montebourg et Benoît Hamon. S'il renonçait, ce serait le premier ministre qui se trouverait dans cette situation. Pour le candidat de la droite, quels que soient les embarras prévisibles, il est difficile d'imaginer contraste plus réjouissant.

7 décembre 2016

La grande lessive d'automne

Se citer est le comble de la prétention ? Tant pis ! L'on va céder à la tentation de rappeler une précédente chronique, en date du 14 octobre 2015. Intitulée « Ça ne se passera pas comme ça », elle postulait que les Français n'accepteraient pas sans broncher de voir rejouée à l'identique, en 2017, la même pièce qu'en 2012. Qu'ils détourneraient donc, d'une manière ou d'une autre, le scénario annoncé d'une nouvelle confrontation présidentielle entre François Hollande le sortant, Nicolas Sarkozy le revenant et Marine Le Pen la prétendante.

Un an plus tard, effectivement, deux de ces trois protagonistes ont été envoyés au tapis. Les électeurs de droite ont écarté sans pitié, dès le premier tour de leur primaire, l'ancien président de la République. Quant à son successeur, il a été contraint de renoncer à se représenter par la pression conjuguée de l'opinion publique qui le rejetait et de ses « amis » qui le récusaient. L'habitude française de sortir les sortants, lors de chaque scrutin national ou presque depuis 1981, se vérifie donc de manière plus implacable encore qu'à l'accoutumée.

Aujourd'hui, on ne leur laisse même plus la possibilité de plaider leur cause, de défendre leur bilan et de retenter leur chance. Ils sont tout bonnement empêchés de concourir, renvoyés au vestiaire avant le match. C'est dire l'ampleur de la défiance à l'égard des responsables politiques. Elle était attestée par maintes enquêtes depuis une vingtaine d'années. Elle s'expliquait, notamment, par le grand écart entre la promesse de campagne et la réalité de l'action de l'heureux élu, dès lors que le résultat n'est pas à la hauteur des attentes, ce qui fut le cas, à coup sûr, avec les trois derniers présidents. Lassés d'être pris pour des gogos, les Français se livrent désormais à un spectaculaire jeu de massacre.

L'on peut ajouter que cette grande lessive d'automne a également effacé du paysage Alain Juppé, qui croyait pourtant avoir retrouvé les faveurs du pays, mais aussi l'ancienne « patronne » des Verts, Cécile Duflot, balayée dès le premier tour de la primaire des écologistes. L'on comprend dans ces conditions, et quelque envie qu'il en ait, les hésitations actuelles de François Bayrou à défendre, pour la quatrième fois depuis 2002, les couleurs de l'extrême centre. L'électeur risque de n'avoir guère plus de tendresse pour les éternels postulants que pour les gouvernants essorés par l'exercice du pouvoir.

Quels enseignements tirer de ce coup de balai ? Tout d'abord la confirmation que la politique est affaire de personnalité. Alain Juppé a trop montré qu'il estimait son tour venu, en remerciement de ses bons et loyaux services à la République et à la chiraquie réunies, pour emporter l'adhésion. « Parce que je le vaux bien » est sans doute un bon slogan publicitaire, mais sûrement un médiocre argument électoral. De son côté, Nicolas Sarkozy a vérifié à ses dépens que sa façon d'être, de parler et de faire, à la fois brutale, transgressive et parfois triviale, avait irrémédiablement hérissé sa propre famille politique. Réussi en 2007, le coup du « J'ai changé » ne pouvait convaincre une seconde fois, tant il fut démenti depuis dix ans.

Quant à François Hollande, tout pouvait l'inciter à se représenter : la conviction que sa bonne étoile ne le quitterait pas, la thèse apprise de Mitterrand qu'il existe toujours un trou de souris par où sortir des impasses les plus noires, ou encore la préférence pour le risque de la défaite plutôt que pour l'humiliation de l'abdication. Sur la base d'une analyse clinique, il a fait le choix inverse. Comme quoi la rationalité de cet homme l'a emporté sur l'hubris présidentielle. Il se proclamait « normal » en 2012. Il l'a confirmé par cette décision inédite. Au passage, le chef de l'Etat aura pu apprécier la magnifique cohorte des hypocrites venus saluer son courage et sa dignité, quand la plupart d'entre eux souhaitaient ardemment qu'il débarrassât le plancher. Peu reluisant spectacle !

Le deuxième enseignement porte sur l'élection à venir, plus imprévisible et volatile que jamais. Trois facteurs y contribuent. Le premier est maintenant reconnu : l'installation du Front national comme une force politique de premier plan a transformé en match à trois le traditionnel duel présidentiel de second tour, imposé par le mode de scrutin. La menace exercée par l'extrême droite sur les deux grands partis de gouvernement, Républicains et socialistes, a introduit dans le paysage un élément structurel d'instabilité. Symbolisé par le retrait du chef de l'Etat et l'aveu d'échec qu'il exprime, l'affaiblissement patent du PS déséquilibre encore davantage le jeu : pris en étau entre la gauche canal historique de Jean-Luc Mélenchon et le centre gauche postmoderne d'Emmanuel Macron, minés par leurs fractures idéologiques internes et par l'éternel remords du pouvoir qui les taraude, les socialistes ne savent plus à quel saint se vouer.

Enfin, la mise au rancart de Sarkozy et de Hollande ajoute une cause d'incertitude supplémentaire. On le sait, en effet, l'électeur se détermine au moins autant en contre qu'en pour, en rejet de l'un qu'en adhésion à l'autre, en vote négatif plutôt que positif. Or voilà le rendez-vous du printemps 2017 privé de deux boucs émissaires commodes, l'actuel président et son prédécesseur, contre lesquels chaque camp s'apprêtait à se défouler à qui mieux mieux. C'est donc une élection sans « sortant » qui s'annonce. A un détail près qui n'aura pas échappé à Manuel Valls : à défaut de Hollande, il sera inévitablement la cible de toutes les critiques sur un mandat auquel il a été étroitement associé. Le handicap n'est pas mince.

Bien malin qui pourrait, aujourd'hui, préjuger de ce qui sortira de ce chamboule-tout.

8 février 2017

Une campagne invertébrée

Suspendue depuis des mois au résultat des primaires des uns et des autres, la campagne présidentielle paraît enfin entrée dans le vif du sujet. En l'espace d'un week-end, quatre des cinq candidats principaux se sont efforcés de marquer les esprits.

Investi par le PS, Benoît Hamon a affiché sa volonté de rassemblement des socialistes, des écologistes, voire plus si affinités. A Lyon, Marine Le Pen a exposé son programme de candidate autoproclamée « du peuple » contre la gauche et la droite « du fric ». En chair et en os à Lyon et virtuellement à Paris grâce à son hologramme, Jean-Luc Mélenchon a poursuivi sa croisade « dégagiste » contre tout ce qui ressemble à un gouvernant présent ou passé. A Lyon toujours, Emmanuel Macron s'est posé en rempart contre la menace du Front national. Seul François Fillon manquait à l'appel, trop occupé à chercher le moyen de sortir de l'impasse dans laquelle le « Penelopegate » a plongé sa candidature.

Voilà pour les apparences. La réalité est tout autre. Pour l'heure, en effet, trois ressorts essentiels d'une campagne présidentielle sont absents de celle-ci. Le premier est l'empoignade rituelle et naturelle sur le bilan du mandat qui s'achève. Le renoncement de François Hollande et l'échec de Manuel Valls ont fait disparaître de la scène les deux avocats les mieux qualifiés pour défendre l'action menée depuis cinq ans. Bien sûr, tous les candidats en lice ne se privent pas de tirer un trait sur le quinquennat hollandais. Le Pen, Mélenchon et Fillon le tiennent pour responsable du chaos où se trouverait le pays. Quant à Hamon et Macron, ils ont exprimé assez de critiques ou pris assez de distance avec ce bilan pour n'en être pas considérés comme directement comptables.

Du coup, les procureurs ferraillent largement dans le vide. Or, le réquisitoire contre le président sortant, autant que la capacité de celui-ci à plaider sa cause, a toujours été un moteur puissant du débat présidentiel. S'étant refait une virginité à la faveur de périodes de cohabitation, François Mitterrand, en 1988, et Jacques Chirac, en 2002, avaient échappé à la condamnation. Valéry Giscard d'Estaing, en 1981, et Nicolas Sarkozy, en 2012, n'y avaient pas coupé : l'élection s'était jouée contre eux, autant qu'en faveur de leur principal adversaire. Rien de tel cette année.

Le second ressort qui fait cruellement défaut est celui des personnalités. Disons-le comme on le ressent : à ce stade, aucun des candidats ne semble avoir la carrure d'un futur président de la République. Après son triomphe à la primaire de la droite et du fait de son expérience des affaires de l'Etat, François

Fillon pouvait y prétendre assez naturellement. Mais l'affaire dans laquelle il est empêtré, ces sonnantes et trébuchantes faveurs accordées à ses proches ont brisé net le masque austère qu'il affichait[1]. A supposer même que son vigoureux plaidoyer pro domo, lundi 6 février, lui permette de sortir de la nasse[2], l'on conçoit mal comment les Français pourraient accepter sans sourciller la sévère discipline budgétaire qu'il entend appliquer au pays, quand lui-même s'en est si longtemps affranchi.

De son côté, Benoît Hamon est assez lucide pour ne pas prétendre être « l'homme providentiel ». Mieux, pour théoriser qu'il s'agit là d'une conception obsolète du pouvoir. Mais cela revient à faire l'impasse sur une dimension déterminante de l'élection présidentielle : le choix d'un homme, ou d'une femme, à qui les électeurs confient les destinées du pays. Si, à l'inverse, Marine Le Pen entend assumer fièrement la verticalité du pouvoir, c'est son programme – aussi réactionnaire que périlleux – qui la prive de l'indispensable crédibilité présidentielle.

1. Le *Canard enchaîné* du 25 janvier révèle que François Fillon a fourni pendant plus de dix ans un emploi présumé fictif d'attachée parlementaire à son épouse Pénélope. Celle-ci a également bénéficié, entre 2011 et 2014, d'un emploi sans réel fondement à la *Revue des deux mondes*, dont le propriétaire, Marc Ladreit de Lacharrière, est un ami du candidat.

2. Lors d'une conférence de presse, le 6 février, François Fillon dénonce le « lynchage » dont il se dit victime, rejette les accusations d'emplois fictifs, mais reconnaît que c'était une « erreur » d'employer ses proches au cours de sa carrière et « présente [ses] excuses aux Français ».

Quels que soient ses talents de tribun, personne n'imagine sérieusement Jean-Luc Mélenchon à l'Elysée. Quant à Emmanuel Macron, l'on peut douter que les Français lui reconnaissent l'autorité et la gravité d'un chef d'Etat, au-delà de l'engouement dont il bénéficie actuellement : son surgissement sur la scène nationale est si soudain, son expérience de la France si récente, son assise si évanescente, sa posture si acrobatique…

Enfin, il manque encore à cette campagne la controverse majeure capable de structurer le débat national. Certes, chacun fait des propositions, esquisse ou dessine plus nettement un projet pour « redresser la France » (Fillon), restaurer sa « souveraineté » (Le Pen), décréter une « révolution citoyenne » (Mélenchon), engager une « révolution démocratique profonde » (Macron) ou « faire battre le cœur de la France » (Hamon). Mais, jusqu'à présent du moins, rien de tout cela ne semble réellement faire sens pour les Français, ni leur permettre de se déterminer.

La modernité de Giscard en 1974, le « changer la vie » de la gauche en 1981, « La France unie » de Mitterrand en 1988, la lutte contre la « fracture sociale » de Chirac en 1995, la sécurité en 2002, le « travailler plus pour gagner plus » de Sarkozy en 2007, le combat contre la finance folle promis par Hollande en 2012 : le vainqueur de chaque scrutin a su, par le passé, imposer le thème capable, à la fois, de répondre aux inquiétudes des Français, de cristalliser leurs attentes et de tracer une vision convaincante de l'avenir. Pour l'heure, rien de tel n'émerge, et il ne reste que quelques semaines pour espérer que cela se produise.

Bilan effacé, candidats improbables, débat erratique : voilà pourquoi cette campagne semble si invertébrée et indéchiffrable. Du coup, elle paraît susceptible de partir dans tous les sens, au gré des coups de cœur, des coups de blues ou des coups de sang d'un électorat plus volatil et déboussolé que jamais. Bref, voilà pourquoi cette campagne apparaît si inquiétante. Tout y semble possible, même le pire.

1er mars 2017

La présidentielle détraquée

L'actuelle campagne électorale déjoue, décidément, tous les codes et rituels de l'élection présidentielle. La liste est déjà longue, depuis trois mois, des épisodes inédits : un président sortant qui jette l'éponge, des postulants chevronnés (Nicolas Sarkozy, Alain Juppé ou Manuel Valls) blackboulés par les primaires de droite ou de gauche, des candidats frais émoulus qui bousculent le jeu de quilles annoncé (Emmanuel Macron et Benoît Hamon)…

Mais que dire de la semaine passée ! Un jour, c'est le centriste François Bayrou qui, à son tour, renonce à une nouvelle candidature et décide d'épauler Emmanuel Macron, l'audacieux cadet qui lui a littéralement squatté son fonds de commerce. Un autre jour – une première depuis 1974 –, c'est l'écologiste Yannick Jadot, pourtant désigné par une primaire militante, qui se rallie au socialiste Hamon en échange, peu glorieux, de circonscriptions législatives. Après un mois d'un mauvais cinéma, ce sont les deux concurrents de gauche, Hamon et Jean-Luc Mélenchon, qui finissent par confirmer qu'ils n'entendent nullement renoncer à leur candidature ; beaucoup, à gauche, le redoutaient mais personne de lucide n'en doutait.

Dernière et spectaculaire innovation en date, la justice s'invite sans ménagement dans la campagne : le champion des Républicains, François Fillon, fait désormais l'objet d'une information judiciaire dans l'affaire des emplois présumés fictifs de son épouse et de deux de ses enfants ; quant à la candidate d'extrême droite, Marine Le Pen, deux de ses proches sont mis en examen, l'une pour emploi fictif au Parlement européen, l'autre pour financement illégal des campagnes électorales du FN de 2012, 2014 et 2015. Tous deux, sans sourciller, crient au complot, plus prompts à dénoncer juges et médias qu'à faire la lumière sur leurs propres agissements, ce qui est tout de même un comble quand on prétend diriger l'Etat et être, demain, le garant des institutions.

Bref, à moins de deux mois du premier tour, c'est le foutoir, chaque péripétie ajoute à la confusion et le débat national sur l'avenir du pays que les Français sont en droit d'attendre semble sans cesse différé, négligé ou occulté. Le trouble est d'autant plus profond que, derrière l'imbroglio actuel, c'est le ressort central de notre vie politique qui semble détraqué. Depuis son instauration en 1962 et son inauguration en 1965, l'élection présidentielle au suffrage universel et son mode de scrutin qui réserve le second tour, décisif, aux deux candidats arrivés en tête du premier, ont imposé leur règle bipolaire : tous les scrutins présidentiels (ainsi que les législatives conçues selon la même logique et qui assurent au président élu les moyens de gouverner) ont arbitré la compétition entre la droite et la gauche.

Les affrontements ont été incessants au sein de chaque famille. A droite, entre gaullistes et giscardiens, chiraquiens et barristes ou balladuriens, souverainistes et européens, identitaires et humanistes, colbertistes et libéraux. De même à gauche entre socialistes et communistes, sociaux-démocrates et radicaux de tout poil, les uns acceptant la mondialisation, les autres la récusant, les uns assumant l'exercice du pouvoir, les autres en éprouvant très vite le remords. Mais chaque camp savait qu'il ne pouvait l'emporter que rassemblé et se pliait, bon gré mal gré, à cet impératif.

C'est cette dynamique politique qui est aujourd'hui émoussée, pour ne pas dire épuisée. Les raisons, multiples, touchent aussi bien la droite que la gauche. L'une et l'autre sont affaiblies par leur impuissance, hormis de trop brèves rémissions, à soigner les deux maladies qui minent le pays depuis quarante ans : le chômage de masse et l'endettement public. Cette crise du résultat se double désormais d'une crise de leadership. Contrairement à ce qui s'était passé en 2011 au Parti socialiste, les primaires de l'automne 2016, à droite, et de janvier, à gauche, ont désigné des candidats qui se sont si bien démarqués qu'ils ne sont pas capables de rassembler leur propre camp.

Sans même parler de ses démêlées judiciaires, François Fillon n'a pas su ou pas voulu rechercher une synthèse mobilisatrice avec les partisans d'Alain Juppé. Quant au frondeur Benoît Hamon, il reste minoritaire au sein du PS, ce n'est pas son accord avec les écologistes qui va y remédier et la compétition avec l'« insoumis » Mélenchon garantit à l'un et à l'autre, selon toute vraisemblance, d'être écarté du second tour.

La nature politique ayant horreur du vide, c'est donc un autre affrontement bipolaire, totalement atypique et transgressif, qui pourrait bien s'imposer, sous la houlette de Marine Le Pen et Emmanuel Macron. Ils sont, pour l'heure, les favoris du premier tour. La première entend renverser le vieil ordre politique dominé par la droite et la gauche de gouvernement. Le second a émergé en quelques mois en récusant les anciens appareils, avec l'ambition de rassembler les « progressistes » des deux rives, de gauche et de droite. Ils incarnent deux visions de la France et de l'avenir clairement antagonistes : le repli national, le rejet de l'Europe, le mépris des disciplines économiques, la crainte obsidionale de l'immigration pour la candidate du Front national ; l'engagement européen, la présence au monde, l'ouverture de la société, le sérieux budgétaire pour le candidat d'En marche !, qui y ajoute, avec l'aide de Bayrou, la transparence et la morale publique contre l'opacité et l'autoritarisme lepéniste.

Cette campagne baroque peut réserver encore bien des surprises. Mais c'en serait une majeure, assurément, si cet affrontement entre nationalistes et progressistes venait à supplanter le clivage droite-gauche des dernières décennies.

8 mars 2017

La tragi-comédie de la droite

Racine en aurait fait une tragédie. Celle d'un homme, François Fillon, habité par son destin, déjouant tous les augures, triomphant de l'adversité, porté au pinacle par le chœur des siens il y a trois mois, faisant taire adversaires et rivaux, puis, soudain, plongé dans une terrible tourmente, harcelé, abandonné, lapidé et voyant irrémédiablement s'échapper les rêves de gloire élyséenne qu'il caressait déjà.

Au lieu de quoi nous est offerte, depuis plusieurs semaines, une tragi-comédie pathétique où s'affrontent un candidat prêt à tout pour le rester, ses partisans enrageant de le défendre, ses adversaires acharnés à l'abattre mais incapables d'y parvenir, des électeurs abasourdis, partagés entre accablement et colère, des clans qui rallument les vendettas qui ont traumatisé la droite depuis des années et des parrains qui, dans l'ombre, tentent de préserver leur pouvoir d'influence. Il suffisait d'observer, lundi 6 mars, au siège des Républicains, les sourires de circonstance accrochés au visage de la plupart des protagonistes, prêts à la curée la veille encore, pour mesurer le ridicule de cette affaire.

Si l'on n'était à moins de sept semaines d'une élection présidentielle censée tracer l'avenir de la sixième puissance mondiale, l'on pourrait éventuellement trouver cocasse ce festival de coups fourrés et de tartufferies. Comme chez Guignol, on pourrait rire de cette élection imperdable qui menace de tourner à l'humiliante déroute. Mais, précisément, l'on n'est pas chez Guignol et, au-delà de ce médiocre psychodrame et de ses rebondissements, le constat est là : une élection présidentielle qui, quoi qu'on en pense, reste le moteur de la vie politique nationale et qui se trouve, chaque jour davantage, embourbée, empêchée, déstabilisée et dénaturée.

Car si M. Fillon, avec un cran qui force l'admiration de ses proches et un entêtement qui désole tous les autres, a sauvé sa tête, si un « comité politique » composé à sa main au lendemain de la primaire lui a renouvelé à l'unanimité sa confiance, il n'a résolu aucun des problèmes qui l'assaillent. « Le débat est clos », ont martelé ses amis. Il n'en est évidemment rien.

Son image, tout d'abord, est en miettes, ce qui n'est pas tout à fait négligeable dans une élection présidentielle. Il s'était présenté à la primaire drapé de lin blanc et de probité… pas si candide puisqu'elle lui permettait de discréditer en douce ses deux principaux concurrents, Nicolas Sarkozy et Alain Juppé. Avec lui, proclamait-il, la droite serait « irréprochable », vierge de toute affaire d'argent occulte, de tout arrangement coupable, de tout emploi fictif.

Et le voilà, à son tour, mis en cause et, pis encore car c'est inédit, rattrapé en pleine campagne par la patrouille judiciaire.

Et le voilà acculé, pour se défendre, à réutiliser le kit de survie déjà expérimenté avant lui par Jacques Chirac puis par Nicolas Sarkozy. On a donc réentendu les mêmes arguments : contestation pied à pied des faits (non pas des salaires versés à son épouse et à deux de ses enfants, pour la raison qu'ils sont incontestables, mais de l'inanité du travail qu'ils étaient supposés rémunérer) ; invocation d'un statut particulier, celui de président en exercice hier, de candidat aujourd'hui, qui en ferait un justiciable différent des autres ; dénonciation d'une machination, voire d'un complot, judiciaire ou médiatique, ourdi contre lui… Mais quoi qu'il fasse, les Français retiendront peu ou prou ceci : « M. Propre » avait les mains sales et lui qui avait assuré que seule une mise en examen pourrait le conduire à renoncer a, sans sourciller, jeté cet engagement au panier. Bref, son image est devenue un boulet.

Ensuite son camp est fracturé, ce qui n'est pas plus anodin si l'on veut bien se rappeler que le rassemblement de tous les siens est la condition première de la victoire d'un candidat à la présidentielle – à droite autant qu'à gauche. La mise en scène surjouée, lundi, de l'unanimité autour de lui ne trompe personne.

Au-delà des rivalités et règlements de comptes entre les hommes, ce sont les affrontements entre deux droites difficilement conciliables qui ont resurgi d'un coup. La primaire les avait remises en lumière avant de les effacer miraculeusement du fait de la victoire éclatante de François Fillon. Les nombreuses défections, ces derniers jours, des amis d'Alain Juppé, de ceux de Bruno Le Maire ou des centristes déboussolés, autant que les propos cinglants du maire de Bordeaux, lundi matin, contre l'obstination du candidat et la radicalisation de ses troupes, témoignent que la remobilisation de tous est plus qu'hypothétique.

Enfin, la capacité du candidat à faire véritablement campagne, à aller au-devant des Français et pas seulement des militants, à les écouter et à leur parler, à leur expliquer son projet et son programme paraît bien improbable. Non seulement il doit constituer une nouvelle équipe capable de remplacer au pied levé celle qui vient de se déliter[1]. Non seulement il risque de continuer à être reçu, lors de chaque déplacement, par des comités d'accueil hostiles. En outre, il reste à la merci des prochains épisodes de la procédure judiciaire en cours. Mais surtout, celui qui se présentait comme le Père la rigueur des finances publiques aura les plus grandes difficultés à convaincre les autres de se plier à une discipline dont il s'est lui-même affranchi.

François Fillon veut croire que sa ténacité dans l'épreuve lui vaudra l'absolution. Il veut se convaincre

1. Son directeur de campagne, Patrick Stefanini, démissionne le 3 mars. Sébastien Lecornu (directeur adjoint), Gilles Boyer (trésorier) et Thierry Solère (porte-parole) font de même. Dans les premiers jours de mars, une centaine de personnalités de la droite et du centre claquent la porte de la campagne, parmi lesquels Bruno Le Maire et Edouard Philippe.

qu'il est capable de rééditer, en quelques semaines, l'exploit réalisé lors de la primaire de l'automne 2016. Ce serait bien la plus extravagante surprise de cette campagne, pourtant peu avare, jusqu'à présent, de coups de théâtre.

29 mars 2017

L'élection sur un coup de dés

Sans doute faudra-t-il se faire une raison. Constater qu'aucun des candidats ne parvient à ce jour à présenter un projet assez mobilisateur ni à imposer un thème assez saillant pour cristalliser le débat national. Et admettre, par conséquent, que l'élection présidentielle risque de se jouer sur un coup de dés, ou plus exactement sur des millions de coups de dés, lancés par des électeurs déboussolés au terme d'une campagne aussi nébuleuse qu'indigente.

Cette part d'indécision et de hasard n'abolit pas, pour autant, toute logique électorale. Comme toujours, il entrera dans le choix des Français une bonne dose de rejet. L'on vote bien souvent contre ou par défaut plutôt que pour et par conviction. Au train où l'on va, cette mécanique menace d'être plus puissante que jamais.

A gauche, les uns voteront en priorité pour faire barrage à Marine Le Pen et à son projet nationaliste et dangereusement protectionniste, tandis que les autres voudront d'abord écarter François Fillon et sanctionner son comportement personnel plus encore que la médecine de cheval qu'il propose au pays. A droite, peu se soucient du socialiste Benoît Hamon de plus en plus évanescent, et de l'insoumis Jean-Luc Mélenchon de plus en plus entreprenant ; cette bagarre-là, à leurs yeux, est l'affaire de la gauche. En revanche, beaucoup voudront stopper l'OPA lancée par Emmanuel Macron, en qui ils voient un trop habile suppôt du hollandisme honni.

Comme toujours, également, la personnalité des candidats pèsera dans le choix final. L'ancien premier ministre Edouard Balladur nous faisait remarquer récemment qu'il serait temps de renoncer à l'adage selon lequel la présidentielle est « la rencontre entre un homme et un peuple », puisque aucun des successeurs du général de Gaulle ne parvint à incarner cette dimension de la fonction. Il n'empêche, il s'agit bien de choisir un homme ou une femme pour ses mérites supposés.

Quoi qu'on pense de leur projet, ils sont quatre, sur ce terrain, à pouvoir rivaliser. En posant au « combattant balafré » et en faisant feu de tout bois pour tenter d'occulter les affaires qui l'accablent, François Fillon veut croire que les Français lui reconnaîtront une exceptionnelle capacité de résistance à l'épreuve. Pugnace jusqu'à la brutalité, sûre d'elle-même jusqu'à l'arrogance, Marine Le Pen n'en dégage pas moins une indéniable force de conviction, capable d'entraîner ceux que la politique a fini par écœurer ou révulser. Jean-Luc Mélenchon a su ajouter la truculence à l'imprécation, les bons mots aux grandes envolées, et c'est un atout que de mettre les rieurs de son côté. Par son audace transgressive, son optimisme assumé, sa jeunesse même, Emmanuel Macron démontre depuis des mois sa capacité de séduction. Pardon, enfin, pour Benoît Hamon, mais en dépit de sa bonne foi, il paraît un peu perdu sur ce ring.

Une élection, pourtant, ne saurait se réduire à des choix négatifs ou épidermiques, à un concours de rejet ou de beauté. Même en l'absence de controverse majeure, elle se solde toujours par un arbitrage des Français entre leurs inquiétudes et leurs attentes. Le scrutin de 2002 est, à cet égard, très instructif. Comme aujourd'hui, la campagne avait été, cette année-là, médiocre et confuse. Le président sortant de l'époque, Jacques Chirac, et le premier ministre sortant, Lionel Jospin, enfermés dans leur détestation réciproque après cinq ans de cohabitation, n'avaient pas su élever le débat.

Les électeurs n'en avaient pas moins tranché, au bout du compte, en fonction de trois préoccupations qui résonnent singulièrement quinze ans plus tard. D'abord, la probité. Jacques Chirac était alors harcelé par des affaires de financement politique et d'abus de biens sociaux, plus encore que ne l'est François Fillon : les caisses de la Mairie de Paris alimentaient allègrement celles de son parti, le RPR, ses frais de voyage personnels ou ses frais de bouche défrayaient méchamment la chronique. Au point que l'austère Jospin crut possible de le disqualifier sur ce seul slogan vertueux : « Présider autrement ». L'on sait que cela ne suffit point. Voilà qui peut laisser quelque espoir à l'actuel candidat des Républicains.

Ensuite, la sécurité. Car Chirac avait trouvé la parade. Sans relâche ni vergogne, pendant des mois, il avait dénoncé le supposé laxisme du gouvernement socialiste face à la délinquance et attisé les peurs du moment. Or, on sait que les questions liées à l'insécurité restent une inquiétude multiforme qui taraude les Français : pour plus de 80 % d'entre eux (à égalité avec le chômage, le pouvoir d'achat ou l'avenir de la protection sociale), le terrorisme et la criminalité sont aujourd'hui des sujets de préoccupation majeurs – et des thèmes de prédilection de la candidate du Front national.

Enfin, la nouveauté. Déjà lassés de la succession au pouvoir des mêmes hommes et des mêmes partis, les électeurs avaient cherché fortune ailleurs, du côté de Jean-Pierre Chevènement, puis des trotskistes Arlette Laguiller et Olivier Besancenot, ou encore de l'écologiste Noël Mamère et de la radicale Christiane Taubira, avant de qualifier, le 21 avril 2002, Jean-Marie Le Pen pour le second tour. Au total, les deux candidats du PS et du RPR n'avaient totalisé que 35 % des voix. Leurs héritiers actuels (Fillon et Hamon) sont crédités de moins de 30 % des intentions de vote et menacés d'être tous deux écartés du second tour.

Ajoutons que, perplexes et désabusés, bon nombre de Français ne firent leur choix – et la différence – que dans les dernières semaines, et même les derniers jours avant le premier tour de 2002. C'est, à l'évidence, ce qui nous attend cette année. Et comme chacun sait, quand l'histoire se répète, il arrive que ce soit en ricanant.

26 avril 2017

Mécomptes de campagne

Le lecteur mesure-t-il combien un soir d'élection présidentielle peut être mortifiant pour le chroniqueur politique ? Moins cruel certes que pour les candidats battus. Eux voient s'effondrer d'un coup leurs derniers espoirs et, bien souvent, des rêves de gloire nourris depuis des années. Sans doute ressassent-ils amèrement les occasions gâchées de s'imposer, la réplique foudroyante qu'ils n'ont pas décochée, les coups bas ou les trahisons qu'ils n'ont pas su déjouer. Quant à lui, le chroniqueur ne peut échapper à l'inventaire de ses bévues, de ses erreurs d'analyse ou de ses vaines intuitions. Voici donc venue l'heure des comptes, ou plutôt des mécomptes de cette campagne.

Le premier concerne Emmanuel Macron. Avouons qu'il y a un an, on trouvait le jeune homme bien présomptueux lorsqu'il récusait avec aplomb tous les canons de la vie politique française. La tenace patience de ces jeunes ambitieux gravissant marche après marche le cursus honorum des mandats locaux puis nationaux ? Conception obsolète, répondait alors le ministre de l'économie, qui se faisait fort de déréglementer la « profession politique » comme il venait de le faire pour les notaires ou les taxis… La longue marche des postulants à l'Elysée, assez obsédés par leur quête pour surmonter maints échecs préalables et, finalement, l'emporter ? Vision d'un autre temps, objectait celui qui, déjà, ambitionnait de renverser totems et tabous. Et que dire de cette règle mitterrandienne appliquée par tous ses successeurs : l'on ne gagne pas une présidentielle sans un parti puissant et rassemblé ? Il faut inventer de nouvelles formes de mobilisation et d'engagement, répliquait encore l'impatient.

Au point qu'on lui accordait généreusement un an pour retomber sur terre et prendre la mesure de quelques solides évidences. L'année a passé et le voilà qualifié pour le second tour de l'élection présidentielle, en situation de devenir, dans une douzaine de jours, le huitième président de la Ve République ! L'affaire n'est pas faite. Il serait bien imprudent de le croire.

Mais le chemin parcouru oblige à admettre que l'on s'est trompé sur toute la ligne. En quelques mois, Emmanuel Macron a créé un mouvement hors sol dont on ne sait ce qu'il deviendra demain mais qui lui assure, pour l'heure, une vaste armée de supporteurs enthousiastes. Puis il a rompu les amarres avec François Hollande, qui l'avait distingué, a quitté sans trembler le gouvernement, a déclaré sa candidature sans passer par la case primaire et n'a pas peu contribué, ce faisant, à dissuader le chef de l'Etat de se représenter. La chance s'en est mêlée et il a su la saisir, l'échec d'Alain Juppé lui ouvrant les portes du centre droit, celui de Manuel Valls celles du centre gauche et le ralliement de François Bayrou consolidant son entreprise. Bref, même en France, la valeur n'attend pas forcément le nombre des années !

Le deuxième aveu concerne Marine Le Pen. Au début du mois de février, l'on a redouté qu'elle soit capable non seulement de se qualifier pour le second tour, mais de le faire beaucoup plus nettement qu'elle n'y est finalement parvenue. Tout semblait y contribuer : les affaires personnelles, et bientôt judiciaires, qui percutaient de plein fouet le candidat des Républicains François Fillon, la primaire de la gauche, qui désignait le frondeur Benoît Hamon et creusait un peu plus les fractures du Parti socialiste, tandis que Jean-Luc Mélenchon n'avait pas encore pris son envol.

Mais une enquête, surtout, était inquiétante. Alors que tous les sondages accordaient déjà 26 % à 28 % des intentions de vote à la candidate du FN, le baromètre annuel que la Sofres réalise pour *Le Monde* semblait démontrer qu'elle disposait de sérieuses marges de progression. En effet, un tiers des Français, voire davantage, se disaient en accord avec les idées du parti d'extrême droite, ne les estimaient pas dangereuses et se disaient prêts à voter pour ses représentants. Bref, Mme Le Pen paraissait en mesure de passer la barre des 30 % au premier tour et d'aborder le second de façon beaucoup plus menaçante.

Il n'en a rien été. Si son score du 23 avril (21,4 %) et sa qualification pour le tour décisif témoignent évidemment de la progression réalisée depuis cinq ans, ils ne lui ont pas permis de faire la course en tête et, encore moins, de franchir ce seuil périlleux des 30 %. Sur ce point, à vrai dire, on ne regrette pas de s'être fourvoyé.

François Fillon, enfin. Durant les deux semaines précédant le premier tour, on l'a cru capable de combler son retard et de se qualifier pour le second tour, au détriment de Mme Le Pen. Non par une sorte de répétition du blitzkrieg qu'il avait réussi en novembre 2016, dans les derniers jours de la primaire de la droite. Mais pour des raisons plus profondes tenant à la place de la droite dans le pays, quelles que soient les faiblesses ou les handicaps de son candidat.

N'avait-elle pas recueilli quelque 28 % des voix lors des élections régionales de décembre 2015 et remporté dix-sept des vingt et une élections législatives partielles depuis 2012 ? N'était-elle pas la favorite d'un scrutin imperdable, après le quinquennat pour le moins décevant – catastrophique, disait-elle – de François Hollande ? Bref, l'on pensait que les électeurs de droite finiraient par jeter un voile pudique sur les turpitudes de M. Fillon, défendraient leurs intérêts et assouviraient plus vigoureusement leur désir de revanche. Il s'en est fallu d'assez peu (moins de 500 000 voix), mais, là encore, il n'en a rien été.

Reste le second tour de la présidentielle, le 7 mai – puis le rendez-vous, plus aléatoire encore, des législatives de juin. Il sera bien temps d'ici là de repasser aux aveux. Si nécessaire.

17 mai 2017

Les trois paris du président

Emmanuel Macron a relevé le premier défi qu'il s'était fixé. Cela paraissait impensable il y a quelques mois encore, mais le voilà devenu, à 39 ans, le huitième président de la Ve République. L'exploit est de taille. Mais, s'il veut aller au bout de son ambition, il lui faut désormais gagner les trois paris sur lesquels il a construit sa victoire et engagé sa présidence.

Le premier est institutionnel. Le nouveau chef de l'Etat en a fait, dans son discours inaugural de dimanche 14 mai, l'un des axes de son quinquennat : « Nos institutions (…) doivent retrouver l'efficacité qui en a garanti la pérennité. Car je crois aux institutions de la Ve République et ferai tout ce qui est en mon pouvoir pour qu'elles fonctionnent selon l'esprit qui les a fait naître. » Efficacité et pérennité, c'est presque du de Gaulle dans le texte des *Mémoires d'espoir*, lorsqu'il définit le rôle du président : « Une tête directement mandatée par l'ensemble de la nation et mise à même de vouloir, de décider et d'agir. » Faute de quoi, ajoutait-il, l'Etat serait réduit « à n'être qu'une scène pour les confrontations d'inconstantes idéologies, de rivalités fragmentaires, de simulacres d'action intérieure et extérieure sans durée et sans portée ».

Mais Emmanuel Macron va beaucoup plus loin. Ecartant les procès récurrents faits à notre monarchie républicaine, il entend au contraire en assumer la gravité, la « verticalité », voire la sacralité. Dans un entretien à l'hebdomadaire *Le 1*, du 8 juillet 2015, il n'hésitait pas à faire de la « figure du roi » la grande absente de notre vie démocratique. Après les « moments napoléonien et gaulliste (...), la normalisation de la figure présidentielle a réinstallé un siège vide au cœur de la vie politique », précisait-il. Et au magazine *Challenges*, en octobre 2016, il déclarait sans détour que « les responsables politiques ont renoncé à cette exigence d'incarnation », avant de souhaiter le retour à une « présidence jupitérienne ».

Reste à vérifier que cette restauration présidentielle n'isole pas le pouvoir, ne le prive pas de garde-fous, ne l'invite pas à l'imprudence ou à l'autoritarisme et n'entrave pas, pour finir, la respiration démocratique du pays, au risque de provoquer de violentes secousses dont les exemples abondent depuis un demi-siècle. M. Macron le sait, qui a précisé, dimanche, en appelant à un « regain de vitalité démocratique » : « Les citoyens auront voix au chapitre, ils seront écoutés. » L'intention est sage. On attend la démonstration.

Le deuxième pari – « un pari fou », a commenté sur TF1 le nouveau premier ministre, Edouard Philippe, après sa nomination, lundi 15 mai – sera de dépasser les « clivages mortifères » entre gauche et droite qui, depuis des lustres, ont conduit les gouvernements à la paralysie et à l'impuissance. L'objectif, très gaullien lui aussi, a été sans cesse martelé durant la campagne : engager une « refondation » de notre vie politique et faire naître une majorité « progressiste » associant des personnalités issues de la gauche, de la droite, du centre et de la société civile. « La fonction présidentielle exige le consensus construit dans la clarté plutôt que le compromis entre chien et loup », précisait à *Challenges* le futur président.

Emmanuel Macron a un mois pour y parvenir. La nomination de M. Philippe à Matignon est une première étape franchie. La transgression est sans précédent puisque, contrairement à tous ses prédécesseurs, le nouveau chef du gouvernement n'est ni un proche, ni un fidèle, ni même un allié issu du même camp que le chef de l'Etat. En faisant appel au maire du Havre, membre – proche d'Alain Juppé – du parti Les Républicains et qui se revendique « de droite » quand lui-même vient de la gauche, le président invente donc, en accéléré, une dyarchie exécutive totalement inédite.

La formation du gouvernement sera un deuxième test décisif, selon qu'Edouard Philippe parviendra ou non à convaincre plusieurs de ses amis, si possible de premier plan, de le rejoindre et de siéger demain, au conseil des ministres, avec leurs adversaires d'hier. Enfin, les législatives des 11 et 18 juin permettront de juger si ce chamboule-tout confirme le résultat de la présidentielle – effondrement des socialistes et affaiblissement des Républicains – et débouche sur une nouvelle majorité à l'Assemblée nationale autour de La République en marche et de ses alliés. C'est la condition sine qua non pour que le quinquennat de M. Macron ne verse pas immédiatement dans les « compromis entre chien et loup », voire dans l'impasse.

S'engagera, alors, le troisième pari présidentiel : marier, selon ses mots de dimanche à l'Elysée, « l'esprit de conquête » et « l'esprit de concorde ». Le premier, seul capable de redonner au pays « le goût de l'avenir », implique une action rapide, énergique, « efficace » pour mener à bien tous les « engagements pris vis-à-vis des Français », au premier rang desquels, a-t-il martelé, la libération du travail, le soutien aux entreprises et l'encouragement à l'initiative. Mais l'esprit de concorde n'est pas moins indispensable pour éviter que la révolution promise ne ravive l'inquiétude, la défiance et les fractures qui minent les Français « depuis des décennies ». Bref, pour éviter que ne se crispent encore davantage les blocages qu'il entend dénouer.

Sacrée gageure ! Mais parce que M. Macron a remporté son pari initial et préside désormais aux destinées du pays, l'on serait bien avisé de prendre au sérieux les suivants. De François Mitterrand et de sa victoire en 1981, son prédécesseur, Valéry Giscard d'Estaing, écrivit plus tard cette épitaphe songeuse : peut-être était-il simplement « le plus grand joueur de nous tous... » L'avenir dira si le nouveau président est, à cet égard, son digne héritier.

21 juin 2017

Trop forts, ces Français !

C'était une autre époque, un autre monde. Le 20 septembre 1990, à Joué-lès-Tours (Indre-et-Loire), Michel Rocard planchait devant la direction du Parti socialiste, réunie en séminaire pour réfléchir à son projet. Que disait à ses camarades celui qui était alors premier ministre ? « Notre démocratie devient un système dans lequel le peuple existe et ne laisse à personne d'autre que lui-même le soin de l'exprimer. » Et il ajoutait : « Il n'y a lieu que de s'en féliciter. Nous avons affaire à des citoyens qui sont collectivement d'une intelligence que je trouve confondante. »

Le diagnostic n'a rien perdu de sa pertinence. Bien au contraire. Depuis quelques mois, la campagne a chamboulé toutes les lois de la vie politique nationale. Au point que, au fil des quatre tours de scrutin, présidentiel puis législatif, les Français ont pu paraître déroutés, incertains, hésitants, votant, ne votant pas ou votant blanc, sautant d'un candidat à l'autre, hamonistes un jour, macronistes le lendemain,

« insoumis » le surlendemain, emballés ou méfiants, mobilisés ou grincheux.

Mais, au bout du compte, ils ont fait preuve, collectivement, d'une « intelligence confondante » et délivré trois messages d'une grande netteté. Trop forts, ces Français !

On les disait lassés de l'éternel retour aux commandes du pays des mêmes hommes et des mêmes partis. Ils l'étaient et l'ont signifié sans aucun ménagement. Lors de la présidentielle, d'abord, ils ont blackboulé tous les caciques patentés, éliminé socialistes et Républicains, qui se partageaient jalousement le pouvoir depuis des décennies, et élu, en la personne d'Emmanuel Macron, un homme qui a défié toutes les règles habituelles d'âge, de parcours et d'expérience supposées requises pour entrer à l'Elysée.

Ce n'était que le premier acte. Les 11 et 18 juin, ils ont achevé ce spectaculaire coup de balai en renouvelant de fond en comble l'Assemblée nationale. Soit qu'ils aient anticipé le mouvement en ne se représentant pas – poids des ans pour les uns, découragement pour les autres, respect obligé de la loi limitant le cumul des mandats pour de nombreux autres encore –, soit qu'ils aient été battus, ce sont au total 434 députés sortants qui ont été renvoyés dans leurs foyers et remplacés par une armée de novices, pour la plupart inconnus au bataillon politique.

Parmi ces derniers, des profils professionnels plus diversifiés, des jeunes voire des très jeunes qui ont fait baisser de plus de cinq ans (à 48 ans) la moyenne d'âge des députés, enfin des femmes en nombre comme jamais auparavant puisqu'elles seront 224 (soit 38 %) contre 155 durant la dernière législature. Même en 1958, lors du retour au pouvoir du général de Gaulle, l'Assemblée n'avait été renouvelée que pour moitié ; elle l'est aujourd'hui aux trois quarts. Emmanuel Macron annonçait, il y a un an, son intention de « changer notre système politique ». Les Français lui ont répondu banco !

Le deuxième message est tout aussi clair et, si l'on peut dire, très macronien. D'un côté, les Français ont accordé au chef de l'Etat et au premier ministre la majorité absolue dont ils ont besoin pour mener à bien leur action. Avec 308 députés de La République en marche, le pouvoir exécutif ne sera même pas dépendant du bon vouloir des troupes centristes de François Bayrou.

Mais « dans le même temps », les électeurs ont, de fait, soigneusement dosé le rapport des forces parlementaires et évité d'accorder au président la majorité écrasante que les augures lui promettaient ces derniers jours. Sensibles aux critiques qui, de tous côtés, dénonçaient par avance un tel raz-de-marée, ils ont corrigé au second tour la tendance du premier. S'ils ont donné au président le pouvoir d'agir, ils ne lui ont pas signé un chèque en blanc.

Au passage, ils ont aussi effectué une démonstration inédite. Le scrutin majoritaire en vigueur pour les législatives était réputé confier l'essentiel de la représentation nationale au camp victorieux et à son opposition. Au gré des alternances de ces trente dernières années, la gauche (les socialistes et leurs alliés) et les droites ne laissaient que des miettes aux autres partis. Or, les électeurs ont trouvé le moyen de donner une place significative à toutes les forces politiques du moment : le mouvement présidentiel (en force), les socialistes (étrillés), Les Républicains (laminés), les deux familles centristes (MoDem et UDI), mais aussi La France insoumise, qui pourra constituer un groupe parlementaire et même le Front national qui, avec huit élus dont sa présidente Marine Le Pen, aura voix au chapitre. Jamais la représentativité politique de l'Assemblée n'avait été aussi complète.

Le troisième message, enfin, est plus sombre. En s'abstenant comme jamais dimanche 18 juin (à près de 58 %) ou en glissant dans les urnes près de 10 % de bulletins blancs ou nuls, les Français – notamment les plus jeunes et ceux issus des milieux populaires – ont confirmé leur indifférence, leur déception ou leur défiance à l'égard des responsables et des jeux politiques. L'avertissement aux nouveaux députés (élus par 38 % seulement des électeurs inscrits) comme au nouveau pouvoir est on ne peut plus clair : tous sont condamnés à sortir de l'immobilisme ou de l'impuissance s'ils veulent reconquérir la confiance des Français.

Cela suppose, en premier lieu, qu'à l'intelligence des citoyens réponde celle des gouvernants. Dans sa courte préface au livre de Jean-Paul Huchon qui vient de paraître (*C'était Rocard*, L'Archipel), M. Macron se présente en fidèle héritier de Michel Rocard, de son « exigence intellectuelle », de son impératif d'« efficacité » et de sa conviction que « l'énergie de la société » est le levier de sa transformation. Reste à passer à l'acte. C'est maintenant.

30 août 2017

Etés meurtriers

Pendant des mois – un printemps conquérant et un début d'été flamboyant –, Emmanuel Macron a marché sur l'eau. Tant et si bien que beaucoup attendaient avec une gourmandise non dissimulée le moment où il commencerait à patauger. Nous y sommes.

Quelques bourdes comme la réduction des aides au logement, quelques coups de rabot abrupts dans les dépenses publiques, les premiers pas maladroits d'une majorité de députés néophytes, une communication truffée d'images mais privée de son, le tout sanctionné par une spectaculaire dégringolade de la popularité présidentielle, ont suffi à imposer la musique de cette rentrée : voilà Jupiter descendu de son piédestal, rudement confronté à la réalité et, déjà, sommé de s'expliquer.

Ce n'est guère surprenant. Passé l'euphorie de la victoire et l'élan qu'elle fait naître, le premier été d'un président est en général meurtrier. Ses prédécesseurs l'ont constaté à leurs dépens. A-t-on oublié la désillusion qui suivit de peu l'élection de Jacques

Chirac en 1995 ? Il est vrai que celui-ci avait promis la réduction de la fracture sociale grâce à une audacieuse relance économique, avant de décréter, trois mois plus tard, que la qualification de la France à la zone euro imposait un vigoureux redressement des finances publiques et une austérité budgétaire des plus orthodoxes. Fatidique tête-à-queue.

Fort de son triomphe en 2007, Nicolas Sarkozy démarra son mandat sur les chapeaux de roue, bien décidé à mettre en œuvre ses promesses et à moderniser la France de fond en comble. Trois mois plus tard, l'affaire était entendue et les autres réformes éclipsées : sa soirée inaugurale au Fouquet's, ses vacances de nabab et l'instauration du bouclier fiscal pour les plus fortunés en avaient fait, irrémédiablement, le « président des riches ». Quant au « choc de confiance » que le président se faisait fort de déclencher, il se solda par une cruelle décélération de la croissance économique dès la fin de l'été.

Enfin François Hollande, loin de « réenchanter le rêve français », fit très vite déchanter ses concitoyens. Durant sa campagne, il avait promis le « changement » ; dès le début du mois de septembre, il avait fait de la fameuse inversion de la courbe du chômage l'alpha et l'oméga de son mandat. En réalité, les Français se réveillèrent, au retour des vacances, avec un violent tour de vis fiscal auquel rien ne les avait préparés et une dégradation de l'emploi qui semblait inexorable. Le « président normal » ne s'en remit jamais.

Emmanuel Macron savait tout cela et entendait bien s'en prémunir. Ses vacances personnelles, comme celles du gouvernement, ont été minutieusement calibrées pour n'être ni ostentatoires ni indolentes. Le calendrier des réformes annoncées a été soigneusement programmé : loi de moralisation de la vie politique votée en juillet, ordonnances réformant le code du travail bouclées en août, grands choix économiques dévoilés en septembre lors de la présentation du premier budget du quinquennat. En outre, le chef de l'Etat savait pouvoir compter sur une conjoncture économique favorable : en dépit des variations mensuelles, la décrue du chômage est indéniable, la croissance est plus robuste que prévu, l'optimisme des chefs d'entreprise est encourageant, les taux d'intérêt et les prix de l'énergie sont restés sages.

Il n'empêche, voilà le président rattrapé, à son tour, par la fatalité d'une première rentrée électrique. Comme si les Français ne supportaient pas d'attendre plus longtemps pour connaître le détail de la « révolution » annoncée par le candidat Macron. Comme si, déjà, ils doutaient de sa consistance, ou redoutaient ses effets. Comme si les désillusions des deux dernières décennies avaient épuisé leur confiance dans la capacité des gouvernants à affronter efficacement les problèmes du pays, sauf à obtenir la démonstration immédiate du contraire.

C'est affaire de communication, entend-on désormais de tous côtés. Acceptons le mot, bien galvaudé, à condition de lui accorder le sens que lui donnait le général de Gaulle dans une de ses formules favorites : « Il faut que le peuple comprenne et y voie clair. » Pour l'immédiat, il faut qu'il comprenne deux choses en particulier : quel est le contrat social, quel est le contrat fiscal que le chef de l'Etat entend passer avec les Français ?

Le président de la République entend n'intervenir que sur l'essentiel. C'est donc à lui de convaincre ou, à tout le moins, de faire en sorte que le peuple comprenne le sens de ses choix, sociaux et économiques. Précisément parce que, pour les Français, il s'agit là de l'essentiel. Et, pour lui, des actes fondateurs de son quinquennat.

13 septembre 2017

Le FN à l'ère du soupçon

Il faut reconnaître que l'on s'était aisément habitué à ne plus entendre sa voix métallique, sarcastique ou emphatique. Depuis le début de l'été – en réalité depuis ce débat du 4 mai qui l'a vue littéralement exploser en vol face à Emmanuel Macron à trois jours du second tour de l'élection présidentielle –, son silence était reposant. Le 9 septembre, dans le village de Brachay (Haute-Marne) qui vote pour elle comme un seul homme, Marine Le Pen a fini par y mettre un terme.

En apparence, elle s'est voulue égale à elle-même, Jeanne d'Arc autoproclamée de la « France des oubliés », martelant que le Front national est « la seule lueur d'espoir » face à la menace que la « submersion » migratoire et l'islamisme font peser sur la civilisation française, pourfendant les « islamo-trotskistes » de La France insoumise, cognant sur les « bobos » du macronisme, ces porte-voix de la « classe dominante ».

Il y a quelques mois encore, elle pouvait croire que tous ses coups faisaient mouche. Elle donne aujourd'hui l'impression de boxer dans le vide, invoquant la « flamme » qui l'anime pour tenter de faire oublier que cette flamme, précisément, a brutalement vacillé au printemps. En effet, les 10,6 millions de voix recueillies le 7 mai, ce résultat exceptionnel pour le parti d'extrême droite, n'ont effacé ni son score médiocre du premier tour, ni son désastreux débat d'entre-deux-tours et la lourde défaite qui l'a sanctionnée, ni la déception des législatives de juin, à peine tempérée par sa propre entrée à l'Assemblée nationale.

A défaut de l'emporter, elle se voyait déjà en haut de l'affiche, dominant l'opposition de la tête et des épaules, entourée d'une centaine de députés, dépeçant une droite effondrée et préparant la victoire finale de la « grande alternance » dont elle rêve. Au lieu de quoi, c'est Emmanuel Macron qui a chamboulé le vieux système politique pour le reconstruire à sa main, et c'est Jean-Luc Mélenchon qui s'est installé dans le fauteuil d'opposant numéro un au nouveau président.

Depuis trois mois, le Front national et Marine Le Pen sont donc entrés dans l'ère du doute ou, plus insidieux encore, du soupçon. Car ce poison touche tous les centres nerveux du parti, la cohésion de sa direction, la cohérence de sa doctrine, la pertinence de sa stratégie, sa capacité à exercer le pouvoir et jusqu'à l'aptitude de sa présidente à incarner cette ambition.

Les lendemains de défaite sont rarement propices aux examens de conscience maîtrisés. Plutôt que des causes douloureuses, l'on trouve plus volontiers des coupables commodes. Et quel meilleur coupable que

Florian Philippot, vice-président omniprésent depuis cinq ans, inspirateur de bon nombre de ses réorientations et stratège des campagnes de 2012 et 2017 ? Qui, de plus, est en première ligne dans les règlements de comptes sans merci de ces dernières années, qu'il s'agisse de l'éviction du patriarche, Jean-Marie Le Pen, ou de l'affrontement avec sa trop prometteuse petite-fille, Marion Maréchal-Le Pen. Bref, un homme chargé de bien des péchés, surtout depuis que, huit jours à peine après le 7 mai, il a créé l'association Patriotes, censée permettre au FN de poursuivre sa mue, mais soupçonnée par beaucoup d'amorcer une inacceptable dissidence.

La direction du FN était traversée par de sourdes rivalités ; elle est devenue un redoutable nid de guêpes. Car, derrière les personnes, c'est sa ligne politique qui est en cause. Portée par son score encourageant de 2012, puis par ses succès aux élections européennes et locales, Marine Le Pen s'est efforcée depuis cinq ans de concilier l'inconciliable : d'un côté l'orientation social-souverainiste prônée par M. Philippot, de l'autre, son socle historique libéral-identitaire.

En rompant cet équilibre instable durant sa campagne, en négligeant ses thèmes fondamentaux (immigration, sécurité, identité), en poursuivant contre vents et marées sa croisade pour la sortie de l'euro dans l'espoir de rassembler tous les partisans du non à l'Europe de 2005, elle a perdu sur les deux tableaux, celui de la crédibilité et celui de la fidélité.

Depuis trente ans, le Front national est considéré comme un parti xénophobe et dangereux pour la démocratie, trop incompétent pour prendre en main les destinées du pays, enfermé enfin dans une stratégie exclusive qui le prive des alliances indispensables pour l'emporter au second tour des élections présidentielle ou législatives. En dépit de tous les efforts réalisés depuis cinq ans – « dédiabolisation », normalisation, enracinement local –, ces trois handicaps restent intacts.

Selon la dernière enquête « Fractures françaises », réalisée fin juin par la Fondation Jean-Jaurès, Sciences Po et *Le Monde*, trois Français sur cinq continuent de juger le FN xénophobe et dangereux, et ils ne sont plus que 25 % (contre 31 % il y a deux ans) à le juger capable de gouverner le pays. Enfin, chacun a pu constater que, à l'exception du modeste mouvement de Nicolas Dupont-Aignan, Debout la France, il reste un repoussoir pour les partis de droite et la grande majorité de leurs électeurs.

Rien de tout cela ne peut faire oublier les 34 % de voix qui se sont portées sur son nom ni ce qu'elles disent de la rage ou du désespoir de bon nombre de Français à l'égard de leurs gouvernants. Mais, si Marine Le Pen veut conserver ce capital pour reprendre sa longue marche vers le pouvoir, elle va devoir, d'ici au congrès « refondateur » du FN, prévu en mars 2018, surmonter ses contradictions, dont témoigne, de nouveau, le brusque repli sur la dénonciation de l'immigration et de l'islamisme qu'elle vient d'opérer. Elle a assuré, à Brachay, en avoir la détermination. En a-t-elle le talent et la capacité ? C'est le doute le plus corrosif qui, désormais, pèse sur elle.

20 septembre 2017

Mélenchon reprend la Bastille

C'est un mérite qu'il faut lui reconnaître : Jean-Luc Mélenchon est un homme de fidélités. Aux symboles, aux maîtres qu'il s'est choisis et à lui-même. Le 18 mars 2012, c'est place de la Bastille qu'il avait bâti le socle de sa première campagne présidentielle en mobilisant toutes les tribus de la gauche radicale, communiste, altermondialiste, trotskiste en rupture de ban ou « noniste » en déshérence depuis le référendum européen de 2005.

Cinq semaines plus tard, il recueillait 11,1 % des suffrages. Le 18 mars 2017, c'est toujours à la Bastille qu'il rassemblait, pour une marche vers la place de la République, plusieurs dizaines de milliers de partisans de La France insoumise (LFI). L'élan était donné à la vague qui allait le porter, le 23 avril, jusqu'à 19,6 % des suffrages… si proche de la qualification pour le second tour.

C'est donc à la Bastille qu'il a appelé « le peuple » à « déferler », samedi 23 septembre, pour s'opposer au « coup d'Etat social » que constituent, à ses yeux, les ordonnances du gouvernement réformant le droit du travail – et pour engager, plus largement, le combat frontal avec le système néolibéral dont Emmanuel Macron serait la « créature ». Nul besoin d'attendre un prochain 18 mars, c'est maintenant qu'il faut battre le fer.

Car c'est l'une des leçons que Jean-Luc Mélenchon a retenues de celui qu'il présente comme un « maître à penser » et dont il revendique volontiers l'héritage : l'on a nommé François Mitterrand. Expert en la matière, ce dernier avait édicté une règle simple : « L'opposition est faite pour s'opposer », sans concession, sans faiblesse et si possible avec talent. Le chef des « insoumis » s'est donc posé d'emblée en leader de l'opposition, d'autant plus aisément que la place était vacante.

Ni le Front national en pleine dépression, ni la droite des Républicains en pleine compétition présidentielle interne, ni les socialistes assommés par leur déroute du printemps n'étant en mesure de lui contester ce rôle, il charge donc, verbe haut et dialectique en bandoulière, à l'Assemblée nationale comme dans la rue.

Mais le parallèle avec le chef des socialistes et de l'Union de la gauche des années 1970 ne s'arrête pas là, comme en témoigne le long et très intéressant entretien que Mélenchon vient d'accorder à Marianne. Juge-t-on ses attaques trop tranchées, trop violentes ? François Mitterrand aussi « était très clivant, et il a fini par gagner », rappelle-t-il du tac au tac. Le système cherche-t-il à faire peur en brandissant l'épouvantail Mélenchon ? « Sans doute », répond l'intéressé avant de renvoyer à un discours où Mitterrand faisait la liste des injures que ses adversaires lui adressaient, pour mieux justifier la vigueur de ses ripostes.

Nul doute, enfin, que la redoutable habileté dont Mitterrand fit preuve pour prendre définitivement l'ascendant sur le Parti communiste inspire directement l'« insoumis » en chef – toutes proportions gardées cependant, car le PCF était, à l'époque, une force puissante, alors qu'il lutte depuis un bon moment pour sa survie.

Comme Mitterrand, Mélenchon a commencé par passer un accord avec les communistes pour être le candidat du défunt Front de gauche en 2012. Comme lui, il s'est ensuite affranchi de cette laborieuse et encombrante alliance pour se présenter, cette année, sous sa seule bannière. Comme lui enfin, il cingle « une direction communiste en perdition » (samedi 16 et dimanche 17 septembre, depuis La Réunion, en réponse aux griefs du secrétaire général du PCF, Pierre Laurent, à la Fête de L'Humanité), pour mieux cajoler ses militants et les convier à la Bastille. Le socialiste de 1981, déjà, fustigeait les dirigeants communistes qui croyaient « possible d'arrêter le mouvement de l'Histoire » pour mieux inviter leurs troupes à rejoindre le « vaste rassemblement populaire » qu'il entendait réaliser.

La filiation s'arrête là. Car c'est au bout du compte à lui-même que Jean-Luc Mélenchon est le plus fidèle depuis qu'il a décidé, en 2008, de quitter le Parti socialiste avec l'ambition de rassembler « le peuple » contre « l'oligarchie ». Bien loin d'une refondation de la gauche sur le modèle mitterrandien, LFI est une entreprise d'absorption et de liquidation.

Déjà, ce qui restait de l'électorat communiste a été phagocyté lors de la présidentielle, nonobstant un ultime sursaut du PCF aux législatives[1]. De même, bon nombre d'écologistes, désabusés par leurs querelles intestines, ne sont pas insensibles à la promesse mélenchonienne d'un développement en « harmonie avec les cycles de la nature ». Quant aux socialistes, étrillés au printemps et « nécrosés pour longtemps », Mélenchon n'entend pas « les affaiblir, mais les remplacer », selon sa formule sans pitié au moment des élections législatives de juin.

Et après, que faire ? La réponse de Jean-Luc Mélenchon à Marianne mérite d'être citée, tant elle témoigne de son talent à prendre son désir pour la réalité future : « Nous voulons être le recours contre le chaos libéral. Notre thèse de départ, c'est qu'il n'existe pas de base sociale pour la politique ultralibérale de Macron. Si nous parvenons à en faire la démonstration, il faudra qu'il retourne devant le pays. Si notre stratégie fonctionne, on contraindra le pouvoir à devoir choisir, dans des délais beaucoup plus courts que prévu, entre une logique d'affrontement total avec le peuple, ou l'obligation de redonner la parole au peuple. »

A charge, alors, pour LFI de « proposer une alternative globale au monde actuel ». Comme le confiait François Mitterrand lorsque l'intéressé était un jeune

1. Avec 2,72 % des voix au premier tour, le 11 juin 2017, le Parti communiste parvient à sauver 10 sièges de députés et à former un groupe à l'Assemblée nationale avec l'appoint d'élus d'outre-mer.

socialiste prometteur : « Jean-Luc Mélenchon est l'un des plus doués. Il ira loin… à condition que sa propre éloquence ne l'enivre pas. » Le jugement garde, à l'évidence, toute sa pertinence.

11 octobre 2017

Et la bienveillance, bordel !

Puisqu'il cultive les références à la mythologie, disons qu'il y a du Janus chez Emmanuel Macron. Comme ce dieu romain à deux têtes, le président de la République offre volontiers deux visages : un jour solennel et inspiré, le lendemain familier voire grossier, un jour soignant ses interventions pour qu'elles prennent place sans tarder dans une anthologie des grands discours de la République, le lendemain puisant dans un registre à la Audiard pour dire sans précaution le fond de sa pensée.

Il vient d'en faire la démonstration saisissante à deux reprises. Le 7 septembre, à Athènes, il cite Périclès et Hegel pour mieux étayer son brillant plaidoyer en faveur de la refondation de l'Europe. Vingt-quatre heures plus tard, au cours d'une rencontre avec la communauté française, défendant sa volonté réformatrice et notamment les ordonnances sur le droit du travail, il termine son propos par ces quelques mots incendiaires : « Je serai d'une détermination absolue et je ne céderai rien. Ni aux fainéants, ni aux cyniques, ni aux extrêmes. »

Le 4 octobre à Egletons, en Corrèze, il récidive. Venu esquisser sa grande ambition pour faire de l'apprentissage une « filière d'excellence » et de la formation professionnelle l'arme de destruction massive contre le chômage, il s'agace soudain d'une manifestation, à proximité, en soutien aux salariés de GM&S, une entreprise creusoise dont plus de la moitié des salariés sont menacés de licenciement. « Il y en a certains, au lieu de foutre le bordel, qui feraient mieux d'aller regarder là où ils pourraient avoir des places », lâche le président en aparté.

Après quelques autres sorties du même tonneau quand il était ministre de l'économie ou durant sa campagne, ces « fainéants » et ce « bordel » ont évidemment fait le miel des opposants de tout bord. « Mépris de classe », « arrogance d'enfant gâté », « Sarkozy BCBG », a-t-on entendu de tous côtés. « Parler vrai », « discours de vérité », volonté de « mettre des mots sur les maux » et de s'affranchir d'une mortifère « langue de bois » politique, a-t-on répondu du côté de l'Elysée et de la majorité. Et chacun de se livrer à de savantes exégèses pour déterminer s'il s'agissait de provocations délibérées ou de propos intempestifs.

Seul l'intéressé pourrait trancher la question, mais peu importe après tout. Car le résultat est le même : ce grand écart des registres présidentiels brouille, beaucoup plus qu'il ne l'enrichit, l'image du chef de l'Etat aux yeux des Français.

Pour le saluer ou pour le brocarder, chacun reconnaît qu'Emmanuel Macron est un metteur en scène exigeant de sa propre action, soucieux de contrecarrer, autant qu'il est possible, tout ce qui pourrait en altérer le récit. Or, c'est peu dire que les deux impromptus d'Athènes et d'Egletons ont télescopé cette communication minutieuse. Difficile d'imaginer plus contre-productif. Déjà, en septembre, les « fainéants » avaient dangereusement parasité le discours refondateur sur l'Europe.

C'est encore plus vrai pour les « fouteurs de bordel » stigmatisés en Corrèze. Depuis la fin de l'été, le chef de l'Etat est en butte à une méchante petite musique qui fait de lui le « président des riches ». Deux mesures phares du projet de budget pour 2018 – la suppression de l'impôt sur la fortune mobilière et la réduction à 30 % de la fiscalité sur le capital – ont suffi pour que s'ouvre ce procès.

Or, tout avait été mis en œuvre, début octobre, pour démontrer qu'il n'en est rien. Le gouvernement s'est échiné à vanter toutes les mesures budgétaires favorables aux ménages les plus modestes. Et, surtout, deux déplacements du chef de l'Etat ont été organisés pour redorer l'image présidentielle.

Opération réussie, le 3 octobre : c'est un Emmanuel Macron tout sourire qui a été accueilli longuement dans l'usine Whirlpool d'Amiens où il avait dû faire face, entre les deux tours de la présidentielle, à la colère des salariés menacés par la fermeture du site ; entre-temps, l'usine a été rachetée et l'emploi préservé. Le lendemain en Corrèze, le plaidoyer en faveur de la formation et de l'apprentissage devait compléter le tableau. Les quelques mots cassants à l'encontre d'ouvriers en colère l'ont, en réalité, démoli. Difficile, après cela, de se poser en président « social ».

Mais il est une autre contradiction, plus intime et plus troublante, dont témoignent ces épisodes. Le candidat Macron avait fait de la « bienveillance » l'un des leitmotivs de sa campagne.

Le 14 janvier 2017, à Lille : « J'ai toujours cultivé la bienveillance, avec l'espoir secret que ce soit contagieux. » Le 1er avril, à France Inter : « Je crois à la bienveillance dans la vie politique. » Le 10 avril, à France 2 : « J'ai une règle de vie : la bienveillance. Donc, je n'ai pas besoin pour exister de dire du mal des autres. » Et jusqu'au soir de sa victoire, où il salua « le courage et la bienveillance » de tous ceux qui s'étaient battus à ses côtés, avant d'ajouter : « Je respecterai chacun et chacune dans ce qu'il pense et ce qu'il défend. »

Cinq mois d'exercice du pouvoir semblent avoir eu raison de ce bel œcuménisme et du calme olympien dont il avait habité le candidat. Nul respect de chacun, en effet, dans les propos acides de ces dernières semaines, mais plutôt l'irritation d'un homme impérieux qui supporte mal qu'on entrave sa marche en avant.

Il est vrai que, en même temps, comme il le fit encore au soir du 7 mai, Emmanuel Macron a constamment assorti cet engagement de bienveillance d'une autre exigence : « le courage de la vérité ». Encore faudrait-il que ce courage soit équitablement réparti et ne s'exerce pas, exclusivement, au détriment des plus modestes des Français. « L'unité de notre peuple », invoquée ce soir-là, est à ce prix.

15 novembre 2017

Droites irréconciliables

Longtemps, les droites françaises ont su marier leurs différences. Entre gaullistes et centristes, entre conservateurs et réformateurs, entre légitimistes, bonapartistes et orléanistes, l'union a toujours été un combat, et souvent des plus rudes. Mais tout ce beau monde se rassemblait, aux moments décisifs, pour faire pièce à l'union des gauches, à l'œuvre parallèlement depuis près d'un demi-siècle.

A gauche, c'est l'exercice du pouvoir qui a fait voler ce système en éclats. Le mandat de François Hollande a vu se creuser de façon irrémédiable la fracture entre la gauche qui gouvernait et celle qui n'assumait pas cette responsabilité. On connaît le résultat : la victoire par KO de Jean-Luc Mélenchon sur les socialistes et un effondrement sans précédent à l'élection présidentielle où l'ensemble des gauches a réuni à peine plus du quart des suffrages exprimés.

A droite, c'est la victoire d'Emmanuel Macron, puis sa stratégie de déstabilisation (nomination de Républicains à Matignon et à Bercy, adoption de réformes prônées de longue date par la droite) qui sont en passe de produire le même effet dévastateur. Tant que l'Elysée paraissait à portée de main, l'on préservait les apparences d'une unité factice. Depuis la défaite, le fossé s'élargit chaque jour davantage entre deux droites irréconciliables.

L'on vient d'en prendre la mesure. A un mois du congrès des Républicains qui doit désigner leur futur président, celui qui fait figure d'archi favori, Laurent Wauquiez, a reçu deux avertissements cinglants. Le premier a été lancé, vendredi 10 novembre depuis Nancy, par Nicolas Sarkozy. Intervenant pour la première fois publiquement devant les siens depuis des mois, l'ancien président de la République n'a pas pris de gants : « Celui qui ne rassemble pas, qui pense qu'une famille politique c'est une secte ne peut pas défendre ses convictions. » La mise en garde ne pouvait s'adresser qu'à Laurent Wauquiez, accusé de tous côtés de tracer sa route en écartant ou en écrasant quiconque se mettrait en travers.

Intervenant le même jour à l'occasion d'un déjeuner avec la presse diplomatique, Alain Juppé s'est, de son côté, chargé de porter le fer contre la stratégie même du principal candidat à la présidence des Républicains. Qualifiant d'inacceptable « copinage avec le Front national » le soutien que lui apporte l'association Sens commun, émanation radicale de La Manif pour tous, l'ancien premier ministre a jugé « insupportables les discours anti-élites » dont Laurent Wauquiez a fait l'un des thèmes favoris de sa campagne.

Mais le maire de Bordeaux s'est surtout démarqué de façon spectaculaire sur la question de l'Europe, éternelle pomme de discorde à droite. Alors que Laurent Wauquiez affiche désormais un discours très eurosceptique, il a pris sans ménagement le contre-pied. Se déclarant en accord avec la démarche européenne volontariste du chef de l'Etat, il a salué une « crédibilité » et une « capacité d'initiative » françaises « retrouvées », avant d'ajouter, dans la perspective des élections européennes de 2019 : « Moi, j'aimerais une grande force de centre droit. Qui la mènera ? Macron ? Un autre ? » Même atténué deux jours plus tard, le propos n'en est pas moins clair : l'attitude à l'égard de l'Europe sera, pour la droite, une pierre de touche, voire un point de rupture.

Gageons pourtant que ces avertissements laisseront Laurent Wauquiez de marbre. Pourquoi changerait-il d'attitude ? Avant lui, Jacques Chirac et Nicolas Sarkozy n'ont-ils pas amplement démontré que, quelles qu'aient été les préventions à leur endroit, la droite se range derrière son chef une fois celui-ci installé aux commandes ? Pour lui, l'essentiel dans l'immédiat est donc de conquérir le parti : bon gré mal gré, le rassemblement suivra, veut-il croire.

Quant à la stratégie, pourquoi la modifier puisqu'elle est, à ses yeux, la seule pertinente pour reconquérir le pouvoir en 2022, son objectif évident ? Il ne faut pas être grand clerc, en effet, pour constater qu'Emmanuel Macron a, dès son élection, jeté son dévolu sur le centre et le centre droit. A cet égard, la nomination du juppéiste Edouard Philippe à Matignon a été un coup de maître. Loin de s'en lamenter, Laurent Wauquiez entend au contraire saisir l'occasion pour sortir des vieilles ambiguïtés et reconstruire une droite pure et dure, qui « ne s'excuse plus » de l'être. A quoi s'ajoute son intuition que la présidente du Front national, Marine Le Pen, aura le plus grand mal à se remettre de son échec et des doutes qu'il a fait naître sur sa capacité à incarner une alternative crédible à l'actuel président.

Comme Nicolas Sarkozy en 2007, Laurent Wauquiez fait donc le pari de ramener dans le giron d'une droite musclée une partie des électeurs du Front national. Le calcul est simple : en dépit de ses déboires, le score de François Fillon le 23 avril démontre que le socle de l'électorat de droite est de 20 %. Il suffirait donc de convaincre un quart de l'électorat frontiste pour distancer Marine Le Pen et s'imposer comme l'adversaire d'Emmanuel Macron. Tous les moyens sont bons pour y parvenir : d'une part, se poser en opposant virulent du chef de l'Etat, cet homme sans « âme » qui n'a pas « un amour charnel de la France » ; d'autre part, récupérer sans vergogne les thèmes-clés (identité, immigration, sécurité, islam…) et jusqu'au vocabulaire du FN.

Ce n'est pas glorieux. Mais ce n'est pas absurde. Sauf si, à force de se déporter vers le FN et de déraciner la droite de son histoire, Laurent Wauquiez tombait dans « le piège que nous tend Emmanuel Macron », qu'il définissait fort bien, le 21 septembre, dans Valeurs actuelles : « Plus rien entre lui et les extrêmes. » C'est ce risque, mortel pour la droite, qu'Alain Juppé a dénoncé. Non sans raison.

6 juin 2018

Présidents vert pâle

L'on connaît la formule de Clemenceau : « La guerre est une chose trop grave pour la confier à des militaires. » Un siècle plus tard, la devise peut aisément s'appliquer à la lutte contre le réchauffement climatique : c'est une affaire trop importante pour qu'elle soit confiée aux écologistes. Ces derniers se sont d'ailleurs chargés, depuis une vingtaine d'années, de se discréditer tout seuls, au point d'avoir quasiment disparu du paysage politique.

Place donc aux politiques et, au premier chef, aux présidents de la République. Or, s'il est bien un trait commun entre Chirac le besogneux, Sarkozy le fiévreux, Hollande l'ingénieux et Macron l'impérieux, c'est leur valse-hésitation devant la question écologique. Comme s'ils s'étaient passé le mot, tous ont eu leur(s) morceau(x) de bravoure et leur(s) heure(s) de gloire sur le front environnemental. Mais, au chapitre des accomplissements, les bilans sont pour le moins décevants.

Cette continuité est d'autant plus remarquable que ces quatre présidents ont eu, en la matière, le même mentor, tour à tour ou simultanément lanceur d'alerte, pédagogue, éminence grise et désormais ministre d'Etat chargé de la transition écologique et solidaire. Depuis vingt ans, en effet, Nicolas Hulot a joué un rôle déterminant auprès de chacun d'eux.

Devenu, à la fin des années 1990, familier de Jacques Chirac, il le « convertit » à l'écologie et fut l'inspirateur du célèbre discours prononcé par le président français au Sommet de la Terre, en 2002, à Johannesburg : « Notre maison brûle et nous regardons ailleurs. La Terre et l'humanité sont en péril et nous en sommes tous responsables. Il est temps, je crois, d'ouvrir les yeux. »

Cinq ans plus tard, il est l'initiateur du Pacte écologique signé par les principaux candidats à l'élection présidentielle, puis l'instigateur du Grenelle de l'environnement qui permit à Nicolas Sarkozy de se faire le chantre d'une « révolution verte » dont la France serait le chef de file. En 2012 encore, Hulot devient l'envoyé spécial de François Hollande pour la protection de la planète : à ce titre, il contribue à la préparation de la COP21 qui se termine, à Paris en 2015, par un retentissant succès diplomatique, associant 195 Etats dans la lutte contre le réchauffement climatique. En 2017 enfin, Emmanuel Macron réussit un coup de maître là où ses trois prédécesseurs avaient échoué : faire entrer au gouvernement le « premier écologiste de France », comme un gage indiscutable de l'importance accordée à cet enjeu.

Qu'un homme aussi averti exprime de façon récurrente ses interrogations sur l'utilité de sa mission n'est pas seulement révélateur de son caractère inquiet, ou de son habileté à mettre son éventuel départ dans la balance pour mieux peser sur les choix gouvernementaux. C'est également symptomatique des contradictions profondes que n'a surmonté aucun des présidents qu'il a conseillés : jusqu'à présent, en effet, le poids des mots n'a pas pesé très lourd face aux pesanteurs de la réalité, des habitudes et des lobbys.

La première année de présidence Macron en fournit un exemple éloquent. Elle a certes été marquée par deux gestes spectaculaires. En juin 2017, à peine le président américain avait-il confirmé le retrait des Etats-Unis de l'accord de Paris sur le climat que son homologue français lançait son fameux « Make our planet great again », retournant contre Donald Trump, avec un indéniable sens de l'à-propos, son propre slogan de campagne (« Make America great again »). De même, en janvier, le renoncement au projet d'aéroport de Notre-Dame-des-Landes a mis un terme à un pataquès qui envenimait depuis des lustres les relations entre les gouvernements successifs et les écologistes.

Mais, en même temps, deux décisions concrètes ont démontré les limites des ambitions présidentielles. En novembre 2017, le gouvernement a renoncé à l'objectif de réduire de 75 % à 50 % d'ici à 2025 la part de l'électricité produite en France par les centrales nucléaires – objectif fixé à grand son de trompe par la loi de transition énergétique adoptée en 2015, mais qualifiée par M. Hulot lui-même de « mystification ».

La semaine passée, c'est la promesse de supprimer d'ici trois ans l'usage par les agriculteurs du glyphosate, herbicide réputé cancérogène, qui est passée à la trappe lors de l'examen du projet de loi sur l'agriculture et l'alimentation.

C'est répéter à l'identique les déceptions des quinquennats précédents. Ainsi, trois ans après le succès du Grenelle de l'environnement et à l'approche du scrutin présidentiel de 2012, Nicolas Sarkozy faisait volte-face à propos des normes environnementales imposées aux agriculteurs : « Ça commence à bien faire ! », lâchait-il tout à trac au Salon de l'agriculture. De même, François Hollande a cédé devant la fronde des « bonnets rouges » bretons et renoncé à une écotaxe sur les poids lourds, unanimement saluée auparavant comme pertinente. Quant à la fermeture de la centrale nucléaire de Fessenheim, promise en 2012, il a laissé à son successeur le soin de la réaliser.

De deux choses l'une, par conséquent. Ou bien les gouvernants, convaincus des périls qui menacent la planète, ont le courage de chercher les moyens de les combattre, engagent effectivement la transition énergétique (à peine amorcée), explorent des modèles de développement plus respectueux de la nature et plus solidaires, inventent une fiscalité écologique efficace… Ou bien ils jugent que ces ambitions relèvent de l'utopie et déstabilisent trop dangereusement les équilibres économiques et sociaux actuels. Mais, dans ce cas, ils s'abstiennent de sonner le tocsin. Au risque, dans dix ou vingt ans, d'être accusés de n'avoir pas pris leurs responsabilités. Pour l'heure, le dilemme reste entier.

27 juin 2018

La fin de l'état d'indulgence

Cela fait longtemps que plus personne ne croit à l'état de grâce dont bénéficierait un président de la République après son élection, comme François Mitterrand en 1981. L'impatience, la vigilance et l'expérience des Français ont ramené à la portion congrue le crédit du nouvel élu.

Pour avoir d'emblée renié sa promesse de campagne de réduire la « fracture sociale », Jacques Chirac avait vu le sien s'effondrer en six mois, en 1995. Pour avoir brutalement désacralisé la fonction présidentielle, Nicolas Sarkozy avait connu le même sort au début de 2008, huit mois après son entrée à l'Elysée. Pour François Hollande, ce fut pire encore : dès l'automne 2012, sa présidence était chahutée, son autorité contestée et sa personne brocardée.

Emmanuel Macron aura résisté plus longtemps. Mais le voilà, à son tour, entré dans cette période où le moindre mot suscite la polémique, le moindre geste la diatribe et chaque initiative la critique acide ou agressive. Recadre-t-il sèchement – et légitimement – un adolescent trop familier ? Le voilà accusé d'abus de position dominante. Envisage-t-il de faire installer une modeste piscine au fort de Brégançon, où il va passer quelques vacances en famille ? Le tintamarre est immédiat. Commande-t-il un service de table pour l'Elysée à la Manufacture de Sèvres, fleuron de l'artisanat d'art français ? Quelle gabegie ! s'indigne la vox populi. Et quand il invite dans la cour d'honneur de l'Elysée, le jour de la Fête de la musique, un groupe d'électro passablement provocateur et dénudé, l'on s'étrangle de tous côtés.

Episodes dérisoires et controverses futiles, amplifiés comme des baudruches par les réseaux sociaux, c'est l'évidence. Mais tout à fait symptomatiques du changement de climat actuel. Un état d'indulgence prévalait depuis treize mois. Il est en train de s'estomper à vive allure. Désormais, le chef de l'Etat insupporte ceux qu'il ne faisait qu'irriter. Il agace ceux qui lui accordaient le bénéfice du doute. Il déçoit une partie de ceux qu'il séduisait. Il désenchante ceux qu'il avait emballés.

Au mois de mai, la cote de confiance du président de la République s'établissait encore à 41 % de bonnes opinions (moyenne des 9 baromètres mensuels), soit un niveau nettement supérieur à celui de ses deux prédécesseurs à pareille époque. En juin, pour la première fois depuis son élection, la confiance dont il bénéficie enregistre une décrue significative, à 38 %.

Emmanuel Macron y a mis beaucoup du sien. En braquant sur lui tous les projecteurs, en s'imposant et en imposant ses vues avec une assurance qui frise parfois l'arrogance, en mettant régulièrement de l'huile sur le feu par quelque propos provocateur (comme ce « pognon de dingue » consacré aux dispositifs d'aide aux Français les plus pauvres), en ne s'entourant guère que de ministres techniciens ou en tenant en laisse courte les quelques politiques expérimentés du gouvernement, il attire inévitablement sur lui la polémique. Comme s'il en recherchait l'électricité.

Or cette atmosphère de plus en plus lourde menace, à la longue, de compliquer singulièrement la tâche du pouvoir exécutif. Car il a devant lui deux dossiers périlleux qui nécessitent autant de pédagogie que de pugnacité et davantage de capacité à convaincre que de propension à cliver l'opinion.

C'est évidemment le cas des choix budgétaires qui seront arbitrés dans les prochaines semaines. L'on sait que la France a le « privilège » d'être championne des dépenses publiques, puisque celles-ci représentent plus de 56 % du produit intérieur brut, soit 11 points de plus que la moyenne de la zone euro. Le gouverneur de la Banque de France le disait sobrement dans ces colonnes il y a peu (*Le Monde* du 21 juin) : sauf à alourdir encore une pression fiscale record (47 % du PIB) et une dette publique à haut risque en cas d'augmentation des taux d'intérêt, « il faut ralentir, voire stabiliser la progression » de la dépense publique. Autrement dit, serrer la vis budgétaire. Dans quelle proportion et dans quels secteurs ? Telles sont les questions que le gouvernement avait éludées dans le budget 2018 et qu'il va devoir trancher cette année. Or ces choix sont explosifs.

Tous les ballons d'essai lancés ces derniers temps par le gouvernement pour réduire ou retoucher telle ou telle aide sociale ont provoqué des poussées d'urticaire immédiates. De même pour les engagements de modération budgétaire que Matignon réclame aux collectivités locales. Quant au rapport du Comité action publique 2022, précisément mandaté pour fournir des pistes précises d'économies, il va être saucissonné secteur par secteur par le gouvernement pour tenter d'en gommer l'impact global.

La relance de l'Europe s'avère tout aussi problématique, comme le démontre l'incapacité actuelle des Vingt-Sept à se mettre d'accord pour apporter à la question migratoire des réponses coordonnées, effectives et conformes aux valeurs de l'Union. Emmanuel Macron a raison de souligner qu'il s'agit d'une « crise politique », et d'une crise majeure.

Des partis nationalistes – quand ils ne sont pas d'extrême droite – dirigent ou soutiennent les gouvernements italien, autrichien, hongrois, slovaque, polonais, danois, bulgare, finlandais... Partout ailleurs, à l'exception de la péninsule Ibérique et de l'Irlande, ils progressent, comme en Allemagne. Et, partout, ils attisent égoïsmes nationaux et tentations protectionnistes, aux antipodes de l'approfondissement (notamment économique et budgétaire) de l'Union dont le président de la République a fait l'un de ses credo.

Jusque-là, Emmanuel Macron a écrit et maîtrisé le scénario de son début de mandat. Quelle que soit sa détermination, il pourrait bien être condamné, désormais, à subir les épisodes suivants.

29 août 2018

L'été pourri du président

« C'est l'histoire d'un mec qui avait des gros bras, et ça lui est monté à la tête »… On imagine aisément le sketch que Coluche aurait pu tirer de l'affaire Benalla. Un conseiller du prince si infatué de la confiance présidentielle qu'il se croit autorisé à jouer les Rambo lors de la manifestation parisienne le 1er-Mai, l'Elysée qui s'embrouille dans des explications vaseuses lorsque, deux mois plus tard, le fautif est démasqué par la presse (*Le Monde*, en l'occurrence), un ministre de l'intérieur brusquement plongé dans une remarquable amnésie, des opposants de tout bord remontés d'un coup sur leurs grands chevaux pour dénoncer une « affaire d'Etat » et, pour finir, un président bravache qui se pose en « seul responsable » et met au défi ses détracteurs de venir le « chercher » : le feuilleton qui a agité le Landerneau politique au mois de juillet ne manquait pas de sel.

Affaire de corneculs, ont pensé les blasés. Sauf que, si le ridicule ne tue pas, il peut faire de sérieux dégâts. Et c'est le cas. Non seulement parce que la présidence jusque-là impérieuse d'Emmanuel Macron est soudain apparue piteuse. Mais, plus encore, parce que ses vertus revendiquées – nouveauté, exemplarité, efficacité, autorité – ont été mises à mal.

Ce fut l'un des ressorts puissants de la campagne du candidat Macron au printemps 2017 : le nouveau monde dont il se voulait le chantre allait effacer un vieux monde politique vermoulu et discrédité. Or, l'affaire Benalla renvoie à des travers aussi anciens que la Ve République. L'actuel président n'est pas le premier, en effet, à se méfier des services (police et/ou gendarmerie) officiellement chargés de la protection du chef de l'Etat et à leur préférer des dispositifs parallèles, opaques et volontiers irresponsables.

Deuxième credo du macronisme conquérant, l'exemplarité symboliquement mise en exergue par la première loi du quinquennat sur la moralisation de la vie publique. C'est peu de dire qu'elle a été doublement bafouée. Par M. Benalla évidemment. Mais l'entourage du président n'a guère été plus brillant : dans l'espoir que cette histoire ne s'ébruite pas, il a choisi de faire le dos rond pendant plus de deux mois, s'est bien gardé de saisir la justice et ne s'est résolu à sanctionner réellement ce conseiller (en le licenciant) que lorsqu'il y a été contraint par le tintamarre médiatique et politique.

Que dire, également, de cet autre maître mot du président et de son équipe : l'efficacité. Face au scandale, l'Elysée a accumulé les erreurs, les contradictions, les demi-vérités, voire les contrevérités, prétendant notamment que M. Benalla avait été cantonné à des fonctions subalternes à l'intérieur du palais présidentiel quand des photos témoignaient du contraire, par exemple lors du défilé du 14-Juillet, où il se tenait au plus près du président. Cet amateurisme surprenant n'a pu qu'alimenter questions et soupçons.

Quant à l'autorité de la fonction présidentielle, dont M. Macron n'a cessé de mettre en scène la restauration depuis le soir de son élection, elle ne sort pas indemne de cet épisode estival. La brutalité d'un conseiller en qui le chef de l'Etat avait placé toute sa confiance, autant que le sentiment d'impunité qui manifestement l'habitait, est apparue comme la métaphore d'une présidence droite dans ses bottes, volontiers cassante et trop sûre d'elle-même pour supporter la contradiction, moins encore la contestation.

L'Elysée et Matignon veulent croire que la bourrasque est passée, que cet accident de parcours ne laissera pas de traces trop profondes et qu'il n'entravera pas leur volonté de poursuivre le copieux programme de réformes annoncé pour les mois à venir. C'est possible, sous réserve que l'enquête judiciaire dont M. Benalla est l'objet, ou la commission d'enquête sénatoriale qui va poursuivre ses travaux, ne leur réserve pas de méchantes surprises. Il reste que cette affaire a pourri l'été du président et assombri le climat politique de la rentrée.

L'état de l'opinion en témoigne. Lentement mais sûrement, l'image du chef de l'Etat et sa relation avec les Français se dégradent. Il recueillait encore 45 % d'opinions positives en janvier, selon la moyenne des instituts de sondages. Après avoir perdu 5 points au printemps, il en a reperdu 5 depuis le mois de mai.

Le feuilleton Benalla n'explique que partiellement cette érosion récente, laquelle résulte en premier lieu de l'absence de résultats probants, à ce stade, de la politique économique du gouvernement ; mais il n'a pu qu'accentuer cette perte de confiance.

Le réveil des oppositions y contribue également. Certes, le pouvoir exécutif peut se rassurer en constatant à quel point elles restent affaiblies et divisées. A droite, Laurent Wauquiez ne parvient pas à rassembler Les Républicains, Valérie Pécresse, la présidente de la région Ile-de-France, continuant à tracer son sillon avec ténacité, Bruno Retailleau, le président du groupe sénatorial, s'organisant patiemment de son côté et chacun avançant ses pions. A gauche, Jean-Luc Mélenchon escompte que la dynamique de La France insoumise finira par rallier les uns ou marginaliser les autres, mais on en est encore très loin. Quant au Rassemblement national (ex-FN), il est sérieusement handicapé par les procédures judiciaires dont il est l'objet et les sanctions financières qui en résultent.

Il n'empêche. Pour la première fois depuis un an, ces oppositions disparates se sont entendues comme larrons en foire, à l'occasion de l'affaire Benalla, pour crier haro sur le président et paralyser, au passage, la révision constitutionnelle. A l'approche des élections européennes de mai 2019, cela ne constitue en rien une alternative. Mais cela peut favoriser un redoutable front du rejet contre le chef de l'Etat.

5 septembre 2018

La revanche de « Culbuto »

Après un été pourri par l'affaire Benalla, c'est une rentrée empoisonnée que subit le président de la République Emmanuel Macron. En son temps, Jacques Chirac avait, pour définir ce genre de situation, une formule dont la trivialité n'enlève rien à la sagacité : « Les emmerdes, ça vole toujours en escadrille. »

Il y a deux semaines à peine, de retour de vacances, le chef de l'Etat avait fixé au gouvernement un ordre du jour vigoureux : « Rien ne doit nous faire dévier de la stratégie qui a été décidée par les Français », « la transformation » du pays doit être poursuivie avec « cohérence et intensité ». Or, en quelques jours, tout semble s'être conjugué pour le placer sur la défensive, à contretemps et à contre-emploi.

Tout a été dit de la démission fracassante, mardi 28 août, de Nicolas Hulot. L'ancien ministre de la transition écologique et solidaire ne s'est pas contenté d'infliger un camouflet à celui qui l'avait convaincu, quinze mois plus tôt, de mettre sa notoriété et son talent au service de l'action gouvernementale. Il y a ajouté un réquisitoire navré mais cinglant contre la pusillanimité de l'Etat face aux défis climatiques et environnementaux, allant jusqu'à évoquer l'hypothèse que le volontarisme présidentiel affiché en la matière relève de la « mystification ».

Ce coup de tonnerre n'a pas éclaté dans un ciel serein. Au fil de l'été, les nuages se sont accumulés à l'horizon économique – sans parler de l'horizon européen et international. Le rebond de l'économie française en 2017 – + 2,3 % de progression du produit intérieur brut (PIB) – dessinait des perspectives stimulantes : activité soutenue, décrue du chômage, réduction du déficit public, budget confortable. Il n'en est rien. La croissance devrait retomber à + 1,7 % cette année et ne devrait pas faire mieux en 2019.

Le gouvernement avait prévu de ramener le déficit public à 2,3 % du PIB en 2018 ; il devrait remonter à 2,6 % et frôler les 3 % en 2019. La hausse des prix (+ 2,3 % en rythme annuel) pèse sur le pouvoir d'achat des Français, déjà écorné par la hausse de la CSG et plus encore, en 2019, par la désindexation annoncée des retraites et des allocations familiales par rapport à l'inflation.

Quant au chômage, les chiffres sont cruels. Après une baisse sensible en 2017 et jusqu'au printemps de cette année, le nombre de demandeurs d'emploi est reparti à la hausse avec, en juillet, 3 462 000 personnes sans aucune activité (catégorie A, + 19 000 en un mois) ; il atteint 5 645 000, si l'on ajoute les demandeurs ayant exercé une activité (catégories B et C), soit un niveau sans précédent.

Autant de paramètres qui compliquent l'équation budgétaire de 2019, comme l'ont démontré les dissonances entre le premier ministre, Edouard Philippe, et le ministre de l'économie et des finances, Bruno Le Maire, notamment sur l'effort attendu des entreprises. Mais c'est le président de la République lui-même qui a ajouté au trouble ambiant en mettant brusquement en doute la pertinence d'une réforme emblématique programmée pour janvier 2019 : le prélèvement à la source de l'impôt sur le revenu.

Quelles que soient les explications invoquées et quelle que soit la décision finalement prise, les Français retiendront qu'Emmanuel Macron, implacable réformateur jusqu'à présent, a eu soudain la main qui tremble.

Le chef de l'Etat avait déjà connu une rentrée délicate en 2017, après un premier été cafouilleux. Il avait repris les choses en main avec énergie, écartant les obstacles et retrouvant vite un solide socle de confiance dans l'opinion. Tout laisse à penser qu'il lui sera difficile de renouveler cette performance. Les hésitations du moment, l'absence de résultats encourageants de la politique économique, l'étiquette probablement indélébile de « président des riches » et un exercice trop solitaire, voire autoritaire, du pouvoir ont eu raison, pour une large part, des espoirs que nombre de Français avaient placés en lui.

Tout cela, évidemment, fait le bonheur des opposants de tous bords. Et parmi eux, du meilleur expert en rentrées calamiteuses, François Hollande en l'occurrence. Sa capacité à retomber sur ses pieds en toutes circonstances lui avait valu, autrefois, le surnom de

« Culbuto ». Il le justifie à nouveau. Requinqué par sa tournée flatteuse dans les librairies de France et de Navarre pour dédicacer son livre à succès (*Les Leçons du pouvoir*, Stock), l'ancien président savoure, à l'évidence, sa revanche sur l'impudent Macron qui l'avait poussé vers la sortie, voilà bientôt deux ans.

A Cherbourg (Manche), le 31 août, c'est une volée de flèches acérées qu'il a adressées à son successeur, sans le nommer. A propos de la réforme du prélèvement à la source : « Je ne veux pas compliquer la tâche de ceux qui hésitent encore ! Mais cette réforme, elle était prête. C'est un problème de choix politique… », a-t-il cinglé. De choix politique et de « vision », a-t-il ajouté : « On ne peut pas être simplement dans la gestion, l'accumulation de réformes soi-disant indispensables », car « une réforme n'est pas une conviction ». Et de tacler « le narcissisme, terrible maladie » des hommes politiques ou « le libéralisme [qui] entretient le populisme » en mettant en cause les services publics et en diminuant les droits sociaux. Conclusion, qui faisait d'une pierre trois coups – Emmanuel Macron, le chef de file de La France insoumise, Jean-Luc Mélenchon, et les socialistes : « Rien ne se conquiert dans la prétention, l'oubli, la contrition. »

L'on ne sait si François Hollande nourrit l'espoir de revenir au premier plan. Mais il est sûr que lui n'a rien oublié, qu'il n'entend nullement battre sa coulpe sur son quinquennat et qu'il sera, pour Emmanuel Macron, un censeur aussi caustique qu'impitoyable. Ce n'est pas la moindre « leçon du pouvoir » en cette rentrée.

19 septembre 2018

Le va-tout de Marine Le Pen

Depuis seize mois, Marine Le Pen a paru incapable de surmonter son échec au second tour de l'élection présidentielle, traînant comme un boulet le souvenir humiliant de son débat télévisé face à Emmanuel Macron. En dépit de son score présidentiel et de son élection à l'Assemblée nationale, elle n'est pas parvenue à s'imposer dans le rôle qu'elle revendiquait de première opposante au président de la République. Son image dans l'opinion s'est brutalement dégradée : entre 2013 et juin 2017, plus de 25 % des Français et jusqu'à 30 % par moments souhaitaient lui voir jouer un rôle important à l'avenir, selon le baromètre de la Sofres ; depuis quinze mois, elle stagne autour de 18 %. Quant au nombre d'adhérents « frontistes », il aurait chuté de plus de 80 000 au printemps 2017, à à peine plus de 30 000 aujourd'hui.

Enfin, le changement de nom du parti, décidé lors du congrès de mars, n'y a rien changé : troquer le trop belliqueux Front national pour un Rassemblement national (RN) supposé plus œcuménique n'a pas, comme par magie, transformé le mouvement d'extrême droite en parti de gouvernement, ni attiré à lui d'hypothétiques alliés.

Pour ne rien arranger, ledit Rassemblement est sévèrement handicapé par les poursuites judiciaires dont sa présidente et plusieurs de ses responsables sont l'objet. Sans même parler de l'enquête en cours sur le financement par le FN de ses campagnes électorales entre 2012 et 2015, Marine Le Pen et son parti sont soupçonnés d'avoir mis en place, entre 2009 et 2017, à Strasbourg et à Bruxelles, un système généralisé d'emplois fictifs permettant de faire rémunérer par le Parlement européen une quarantaine d'assistants d'eurodéputés frontistes, dont l'essentiel de l'activité était en réalité consacré au parti. Le préjudice est estimé par le Parlement européen à 7 millions d'euros. Quinze personnes, dont Mme Le Pen, sont déjà mises en examen dans cette affaire.

En prime, si l'on ose dire, les juges ont décidé, en juillet, de geler à titre conservatoire le versement de 2 millions d'euros de subventions publiques dues au Rassemblement national. Sans précédent à l'encontre d'un parti politique, cette décision sera confirmée ou non en appel le 26 septembre. Dans l'immédiat, elle menace le parti de paralysie financière, l'a déjà contraint à fermer un tiers de ses permanences départementales et augure fort mal de la préparation de la campagne des élections européennes de mai 2019. Et si Mme Le Pen n'a pas de mots assez cinglants pour dénoncer cet « assassinat politique », elle ne peut s'en prendre qu'à elle-même de se retrouver dans un tel maelström.

La tentation est donc grande, chez beaucoup, de négliger Marine Le Pen. Son heure serait passée, veulent-ils croire. Ce serait une lourde erreur de jugement, tant il est évident que, dos au mur, celle-ci a décidé de jouer son va-tout lors du prochain scrutin européen. Elle a commencé à en faire la démonstration lors de son discours de rentrée, dimanche 16 septembre, à Fréjus.

Rien de tel pour remobiliser les troupes que de réactiver les ressorts fondamentaux du parti d'extrême droite : dénonciation des élites qui nous gouvernent, de l'immigration qui menacerait l'identité française et de l'Europe de Bruxelles qui ruinerait les souverainetés nationales. Ainsi, le réquisitoire contre la politique du « banquier d'affaires » Emmanuel Macron était sans appel : « Il n'incarne pas le début, mais la fin d'un cycle », « il ne marche plus, il rame », son premier bilan se solde par « les plus mauvais résultats économiques de la zone euro » et sa politique « est profondément attentatoire à l'identité sociale de la France ». Bref, Marine Le Pen entend faire du scrutin européen le match revanche de la présidentielle.

La charge contre la « folle politique immigrationniste » de Bruxelles, à laquelle serait « soumis » le chef de l'Etat, était encore plus brutale et caricaturale : « Nous vivons la submersion de l'Europe et la submersion silencieuse et honteuse de la France », a-t-elle martelé, dénonçant les « villages réquisitionnés » et « l'argent qui coule à flots » pour accueillir des immigrés, fustigeant une « immigration de masse » qui « aggrave encore la délinquance, l'insécurité » et « l'ensauvagement de la société ». Depuis l'origine, de telles philippiques ont fourni à l'ex-FN le socle de son audience.

Heureusement, a-t-elle conclu, « la grande bataille des européennes peut tout changer » et provoquer ce « grand basculement historique » qui a déjà porté « nos idées au pouvoir en Pologne, en Hongrie, en Italie, en Autriche » et s'inscrit dans « un raz-de-marée mondial » où « partout [aux Etats-Unis, en Grande-Bretagne…] les peuples triomphent ». Le 26 mai 2019 verra donc, espère-t-elle, la victoire des « nations contre la Commission », avec un double objectif : faire du RN le vainqueur du scrutin en France et « constituer une majorité avec nos alliés au Parlement européen » ou, au moins, une minorité de blocage.

Emmanuel Macron veut faire du scrutin européen la bataille des progressistes contre les nationalistes. Chiche !, répond Marine Le Pen. Et rien ne dit qu'elle sera perdante. Elle peut compter, à la fois, sur la confiance, inentamée, du noyau dur de ses électeurs et sur la « vague » qui, partout ou presque en Europe, porte les mouvements populistes ou nationalistes. Et elle peut miser sur les faiblesses de ses adversaires ou concurrents : un président actuellement en perte de vitesse, une droite écartelée sur la question européenne, une gauche minée par ses querelles de chapelle ou d'ego. Le verdict sera connu le 26 mai 2019. La présidente du Rassemblement national y jouera probablement son avenir, à quitte ou double. Mais, d'ici là, il serait bien imprudent de l'enterrer.

24 octobre 2018

Haro sur la République !

Durant la campagne présidentielle de 2017, Jean-Luc Mélenchon avait fait de l'humour une arme redoutable. Qui ne se souvient de sa réplique, le 20 mars, lors du premier débat télévisé entre les cinq principaux candidats, à l'adresse du présentateur qui venait de faire allusion aux démêlés judiciaires de François Fillon et de Marine Le Pen : « J'ai admiré vos pudeurs de gazelle quand vous dites que la campagne a été polluée par les affaires de certains… Ici, il n'y a que deux personnes qui sont concernées, M. Fillon et Mme Le Pen. Les trois autres [Benoît Hamon, Emmanuel Macron et lui-même], nous n'avons rien à voir avec tout ça. Alors, s'il vous plaît, ne nous mettez pas dans le même sac. »

Rattrapé à son tour par la patrouille judiciaire et, précisément, mis dans le même sac par deux enquêtes préliminaires sur le financement de sa campagne et sur des soupçons d'emplois fictifs au Parlement européen, le leader de La France insoumise (LFI) vient de montrer un tout autre visage. L'humour a cédé la place à la hargne, le sourire au rictus, la brillante répartie à l'injure la plus médiocre. Et les « pudeurs de gazelle », qui ne sont pas son genre, à des rugissements de fauve bien décidé à lacérer quiconque viendrait lui chercher des poux dans la crinière. Jusqu'à cette exclamation indignée du député des Bouches-du-Rhône, mardi 16 octobre, devant le siège parisien de son mouvement où la police judiciaire perquisitionnait : « La République, c'est moi ! » – proclamation ensuite répétée à l'adresse de ses partisans : « La République, c'est nous. Eux, c'est le monde de la caste. »

Etrange conception de la démocratie, en vérité, celle qui consiste à crier haro sur ce qui constitue la République : un pouvoir politique légitimé par l'élection, des institutions policières et judiciaires respectées, des contre-pouvoirs vigilants, à commencer par celui des médias.

Que n'a-t-on constaté, en effet, ces derniers jours ? Le 16 octobre, une entrée intempestive dans les locaux de LFI, qui a eu pour effet d'interrompre la perquisition en cours. La procureure générale de Paris n'a pas hésité à qualifier cette intrusion de « coup de force », qui aurait valu à n'importe qui d'autre des poursuites immédiates pour entrave à la justice.

Et que n'a-t-on entendu, depuis, dans la bouche de M. Mélenchon ! Personne n'a échappé à sa vindicte. Le président de la République, évidemment, puisque les enquêtes en cours ne sont, à ses yeux, qu'« une offensive politique menée par la Macronie », une opération de « police politique » destinée à « [les] détruire » et à « salir [leur] honneur ». Les magistrats et les policiers venus perquisitionner en ont également pris pour leur grade : des « pieds nickelés » dont il a assuré, contre toute évidence, que la procédure était irrégulière et devrait être, tout bonnement, annulée. Au passage, le rapporteur de la Commission nationale des comptes de campagne, qui avait initialement épinglé des irrégularités de financement de sa campagne de 2017, a été traité d'« être vil et dégénéré ».

Enfin, fidèle à son blog de février qui estimait « juste et saine » « la haine des médias », Jean-Luc Mélenchon a traîné les journalistes dans la boue. Ceux de Franceinfo, cette « radio d'Etat », qui ont publié une enquête (en réalité réalisée par l'ensemble des antennes de Radio France) sur d'éventuelles surfacturations lors de la campagne de 2017 ? Des « abrutis », des « menteurs », des « tricheurs », appliqués à déverser des « saloperies », a-t-il accusé, avant d'ajouter, à l'intention des « insoumis » : « Pourrissez-les partout où vous pouvez ! » Quant au site Mediapart, pour avoir apporté d'autres éléments d'enquête, M. Mélenchon l'a qualifié de « torchon » et « d'officine de la police », avant d'appeler ses amis à se « désabonner ». Singulière conception de la liberté d'informer.

Résumons : Jean-Luc Mélenchon s'estime victime d'un complot « orchestré » par le pouvoir exécutif, assisté par une police et une justice aux ordres et attisé par des médias venimeux. Sans remonter à des épisodes plus lointains, il est saisissant de constater que c'est exactement l'argumentaire employé en 2017 par François Fillon et, depuis, par Marine Le Pen. Le premier n'avait pas hésité à dénoncer « une chasse à l'homme révoltante » et un « assassinat politique » fomenté par un « cabinet noir » à l'Elysée. La seconde, également en butte à la justice et désormais mise en examen pour détournement de fonds publics, a utilisé la même expression d'« assassinat politique » perpétré contre son parti. Le leader de LFI fustigeait hier leur attitude. Il leur emboîte aujourd'hui le pas.

Mais il est plus troublant encore qu'il prenne exemple sur le président américain, depuis bientôt deux ans à la Maison Blanche. Les cibles permanentes de Donald Trump sont connues : la police et la justice fédérales – non seulement incompétentes à ses yeux, mais coupables de laisser prospérer les enquêtes sur les interférences russes dans sa campagne électorale de 2016 –, la « caste » de Washington acharnée à sa perte et les médias peuplés de minables menteurs.

Jean-Luc Mélenchon utilise les mêmes ressorts : victimisation, complotisme, dénonciation des élites et des institutions, injures et menaces contre la presse.

Dans un pays où tous ces poisons sont déjà à l'œuvre, où le discrédit des responsables politiques se généralise, où l'air du soupçon devient réflexe, où l'anathème occulte toujours plus la confrontation des idées et des projets, c'est irresponsable et inquiétant.

La révolution n'est pas un dîner de gala, paraît-il. Celle que prétend conduire l'« incorruptible » Mélenchon – l'expression est de lui et n'est pas fortuite chez cet admirateur de Robespierre – ne l'oblige pas à nous servir ce détestable brouet. Le pire serait que cela ne le desserve pas.

5 décembre 2018

Le boomerang de la défiance

Il y a dix-huit mois, Emmanuel Macron a fait table rase du passé. Paysage bouleversé, caciques balayés, partis traditionnels marginalisés : pour paraphraser Tocqueville, la « révolution » dont ce jeune président se voulait le héraut n'a pas renversé un système vermoulu, « elle n'a fait qu'en disperser les ruines ». Mais sa promesse d'une nouvelle manière de faire de la politique, plus horizontale, participative et à l'écoute des Français, s'est dissipée dès le lendemain de l'élection. Verticalité, rapidité, efficacité ont été les maîtres mots de la première année du quinquennat. La souveraine intelligence du prince, croyait-il, suffirait à désarmer les résistances et à emporter l'adhésion.

Aujourd'hui, les « gilets jaunes » veulent faire table rase du président. Ils récusent son autorité, contestent sa légitimité et, pour nombre d'entre eux, réclament sa démission. Puisqu'on ne leur a pas donné la parole, ils l'ont prise. Ils se veulent la voix du peuple et n'entendent la déléguer à personne, ni même à ceux des leurs qui se disent prêts – de façon d'ailleurs comminatoire –, à discuter avec le gouvernement. Pour Emmanuel Macron, l'effet boomerang est terrible. Il n'est pas moins inquiétant pour le pays, ébranlé par ce séisme d'une violence inédite depuis des lustres.

L'actuel chef de l'Etat n'est pas le premier à subir un tel rejet. La jubilation d'abattre la statue du commandeur de Gaulle fut l'un des moteurs de Mai 68. En 1981, Valéry Giscard d'Estaing quitta l'Elysée sous les injures, les crachats même. Au moment de la crise de l'école privée, en 1984, François Mitterrand était, disait-on, l'homme le plus haï de France. A-t-on oublié l'exécration rageuse dont Nicolas Sarkozy fut très vite la cible ? Ou la vindicte méprisante à l'encontre de François Hollande ?

A la différence près que tous ces prédécesseurs, même au plus fort de la tourmente, disposaient encore, outre celle des institutions, de la protection de leur camp : des partis expérimentés, des élus enracinés, des ministres chevronnés, des majorités (plus ou moins) soudées, à quoi s'ajoutaient des relais sociaux. Rien de tel aujourd'hui : un parti hors-sol, des élus novices, un gouvernement peu aguerri et des syndicats tenus en lisière. Le roi est nu, trop seul, très vulnérable.

Quant aux explosions, sociales, estudiantines ou banlieusardes, elles n'ont pas non plus manqué – comme des exutoires compulsifs à la rigidité d'une monarchie républicaine qui ne garantit la respiration démocratique du pays que de façon trop sporadique, lors de la seule élection présidentielle. De la grève des mineurs en 1963 à celle des services publics à l'automne 1995, de la tornade de 1968 au mouvement contre la réforme universitaire Devaquet en 1986 ou contre le contrat première embauche (CPE) en 2006, de l'embrasement du quartier des Minguettes, à Vénissieux, à l'été 1981, à celui des banlieues parisiennes en 2005, de la révolte des « bonnets rouges » bretons en 2013 à celle contre la loi travail de 2016, la liste est loin d'être limitative.

A chaque fois, tant bien que mal, il a fallu trouver une réponse politique à la crise. En général, pour ne pas l'avoir anticipée, le gouvernement a été contraint à un geste majeur permettant aux mutins de crier victoire : en 1968, ce furent des augmentations salariales massives et la dissolution de l'Assemblée nationale ; depuis, l'abandon de la réforme contestée a, le plus souvent, permis de calmer la fièvre. A quoi il faut ajouter des interlocuteurs capables de donner crédit au pouvoir qu'il a pris la mesure de la révolte et une parole forte, présidentielle, pour donner forme à ce repli et l'assumer.

Pour l'heure, tout cela manque. Certes, l'augmentation des prix de l'essence a servi de détonateur au mouvement des « gilets jaunes ». Mais il est clair que son annulation ne suffirait plus à calmer une colère longtemps refoulée et qui déferle désormais tous azimuts : contre le poids des impôts et leur répartition, contre la compression du pouvoir d'achat, contre les inégalités réelles ou ressenties, contre le chômage et la précarité, contre l'érosion des services publics, bref, contre l'ensemble de la politique de l'actuel gouvernement et de ses prédécesseurs depuis une décennie, voire deux. Il y a huit ans déjà, Jean-Paul Delevoye, alors médiateur de la République, s'alarmait du « burn-out » qui menaçait la société française, faute de « réponse politique » à la hauteur de ses anxiétés. Nous y sommes.

Pour ne rien arranger, et à supposer qu'il y soit prêt, le gouvernement manque d'interlocuteurs pour engager un dialogue approfondi, discuter, négocier, bâtir des compromis, purger la crise et penser l'avenir. Dévitalisés, débordés et soupçonnés de vouloir confisquer le débat, les partis ne sont plus des médiateurs crédibles. Les syndicats peinent à le rester. Quant aux « gilets jaunes » eux-mêmes, ils prônent la démocratie directe au point de refuser de mandater des représentants. A ce stade, c'est l'impasse.

Enfin, et surtout, ils récusent tout crédit aux autorités politiques, quelles qu'elles soient ou à peu près. Depuis une décennie, le baromètre de la confiance politique du Centre de recherche de Science Po est pourtant terriblement éloquent : huit Français sur dix, voire davantage, considèrent que « les responsables politiques ne se préoccupent pas de ce que pensent les gens comme eux », et deux sur trois éprouvent de la « méfiance » (39 %) ou du « dégoût » (25 %) quand ils pensent à la politique. C'est dire la profondeur de la crise de la représentation politique, condition essentielle sinon exclusive de la démocratie. Depuis longtemps, chacun s'en dit conscient. Depuis trop longtemps, personne n'a su réduire cette fracture. Au risque qu'elle devienne irrémédiable.

19 décembre 2018

2019 à quitte ou double

Si ce n'était un hasard cocasse, cela pourrait ressembler à une provocation à destination de l'ancien énarque Emmanuel Macron. Arrivé sur le bureau du chroniqueur ici présent au moment où il s'apprêtait à prendre la plume, le dernier numéro de la revue des anciens élèves de l'Ecole nationale d'administration (*L'ENA hors les murs*) consacre un dossier à « la gestion de crise ».

Toute ressemblance avec le mouvement des « gilets jaunes » est fortuite, mais saisissante. L'« insondable vertige » où les crises contemporaines plongent les dirigeants tient en quelques mots : « mise en question radicale et instinctive du leadership », « implosion accélérée des repères consensuels », « mise en cause pavlovienne et radicale de la rationalité comme de la notion même de vérité », « univers médiatique pulvérulent », enfin « passage fulgurant du registre de l'accident à celui d'engloutissement ».

Quant aux remèdes conseillés, ils tiennent du kit de survie pour président en détresse : « Correction rapide des erreurs, changement de carte mentale si nécessaire, alliage de logiques nouvelles et de moyens plus conventionnels, repérage immédiat des initiatives émergentes, tant de la part des organisations en charge que des acteurs les plus divers, comme des citoyens… »

Tout y est. En cinq semaines, la révolte des ronds-points est passée du prix du gasoil au référendum d'initiative citoyenne, du ras-le-bol fiscal au défi démocratique, de la contestation à l'insurrection, de la défiance citoyenne aux fantasmes les plus délétères et à l'agressivité la plus débridée à l'encontre du chef de l'Etat et de tout ce qui lui ressemble.

Dans le même temps, du côté de l'Elysée et de Matignon, l'assurance voire la morgue initiale ont cédé la place au doute, bientôt à l'inquiétude puis à l'affolement devant la vindicte populaire et les scènes d'émeute à Paris ou en province. Les postures avantageuses – le cap est le bon, il sera maintenu – ont volé en éclats.

Quand, enfin, il est devenu urgent de circonscrire l'incendie, on n'a plus hésité à multiplier les actes de contrition ni à piétiner quelques « fondamentaux », à commencer par le respect des règles budgétaires européennes. Quoi qu'il en coûte, c'est-à-dire une dizaine de milliards d'euros débloqués en catastrophe par le chef de l'Etat, le 10 décembre, et l'opprobre navré des Allemands ou narquois des Italiens.

Cela a permis, pour l'heure, de faire baisser la tension, comme en témoigne la moindre mobilisation des « gilets jaunes », le 15 décembre. Mais certainement pas de dénouer la crise. Pour espérer y parvenir, Emmanuel Macron va devoir relever trois défis.

Le premier, immédiat, est de faire face à ce qu'il a qualifié d'« état d'urgence économique et sociale », reprenant au passage (vive le vieux monde !) une expression employée par son prédécesseur, François Hollande, le 31 décembre 2015. Cela suppose la mise en œuvre effective, début 2019, des mesures annoncées en faveur du pouvoir d'achat, sans retard, ni « carabistouilles », comme l'a promis le président (La République en marche) de l'Assemblée nationale, Richard Ferrand. On sera fixé rapidement, puisque le Parlement est saisi dès cette semaine d'un projet de loi ad hoc.

Au total, une quinzaine de millions de Français au bas mot, actifs ou retraités, devraient bénéficier de coups de main significatifs : hausse de la prime d'activité, heures supplémentaires défiscalisées, prime, elle aussi défiscalisée, versée par les entreprises volontaires, exemption de la hausse de la contribution sociale généralisée (CSG) pour 60 % des retraités au lieu des 30 % prévus. Tout retard en la matière ou tout recul ne pourraient provoquer qu'une frustration dévastatrice.

Le deuxième défi, celui de l'urgence démocratique, n'est pas moindre, tant s'est cristallisée, en peu de temps, l'exigence de redonner la parole au peuple. C'est l'enjeu du grand débat national que le président de la République entend impulser dans les trois prochains mois sur des sujets aussi explosifs et complexes que l'équité fiscale, l'organisation de l'Etat et des services publics, la transition écologique ou le renforcement de la démocratie, référendum d'initiative citoyenne compris.

Un tel exercice est, d'ordinaire, l'objet même des campagnes présidentielles. Le renouveler en cours de mandat est totalement inédit. S'il débouche sur une véritable consultation populaire (encore nébuleuse à ce stade) et sur des choix de nature à refonder le contrat social, cette crise aura été une chance pour le pays. S'il apparaissait, au contraire, comme une mise en scène destinée à noyer le poisson, le retour de bâton serait inévitable et brutal.

Enfin, en mai, M. Macron sera confronté au premier rendez-vous électoral de son mandat. Il y a peu encore, il se faisait fort de transformer le scrutin européen en une confrontation entre « progressistes » et « nationalistes », et de poursuivre ainsi à son profit la clarification du paysage politique engagée en 2017.

Le voilà désormais menacé d'un plébiscite contre sa personne et sa politique, mené par toutes les oppositions, au premier rang desquelles le Rassemblement national, grand bénéficiaire dans l'immédiat de la colère actuelle.

C'est donc à quitte ou double que le président va aborder l'année 2019. Non qu'il soit en rien contraint à la démission à laquelle l'invitent sans ménagement les « gilets jaunes ». Les institutions l'en protègent. Mais s'il ne parvient pas à répondre aux défis qui l'attendent et à « doubler la mise » de façon inventive et convaincante, c'est une autre forme de démission qu'il pourrait connaître : l'enterrement des réformes emblématiques qui sont à l'agenda (retraites, fonction publique, assurance-chômage, Constitution...) et la paralysie de son ambition réformatrice. Une abdication plus feutrée, mais non moins cruelle.

Chronologie sélective

2007-2018

2007

6 mai : Nicolas Sarkozy est élu président de la République avec 53,06 % des voix, contre Ségolène Royal.

17 mai : François Fillon est nommé premier ministre.

10-17 juin : aux élections législatives, l'UMP obtient la majorité absolue à l'Assemblée nationale.

26 juillet : lors d'un discours à l'université de Dakar, Sarkozy suscite un tollé en déclarant que « l'homme africain n'est pas assez entré dans l'Histoire ».

27 juillet : l'ancien premier ministre Dominique de Villepin est mis en examen dans l'affaire Clearstream ; il est soupçonné d'avoir contribué, en 2004, à la mise en cause de Nicolas Sarkozy dans une affaire de blanchiment d'argent à l'étranger. M. de Villepin sera définitivement relaxé le 28 janvier 2010.

1er août : le Parlement adopte le projet de loi TEPA (pour le travail, l'emploi et le pouvoir d'achat) qui, notamment, défiscalise les heures supplémentaires et abaisse à 50 % le bouclier fiscal.

10 août : promulgation de la loi sur l'autonomie des universités.

21 septembre : François Fillon se déclare à la tête d'un Etat « en situation de faillite ».

18 octobre : l'Elysée annonce le divorce de Nicolas et Cécilia Sarkozy.

24 octobre : ouverture du Grenelle de l'environnement.

29 octobre : remise du rapport du comité Balladur sur la modernisation des institutions.

13 décembre : signature du traité de Lisbonne remplaçant le projet de Constitution européenne.

20 décembre : lors d'une visite au Pape, le chef de l'Etat déclenche la polémique en déclarant, au Vatican, que « l'instituteur ne pourra jamais remplacer le curé ou le pasteur… ».

2008

8 janvier : lors d'une conférence de presse à l'Elysée, interrogé sur le pouvoir d'achat, Nicolas Sarkozy réplique que « les caisses sont vides ».

2 février : Nicolas Sarkozy épouse la chanteuse et ex-top model Carla Bruni.

23 février : au Salon de l'agriculture, le chef de l'Etat lance « Casse-toi, pauv' con » à un visiteur qui refusait de lui serrer la main.

16 mars : aux élections municipales, la gauche enlève à la droite 43 villes de plus de 30 000 habitants.

1er juillet : Nicolas Sarkozy devient président de l'Union européenne pour six mois.

21 juillet : le Parlement réuni en Congrès adopte la révision de la Constitution qui rénove en profondeur la procédure parlementaire et instaure la saisine du Conseil constitutionnel par les citoyens.